感谢浙江省哲学社会科学领军人才培育重大专
经济深度融合研究"（22YJRC14ZD）的资助

数字经济和实体经济深度融合研究

孙 波 刘文琼 程美英 黄 林 著

中国财经出版传媒集团

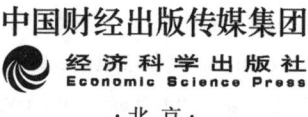

经济科学出版社
Economic Science Press

·北 京·

图书在版编目（CIP）数据

数字经济和实体经济深度融合研究／孙波等著.
北京：经济科学出版社，2025. 8. -- ISBN 978 - 7 - 5218 -
7280 - 4

Ⅰ. F061. 3

中国国家版本馆 CIP 数据核字第 20257JA686 号

责任编辑：宋　涛
责任校对：齐　杰
责任印制：范　艳

数字经济和实体经济深度融合研究
孙　波　刘文琼　程美英　黄　林　著
经济科学出版社出版、发行　新华书店经销
社址：北京市海淀区阜成路甲 28 号　邮编：100142
总编部电话：010 - 88191217　发行部电话：010 - 88191522
网址：www. esp. com. cn
电子邮箱：esp@ esp. com. cn
天猫网店：经济科学出版社旗舰店
网址：http：//jjkxcbs. tmall. com
北京季蜂印刷有限公司印装
710 × 1000　16 开　20. 75 印张　308000 字
2025 年 8 月第 1 版　2025 年 8 月第 1 次印刷
ISBN 978 - 7 - 5218 - 7280 - 4　定价：98. 00 元
（图书出现印装问题，本社负责调换。电话：010 - 88191545）
（版权所有　侵权必究　打击盗版　举报热线：010 - 88191661
QQ：2242791300　营销中心电话：010 - 88191537
电子邮箱：dbts@ esp. com. cn）

CONTENTS 目 录

绪　　论

党的十九大报告和党的二十大报告都提出了必须"把发展经济的着力点放在实体经济上"的重要论断。实体经济是推进新型工业化、建设现代产业体系的根本，也是实现第二个百年奋斗目标的根本依托。然而，长期以来我国实体经济发展却总是受到规模大而不强、结构欠优、发展不平衡及转型乏力等问题困扰，长期发展动能不足也是不争的事实。如何解决实体经济发展中遇到的这些现实问题，从根本上扭转实体经济发展困局，是摆在理论研究者和政策制定者面前的一个重大而现实的理论课题。

同时，社会经济发展往往也为解决自身的矛盾和问题创设了方法和手段。伴随新一轮科技浪潮和产业革命而产生的数字技术，及其驱动的数字经济已被普遍作为解决实体经济诸多痛点问题的钥匙。数字经济由数字技术驱动而产生，其实质是新质生产力，因此，必须紧紧抓住数字经济崛起的新机遇，依托数字经济补上实体经济短板、重塑实体经济优势、培育实体经济新动能，为纾解实体经济困局觅得一条发展新路。

根据中国信息通信研究院的跟踪研究，我国数字经济规模 2019 年为 35.8 万亿元，占当年 GDP36.2%；2020 年为 39.2 万亿元，GDP 同年占比 38.6%，比上一年增长 9.5%；2021 年达到 45.5 万亿元，占当年 GDP 的 39.8%，同比增长 16.2%；2022 年为 50.2 万亿元，占当年 GDP 的 41.5%，同比增长 10.3%；2023 年为 53.9 万亿元，占当年 GDP 的 42.8%，同比增长 7.39%。总体趋势是数字经济 GDP 占比稳步提高的同时，其增长率也维持在高位，是名副其实的增长引擎。同时，我国数字经济增速已连续多年位列世界第一，总量只排在美国之后，与美国一同成为全球数字经济的引领者。但我国数字经济也存在突出的短板，主要表现是结构不平衡，区域间数字化水平差异显著（吴晓怡、张雅静，2020）；产业间数字化格局呈现"三二一"逆向渗透趋势（刘淑春，2019）——亟须数字化手段提升效率的农业、工业的数字经济渗透率仅为8.9%和21%，服务业的数字经济渗透率反而达到40.7%（中国信通院，2021），也就是说实体经济中亟须数字技术赋能的一产和二产数字化融合程度还相当低，须通过数字经济与实体经济深度融合来解决第一产业和第二产业尤其制造业的数字化赋能水平偏低问题。因此，在产业融合结构上尤其要推动数字经济与实体经济有效融合，为破解我国实体经济诸多难题提供有效抓手，为实体经济的高质量发展注入新活力、提供新动能。①

一、研究数实融合问题的基本背景

促使我们追踪数实融合（即数字经济与实体经济融合）问题的动机是我国当前面临的现实形势和发展困境。在发展环境上，世界正处于百年未有之大变局中。近些年在国际经济、政治领域的逆全球化现象和单边主义甚嚣尘上，某些国家对我孤立围剿，脱钩断链的行为时有发生，我国所面临的不确定因素日益增多。在国内，由于新冠疫情的袭扰、市场预期系统性偏弱等因素造成我国"十四五"时期面对的内部发展环境异常严峻。这些来自国内外的诸多风险和约束条件累积叠加，使我国中短期内所面对的不确定性迅速上升。

发展环境恶化的同时，我国近些年确也遇到了诸多发展难题。刘鹤（2021）指出，"在经济体系中，我们有些领域已经接近现代化了，有些还是半现代化的，有些则是很低效和过时的"。其中，实体经济的大而不强、效率不高、结构不优、动能不足、转型乏力，一系列短板效应突出，已经严重拖累整体经济效率。实体经济覆盖一、二、三次产业，

---

① 中国信息通信研究院：历年《中国数字经济发展研究报告》（2020、2021、2022、2023、2024）。

牵动消费、投资和出口需求，但目前在牵引经济增长的这些源头产业和有效需求拉动力上，除服务业比重一直稳定提高，其他方面的数据表现长期低迷。实体经济发展动力、效率、结构上的短板问题不解决，中央制定的国民经济和社会发展战略目标实现就可能受影响。

那么该如何应对实体经济发展中所遇到的这些内外发展环境遽变和实体产业、宏观需求方面的困局？我们的观点是，数字经济的应时出现为解决这些实体经济发展难题提供了难得的机遇，同时也释放了有效的解决手段。数字经济是新质生产力，是应对发展环境遽变的稳定器，也是稳定实体经济大盘的压舱石。必须紧紧抓住数字经济这个最大确定性，防范内外叠加的双重风险同时，进一步依托数字经济重塑我国实体经济优势，为"十四五"规划和二〇三五年远景目标实现扫除实体经济量质提升乏力的障碍。

数字经济重振实体经济的逻辑如下。首先，数字经济快速扩张会带动经济总量增长，能有效化解传统经济部门增长率下滑带来的经济下行压力，是我国经济大盘稳定的"压舱石"，同时也给某些霸权国家单边脱钩条件下，我国外部需求突然中断找到了一条以数字经济发展带动传统产业升级，从而防止经济硬着陆的应对之道。近五年我国数字经济规模的 GDP 占比保持在 30% 以上且连年递增；数字经济对 GDP 增长的贡献率始终保持 50% 以上，已成为我国经济增长的最重要推动力量（中国信息通信研究院历年《中国数字经济发展白皮书》），充分证明了数字经济的增长引擎作用。其次，数字经济通过布局新基建、引领实体经济创新更优质的产品等方式为自己创造了广阔市场需求。同时，由于数字经济天然的全球化属性，我们可以充分利用市场规模优势开拓数字经济国际需求，这对于增强我国产业链和供应链黏性从而应对国际上尤其西方少数国家单边脱钩断链的风险具有重要现实意义，对构建国内大循环为主体、国内国际双循环的新发展格局也有重要意义。最后，数字经济还可以通过新一代数字技术赋能实体经济发展，从而提高经济发展质量、提升整体经济的发展动能及核心竞争力，是推动实体经济升级转型的重要驱动力。基于此，我们一定要利用好数字经济的确定性和稳定经济大盘的功能，以有效应对实体经济发展中的痼疾和随时可能出现的各类内外经济安全风险。

然而，我国数字经济的发展仍存在隐忧。一是在数量上，我国数字经济总体规模虽然居世界第二位，但面临着"前有标兵、后有追兵"的激烈竞争态势，不进则退（刘淑春，2019）。二是数字经济发展质量不高。数字经济发展要紧密依靠人工智能、区块链、云计算、大数据、5G 等新兴技术的引领，但众所周知这些技术的发展长期受美西方一众国家无底线的打压制裁，只靠我们自身全体系的技术蝶变将会是个长期而痛苦的过程，基于其上的数字产业和数字经济成长必然受到严重削弱，质量升级缓慢。三是数字经济发展结构不平衡，区域间数字化水平差异显著（吴晓怡、张雅静，2020），产业间的数字化格局又呈现出"三二一"排序的逆向渗透趋势（刘淑春，2019）——即亟须数字化手段提升效率的农业、工业数字经济渗透率仅为 8.9% 和 21%，服务业的数字经济渗透率反而更高（中国信通院，2021），换言之就是经济体系中亟须数字化赋能的一产和二产之数字化程度相当低。这些都是我国实体经济发展不充分、不均衡基础上又叠加的新现象。如何解决数字经济自身的发展效率不高、动能不足、结构不优、质量低下等问题，同样是摆在我们面前的一个新课题。

如何解决数字经济自身发展中遇到的这些问题，我们认为根本出路就是数字经济与实体经济深度融合。理由有三：一是数字经济规模不足的问题只能从数字经济与实体经济融合中寻找出路。根据中国信通院研究报告，2021 年我国数字经济中的"数字产业化"部分为 8.35 万亿元，只占当年数字经济总量的 28.3%；加上"产业数字化"后全部数字经济规模才达到 45.5 万亿元，只占 GDP 的 39.8%。① 若要实现规模增长，数字经济必须与实体经济中尚未数字化的部分加速融合，通过产业数字化将更多传统产业纳入数字经济体系内。二是数字经济整体质量不高的主要表现是实体经济中的大部分传统产业尚未经历数字化武装，一小部分虽然经过自动化技术改造但仍处于低水平状态。只有加快步伐大力推进传统产业尤其制造业的产业数字化进程，扎实推动传统产业数

---

① 中国信息通信研究院：《中国数字经济发展研究报告》（2022）。

字化融合，才能带动数字经济整体质量的提高。三是数字经济结构不平衡问题，包括区域层面和产业渗透上的不平衡，则更需要通过数字经济与实体经济的深度融合解决一产、二产尤其制造业数字化渗透率不足的问题。基于上述分析，数字经济为重塑实体经济新优势提供了新契机，而实体经济为数字经济开辟了试验场和主战场。通过数字经济的带动，我们必将补齐实体经济发展短板，塑造实体经济新优势，开辟出一条数字经济与实体经济融合新路。早在党的十九届五中全会上我国就提出"发展数字经济，推进数字产业化和产业数字化，推动数字经济和实体经济深度融合"；党的二十大报告中又重申"加快发展数字经济，促进数字经济和实体经济深度融合"。中央在顶层设计上已经将数字经济与实体经济融合的蓝图绘好，接下来如何实现数字经济与实体经济有效融合就需要理论研究者们集中智慧去攻克这一重要理论课题。

对于如何实现数字经济与实体经济有效融合，我们认为必须在两个方面同时发力：一是紧紧依托数字技术为核心的数字生产力为实体经济发展全面赋能；二是要依托数字化手段为核心的数字化治理能力提升构建全体系的数字生产关系，为数字经济与实体经济的有效融合提供适宜环境和土壤。数字生产力赋能实体经济主要通过数字产业化升级、产业数字化赋能、数据价值化提效的"三化"路径实现；数字生产关系构建数实融合的基础设施则要通过数字化治理路径实现。通过"四化"协同（数字产业化、产业数字化、数据价值化、数字化治理），全面推动数字经济与实体经济有效融合。"四化"协同的本质是数字生产力与数字生产关系交互促进的过程，数字经济与实体经济有效融合则是数字生产力、数字生产关系二者互动互促的结果。

二、数实融合研究的学术史梳理

（一）数字经济

数字经济概念最早由塔普斯科特（Tapscott，1994）提出。已有文献一般从产生条件、路径、目标等全流程角度定义数字经济（中国信息通信研究院，2020）。《G20 数字经济发展与合作倡议》中将数字经济定义为"以使用数字化的知识和信息作为关键生产要素、以现代信息网络作为重要载体、以信息通信技术的有效使用作为效率提升和经济结构优化的重要推动力的一系列经济活动"（2016 中国杭州 G20 峰会），获得广泛认可。蔡跃洲（2018）认为数字技术的三大特性（替代性、渗透性、协同性）使数字经济产生与数字技术直接相关的产业部门及融入数字元素后的新型经济形态，此处的两种新型经济形态实质就是数字经济"两化"范畴——数字产业化和产业数字化。刘昭洁（2018）基于数字经济时代的生产范式 $Y = F(A, D, K, L, T)$，提出了数据（D）成为新生产要素、数字基础产业成为新产业、数字技术推动的产业融合是经济发展新驱动力的"三化"观点。中国信通院（2020，2021）在此基础上把数字经济的内涵扩展为"四化"范畴：数据价值化、数字产业化、产业数字化、数字化治理，但在测算数字经济规模时只考虑数字产业化和产业数字化两部分。本研究在概念框架上认同数字经济的"四化"内涵界定。

对于数字经济内涵的揭示，刘昭洁（2018）使用生产函数范式 $Y = F(A, D, K, L, T)$，提出了数据（D）成为新生产要素、数字基础产业成为新产业、数字技术推动的产业融合是经济发展新驱动力的提法实际上是数字经济"三化"观点的萌芽。蔡跃洲（2018）对于数字技术三大特性（替代性、渗透性、协同性）的抽象则架设起了数字经济产生来源和量化核算之间的通道。中国信通院（2020）进一步把数字经济内涵扩充为数据价值化、数字产业化、产业数字化、数字化治理所谓"四化"内涵。"四化"范畴界定是目前针对数字经济外延最全面的揭示了。本研究提出的数字经济新质生产力融合和新型生产关系融合分析框架就是以此为逻辑起点。

（二）数字技术驱动

数字经济是由数字技术深度赋能实体经济形成的新经济形态。没有数字技术的兴起，就不会带动数字经济爆发式增长，更不会产生数字经济与实体经济深度融合。数字经济源起于数字技术，是"移动互联网、云计算、大数据等新一代通用技术深入经济社会各个层面后产生的结果"（马化腾等，2017），是由信息通信技术（ICT）带来的一种新经济形态（Rouse，2016）。施瓦布和戴维斯（2018）区分了新兴技术种类，信息技术侧重于技术层面，数字技术则侧重于应用层面，数字技术以信息技术为基础；尤其第四次工业革命的技术进步具有"连点成线"的新特点，关注的是"系统，而非技术"，是"赋能，而非支配"。刘平峰、张旺（2020）将数字技术具体化为区块链、大数据、云计算、人工智能和物联网等新一代信息技术，它们是数字经济的核心驱动力：数字技术通过资本赋能和劳动赋能型技术嵌入生产过程，与传统要素形成相互赋能的生产系统，直接提高全要素生产率增长率。霍尔姆斯特朗（Holmstrom，2018）提出数字技术具有再结合性，能够使传统生产要素重新嵌套和重构组合。奥蒂奥（Autio，2018）认为数字技术具有解耦性和去中介性，要充分挖掘要素价值并放大价值传递功能。阿吉昂等（Aghion et al.，2017）分析了自动化技术应用的正反两个效应，前者会提高生产率，后者则相反（鲍莫尔病），如果自动化技术应用带来生产率的持续提高，经济将突破"奇点"实现持续增长。田秀娟、李睿（2022）则正式研究了数字技术对实体经济转型的影响，发现数字技术赋能实体经济转型源于技术创新，成于金融创新；数字技术与实体产业部门的集成整合会促进宏观经济增长，有助于产业结构优化调整，深化实体经济数字化转型，加快增长动能转换。

关于数字技术如何驱动数字经济融合，除阿吉昂等（2017）外，学界主流多认可数字技术作为一种通用目的技术（GPT）在降低交易费用、提高生产效率上的作用。但如果数字技术不匹配相应的教育及其他社会基础设施，将造成新技术与劳动技能不匹配从而抑制经济发展（Acemoglu and Restrepo，2018）。这其实内含了治理是重要的根本认知。本研究在此基础上尝试将数字化治理与数字技术驱动的生产力实现路径协同起来，研究"四化"协同推动数字经济与实体经济有效融合的实现路径。本课题也将对阿吉昂等（2017）提出的鲍莫尔病问题展开研究，以解释"现代社会随处可见数字技术应用，唯独不见 GDP 增长率上有显著反映"的生产率悖论现象。只有田秀娟、李睿（2022）正式研究了数字技术赋能实体经济转型问题，但在探讨数字技术的影响机制的路径，是从实体产业部门和金融部门应用转化两个路径研究产业结构调整及宏观经济增长的异质性影响。本研究期望更多地考虑数字生产关系因素。

（三）数字经济发展

根据中国信通院研究报告，我国数字经济规模近几年以 10% 左右的速度快速增长，2023 年达到 53.9 万亿元，占 GDP 的比重超过40%[①]，成为引领经济增长的重要引擎。国际上比较，我国数字经济增速连续多年位居世界第一，总量规模暂时低于美国居世界第二位，与美国一起构成全球数字经济的"双子星"，同时，还面临着"前有标兵、后有追兵"的激烈竞争态势。我国数字经济发展尚面临着突出短板，表现为数字经济战略前瞻性和优势不足，发展饱和度和均衡性不够，数字经济创新能力及核心技术不强，数字产业发展格局呈现出逆向渗透趋势（刘淑春，2019）。此外，我国数字经济还显现出结构不平衡、各地区数字化水平差异显著的特征（吴晓怡、张雅静，2020），东部城市在数字经济发展均值上显著高于中西部地区城市，大城市在数字经济发展均值上显著优于小城市（刘国武、李君华，2023）。

对于数字经济自身的发展，部分文献还局限于平台经济的发展及其治理的问题（如李三希、黄卓，2022），不过，多数学者还是从数字技术赋能实体产业转型的角度，再加快经济增长动能转换，进而推动实体经济增长的逻辑理解数字经济作用。

（四）数字经济与实体经济融合

目前，已有部分文献触及数字产业融合问题，如刘昭洁（2018）发现数字产业融合对制造业产业绩效和产业结构有促进效应，数字经济的发展引起了同一产业内不同行业间或不同产业间的产品融合、业务融

[①] 中国信息通信研究院：《中国数字经济发展研究报告》（2020、2021、2022、2023、2024）。

合、管理融合和市场融合，最终形成产业融合的动态发展态势。姜松、孙玉鑫（2020）进一步研究了数字经济影响实体经济的效应，发现两者之间呈现倒"U"型关系：跨越临界值前表现为"促进效应"，之后为"挤出效应"；在空间影响上数字经济对东部地区实体经济体现为"挤出效应"，对中西部地区则体现为"促进效应"，但总体上处于"挤出效应"阶段。洪银兴、任保平（2023）进一步界定了数字经济与实体经济"深度融合"的概念——数字技术和数据要素渗透实体经济的全过程，以数据要素与数字技术双轮驱动实体经济改造的过程就称为数字经济和实体经济的"深度融合"，而且这种深度融合要同时从技术、产业、企业层面形成数实深度融合的生态系统，在数实深度融中建设现代化产业体系。

关于数字经济与实体经济融合，现有文献已触及实体产业的数字化融合（刘昭洁，2018）。姜松、孙玉鑫（2020）则进一步研究了数字经济与实体经济的统计学特征，但未能深入讨论数字经济与实体经济融合的评价测度、推动机制和深化路径问题。此外，大部分相关研究都集中于数字经济影响实体经济的效率和社会后果上，从生产力和生产关系的矛盾运动研究"四化"协同驱动数字经济与实体经济有效融合路径的文献还较匮乏。

此外，徐翔、赵墨非（2020）数据新生产要素的文章值得关注，因为该研究抓住了数据这一新生产要素的新经济增长点价值，对数据价值化的研究有一定启示意义。

三、基本研究内容

本书研究拟分为五个部分研究数字经济与实体经济深度融合问题。

第一部分包括绪论（孙波教授撰写）和第一章（刘文琼副教授撰写），为数字经济兴起引领篇。在绪论总体概述数字经济与实体经济融合的背景、文献回顾评价的基础上，即在第一章讨论数字经济及其引领实体经济发展问题。首先，梳理人工智能、区块链、云计算、大数据、5G技术及互联网、物联网等为标志的数字技术革命兴起、发展历程，并探讨由数字技术兴起所引发的数字经济崛起给实体经济发展带来的历史机遇。其次，尝试定义本研究关于数字经济、数字经济与实体经济融合等基本概念，抽象出数字经济典型特征。再次，依据一定标准对数字经济进行基本分类，总结数字经济发展基本规律。再次，从数字经济规模、结构、区域差异三个维度评价我国数字经济的总体发展态势。最后，在总体研判我国平台经济、数据要素、数字产品、数字环境、数字覆盖等问题和态势的基础上，指出数字经济发展不充分、不平衡是我国当前面临的基本世情，破解该问题的方法就是大力发展数字经济并与实体经济深度融合，通过量变积累质变，以解决数字经济、实体经济各自在发展中效率低下、结构不优、动力不足、质量不高等系列难题，最终实现数字经济与实体经济的有效融合，继而深入研究数字经济引领实体经济发展的路径、数字经济和实体经济有效融合的方式、通道等。

第二部分包括第二章和第三章，为数字经济与实体经济融合理论篇。第二章由孙波教授撰写，主旨是研究数字经济与实体经济深度融合的理论机理。首先，梳理数字经济、虚拟经济、数字经济与实体经济融合概念的演化、数实融合研究重要意义；其次，讨论数字经济和实体经济融合方式、主要融合途径；最后，研究数字经济和实体经济融合理论机理，包括数字技术和数据要素驱动数实融合的过程、路径，数实融合的深层经济学逻辑和理论机理。第三章由刘文琼副教授撰写，从定量研究的角度系统研究数实融合的测度方法，并运用新方法全面测度我国数字经济和实体经济融合水平，再辅之以具体案例研究。

第三部分包括第四、第五、第六章，全部由程美英副教授完成，为数字经济与实体经济生产力融合篇，沿着生产力融合路径研究数字经济与实体经济的深度融合问题。根据价值融合模型的提示，进一步研究数字经济与实体经济融合的生产力实现进路，包括数字产业化、产业数字化，以及本研究拟有所推进的数据价值化问题。新"三化"框架是实现数字经济与实体经济深度融合的生产力的主要渠道。第四章主要研究数字产业化路径上的数实融合问题，涉及数字信息技术直接应用的产业门类，包括电子信息制造业、电信业、软件和信息技术服务业、互联网业共四种业态类型，面临着自身技术、产业升级和引领其他实体经济数字化融合的双重任务，或者说肩负着深化产业自身和引领其他实体经济部门数字广化的两重使命。拟在数字产业化的内涵界定、我国数字产业化规模、结构深入分析的基础上，着重研究如何通过提高产业自主创新能力有效解决我国屡屡被"卡脖子"的问题的系统应对，以及如何通过数字产业化更好引领实体经济发展。第五章研究数字技术赋能实体经济中，其他非数字产业部门生产率提高的途径，即产业数字化路径上的数实融合问题。产业数字化占据数实融合的主导位置，不仅在年度数字经济核算中占2/3甚至80%以上的比重，更是我国数实融合未来发展的主攻方向。唯有推动数字技术在传统实体部门的渗透率逐步扩大，将非数字产业部门逐步、有序纳入数字经济体系，数字经济规模在实体经济中的占比逐步上升，数实融合的终极转换才能实现。本章将在产业数字化框定和效能研究的基础上，深入研究数字技术融合渗透进入传统产业的方式和效应，数字技术赋能传统产业的平台、模式、渠道，并总体研究产业数字化如何有效推动数实融合的制度激励、体制机制、保障措施等问题。第六章讨论在数据新生产要素即数据价值化的路径上如何实现数实融合问题。数据价值化是近几年才出现在官方文件中并迅速进入学术界的研究视野，尽管数据要素对实体经济总量和价值的影响机制目前仍未完全研究清楚，官方和民间智库对数字经济核算也未将该部分涵盖进去，本研究期望对此进行有益的探索。拟在清晰定义数据价值化概念的基础上，深入研究数据价值化推动经济增长的机理，继而探讨数据价值化驱动数实融合的机制和效应。

第四部分是第七章，由黄林副教授完成，为数字经济与实体经济生产关系融合篇，研究生产关系融合路径上的数字化治理体系问题，其本质是数字经济与实体经济有效融合的生产关系实现机制。数字经济与实体经济有效融合的关键一环是数字化治理（第"四化"），作用是为数字经济生产力融合开辟生产关系道路。没有与之匹配的数字经济新型生产关系，数字生产力的发展就始终在传统生产方式窠臼下萎缩发育、处处碰壁，毫无生机，而数字化治理体系就是那个最适宜的数字经济新型生产关系。数字化治理指利用数字化手段完善经济社会治理体系，创新治理模式，提升治理能力，它建立在数字化手段为核心的数字化治理

（第"四化"）方式和治理过程基础上。数字化治理的关键推动力量是政府，政府通过一系列政策和措施建立完善的数字基础设施和软硬件条件，为数字生产力发展构架良性生产关系体系，有目的地推动数字经济与实体经济在更高水平的融合。尽管不纳入数字经济核算，但数字化治理的实施过程和结果实质都是更高级化的生产关系融合，通过升级生产函数 F 将数字生产力成果多倍放大，对数字经济规模产生倍增效应。数字生产力融合是通过数字经济发展把实体经济蛋糕量做大一些、效率高一些、质量好一些；数字生产关系融合则是通过构建优良的数字软硬基础设施把数字治理体系建设得更丰富、更便利、更完善，将这一公共品的正外部性普惠给全社会，为数字生产力融合提供更优质的条件支持。具体地，首先探讨与数字化治理相适应的数字手段形式、机理、路径；其次研究数字技术手段赋能数字化治理的方式、渠道和机制；再次深入分析政府的数字政府建设行动及其促进数字化治理的方式和影响；最后探讨数字化治理上升为一种新型生产关系后的深远意义。

第五部分包括第八、第九章，为数字经济与实体经济融合生态与对策篇。由新兴数字技术浪潮推动的数实融合进程方兴未艾，在数字生产力侧和数字生产关系侧都产生了深远影响，并在各自域内形成一套生态系统。数字新质生产力系统和数字新型生产关系体系交互影响、彼此促进，再形成数实融合生态。第八章（由孙波、刘文琼、黄林共同撰写完成）就研究数字经济与实体经济深度融合的生态系统。在内容上，首先基于数字新质生产力和数字新型生产关系的视角探讨如何建构数实融合的生态系统，其次分别从技术、产业、企业三个层面研究数实融合生态系统的形成路径和愿景。第九章由黄林副教授撰稿，研究如何推动数实深度融合的政策建议，这主要源于数实融合的形成方式。常态而言，数实融合过程一般是在市场自发选择的前提下经过自主演化方式完成。但市场主体对新兴数字技术的采行可能存在初始投资的沉没成本过高、恶性竞争、新基建设施重复建设社会资源浪费等现象，还会出现实体产业的数字化进程参差不齐，关键是制造业、农业及部分关乎国计民生的传统产业数字化渗透率低，单靠市场自然演进那些幼稚产业和老工业恐怕永远等不到数字技术充分融合那天。因此，良好数实融合生态的形成离不开政府有意识设计。因此，市场选择和顶层设计同样重要。例如，我国实施制造强国战略文件所覆盖的重要产业不可能完全指望市场体系自动提供，要解决那些非市场偏向领域的数实融合问题，必须设计一组激励性制度体系才能有效推动数实融合向着良性效果发展。这套数实融合制度体系的设计、推行、组织安排等都要通过相应的政策进行展开。拟在数字新质生产力融合、数字新型生产关系融合、数实融合生态三个方面分别设计应对政策。

第一章

数字经济引领实体经济发展

20世纪90年代，互联网技术开始快速发展。私人电脑慢慢进入普通家庭，这让信息传播变得更快更便捷。电子商务也在这个时候兴起，人们开始习惯使用网络购物和银行卡支付。这些新方式改变了传统的消费模式，影响了整个经济的运行方式。随着这些变化，社会开始关注数据如何存储、处理、流通。美国经济学家塔普斯科特（Tapscott，1996）首次提出数字经济的概念，他在《数字经济：网络智能时代的希望与威胁》中详细阐述了互联网和计算机技术对商业行为的深远影响，以此为起点，数字经济的概念开始逐渐被接受（吴福象，2020）。

随着全球经济的快速发展，数字经济逐渐成为稳增长促转型的重要引擎。作为新一代信息技术催生的新经济模式，数字经济的蓬勃发展为吸纳就业、产业升级、生产效率提升等带来显著效果。当下，实体经济和数字经济是经济发展的两个主要方向，实体经济是国民经济的根基，为数字经济提供应用市场和大数据来源，而数字经济通过构建虚拟交易环境来实现供需对接，从而全方位服务于实体经济。数字经济和实体经济融合发展，可以实现经济的协同发展，正逐渐成为未来经济发展的重要趋势。在我国数字经济快速发展的背景下，深入推动数字经济与实体经济深度融合，对贯彻落实党的十九大、党的二十大精神，推进国家治理体系及治理能力现代化至关重要。

本章主要围绕数字经济推动实体经济发展展开。具体包括五个方面：数字技术的变革与数字经济的兴起，数字经济所表现出的主要特征，数字经济存在的具体形式，对我国数字经济发展状况的评价，以及数字经济如何引导实体经济发展。

第一节　数字技术革命与数字经济兴起

近年来，数字技术的飞速发展已悄然改变着我们的生产和生活方式。从早期的电子计算机到全民互联网时代，再到如今的大数据、人工智能、区块链等新一代信息技术的涌现，数字技术随着科技的发展不断更新迭代，深刻影响着社会发展的方方面面。这场技术的深刻变革催生了数字经济并推动其快速发展，也使数字经济成为稳增长促转型的重要引擎。基于此，深入系统研究这一变革过程，有助于把握未来技术的发展趋势，提高决策的精确性和预测能力，具有重要的现实意义。

本节主要系统阐述数字技术的发展过程以及数字经济的崛起。数字技术是指依赖一定的设备将各种信息，包括图、文字、声音等进行计算机语言识别和转换后，再进行加工、处理、传输和存储信息的技术。数字技术的核心是把各种形式的信息进行数字化并实现智能化应用。数字技术是由数字技术的飞速发展催生出的一种新型经济形态。它是以数字化的知识和信息作为关键生产要素，以现代化信息网络为重要载体，由信息通信技术提供动力的一系列经济活动。深刻理解数字技术和数字经济的发展过程和运动轨迹，能够帮助我们提高对社会变革经济结构转型的正确认识，为今后的经济发展提供理论依据和指导。

一、数字技术革命的演进与驱动

数字技术的起源可以追溯到 20 世纪中叶，其发展历程经历了若干个重要阶段。1946 年，世界上第一台体积庞大的通用计算机 ENIAC 问世，虽然其计算能力有限，但成为人类第一次运用计算机处理数据的里程碑，从此揭开了数字化时代的序幕。在此基础上，互联网的雏形 ARPANET 的出现，为数据的共享及信息的远距离传输提供了可能。互联网技术的应用，极大地促进了全球信息的交流和共享。

20世纪80年代至90年代是信息技术快速发展的阶段。个人计算机逐渐进入大众视野，家庭生活、企业运营及政府办公等各种事项越来越依赖计算机。此时，众多新兴科技企业，如腾讯、微软、英特尔等公司迅速崛起，推动了计算机性能的进一步优化，也拓展了计算机的应用场景和范围。与此同时，互联网技术也进行了更新迭代，完成了从拨号上网到宽带接入的重大改变，由此大幅度提升了数据传输的效率。软件开发领域也毫不逊色，各种编程语言如 C 语言、Java 语言的涌现，为软件开发的复杂性及多元性提供有力支持。基于此，全球逐步迈入信息化社会，信息社会的格局已悄然形成。

数字技术在21世纪迎来了突破性的进展。大数据技术极大地克服了海量数据的存储、处理与分析难题，在智能医疗、精准营销、企业和政府决策、智慧城市建设和智能化社会转型等方面提供了重要技术支撑，并进一步推动各领域的创新发展。人工智能作为一种新型重要基础设施，为数字技术革命注入了新的动力，特别是在深度学习领域实现，通过模拟人脑神经网络的工作机制赋予机器自主学习与推理的能力，使其能够执行复杂的任务处理，从而推动实现智能化生产与决策过程（郭真和李帅峥，2022）。目前，人工智能技术已在自动驾驶、语音识别、图像处理等多个领域实现深度应用，不仅显著提高了生产效率，也为企业创新与增长开辟了新的路径。随着深度学习算法的不断优化，人工智能在解决实际问题的能力上不断提高，推动社会进一步向智能化社会迈进。此外，区块链的分布式记账核心技术，能有效解决传统交易模式中的数据造假、篡改、作弊等问题，不仅加速了数字货币的普及进程，还为数字身份认证、智能合约等创新应用提供了重要的技术支撑（袁澍清和王刚，2022）。随着技术演进与应用的不断深化，我国 5G 发展加速驶入快车道，5G 技术标志着数字技术发展迈入全新阶段。现阶段 5G 进入应用规模化发展的关键期，5G 对经济社会发展的作用逐步显现，远程医疗、自动驾驶、智能制造等前沿应用将加速普及，进一步推动数字技术的产业化进程（中国 5G 发展和经济社会影响白皮书，2022）。

数字技术的快速发展重新建构了生产、生活与价值创造的方式，也改变了经济社会的运行模式。随着技术的不断创新，未来的数字世界将更加智能化，为全球经济和社会的可持续发展提供新的方向。但是，值得我们深思的是数字技术的广泛应用也带来了数字鸿沟、数据隐私保护、人工智能伦理等一系列挑战，这些问题亟待学界与业界共同探索和解决。

二、数字技术革命的驱动因素

数字技术逐步演进的强大动力源于多方面的驱动力量，如技术创新、市场需求的变化、政策环境等多维度因素共同造就了数字经济的飞速发展。

首先，数字技术的发展离不开创新。半导体技术的升级与迭代推动了芯片性能的显著提升，加速了数字技术的广泛应用。此外，人工智能、云计算、区块链等新一代信息技术的突破性进展，进一步丰富了数字技术的应用场景，促使新一轮的技术变革和产业革命（孟庆时等，2021；钟海燕和周文渊，2022）。当前人工智能正加速渗透各个行业，推动新兴产业之间，以及新兴产业与传统产业之间的深度融合（《人工智能白皮书（2022）》）。同时，它还促使技术与社会的跨界融合，推动着各领域的创新与变革。在算法、计算能力等核心技术的持续突破下，人工智能不断演化，为迈向更加智能化的时代奠定了坚实的基础。同时，大数据技术的迅猛发展在数据计算与存储、数据管理、数据流通、数据应用以及数据安全五大核心领域持续演进和创新，使海量数据的高效处理与精准分析成为可能。这为企业战略决策提供了强有力的支持（《大数据白皮书（2022）》）。

其次，市场需求的变化也同样推动着数字技术的发展。当下，消费者对数字产品，特别是智能手机、智能家居设备，以及数字化服务，如在线娱乐、移动支付等消费模式需求迅速增加，因而不断推动相关技术的创新和迭代升级。这些消费方式的变革加速了技术创新的步伐，促进了数字技术在众多领域的深度应用。另外，企业迫于消费者对便捷、高效率等智能服务的倾向需求，不得不进行数字化转型。在转型过程中，企业更加主动进行技术创新，进一步提高生产效率并节约成本，进而提升企业价值（郑伟和李雅晴，2025；宋华盛等，2025）。这种转型趋势已悄然渗透到各个领域，包括制造业、教育、医疗等其他领域，而不仅限于零售、金融等行业。随着企业对云计算、大数据、人工智能等技术的依赖日益加深，数字化转型在各行业中的深化反向又推动了这些新型数字技术的应用与发展。云计算为企业提供了灵活的计算资源，而大数据技术使海量数据的高效处理与精准分析成为可能，人工智能则在智能决策、自动化生产等方面展现出了巨大潜力。这种技术应用与需求的双向促进，形成了数字技术发展的良性循环，推动了数字经济的不断壮大。

数字技术持续发展同样也需要政策环境的支持。一方面，数字技术在全球范围内产生了深远的影响，世界各国政府纷纷制定相关政策支持数字技术的发展，我国也相继出台了多项扶持政策，如《"十四五"大数据产业发展规划》《数字经济发展规划》《中共中央关于制定国民经济和社会发展第十四个五年规划和 2035 年远景目标纲要的建议》等。扶持数字技术的相关政策不仅为数字技术的未来发展提供了明确的方向，还促进了相关企业的技术创新，数字技术在各行业中的广泛应用得到了重要保障。另一方面，有一些国家还设立了专项基金，支持各种在数字技术领域的科学研究，如欧盟的"地平线计划"资助了众多涉及数字技术的研发项目，致力于通过科技创新来促进经济的持续发展。建立行业标准和规范是数字技术良性可持续发展的关键。数字技术在发展过程中随之出现的数据安全、算法歧视、数字鸿沟以及直播乱象等伦理问题，引起了社会各界的广泛关注。为促进数字技术安全有序发展，政府和行业协会正积极开展相关标准和规范的制定工作，以应对数字技术应用过程中产生安全和可持续问题（肖红军和张丽丽，2024）。例如，在大数据、人工智能等领域，各国正不断强化针对数据隐私保护和技术透明性的法律约束，以有效应对技术应用中的伦理问题。通过行业标准和规范的建立，不仅为技术应用提供了法律框架，也为跨行业、跨国的数字合作提供了统一的技术基准，确保了数字技术的可持续发展。因此，政府的政策支持与行业规范的完善，协同推进了数字技术的健康发展。这些政策和支持不仅促进了数字技术的创新和应用，也保障了技术发展的社会责任和伦理道德，为数字经济的可持续增长奠定了坚实基础。

第二节　数字经济典型特征

相较于传统经济模式，数字经济基于现代信息技术，在资源优化及产业组织形式等方面体现出自己独特的一面，因而深刻影响着经济、文化与生活的各方面。深入探讨数字经济的核心特征，能够帮助我们更好地理解这一新兴经济形态的本质，掌握其发展规律，进而在数字经济的浪潮中抢占先机，推动社会持续进步。接下来，我们将重点阐述数字经济在数据要素、创新驱动、产业形态、发展速度和市场范围等方面的关键特征。

一、数据成为关键生产要素

目前，对数字经济的含义，国内外权威机构并未达成统一共识，各国和相关机构往往根据自身的经济发展阶段、技术环境和政策导向，对数字经济做出不同的定义，因而差异可能较大。但是，结合各机构的定义来看，可以肯定的是数据已成为数字经济中最基础和最关键的要素，并普遍认为数字经济是信息通信技术基于数据发展而带来的新的经济形态（韩凤芹和陈亚平，2022）。这一变化不仅标志着生产要素范畴的扩展，也反映了信息技术与传统产业结合的深刻变革。数据不再仅是传统信息产业的副产品，而是作为独立的生产要素，支撑着经济活动的各个环节，推动着创新和效率提升。

数据是一种新的生产要素，改变着传统生产模式，数据的重要性逐渐超过这些传统要素，逐步成为推动企业运营和经济发展的关键力量。习近平总书记多次谈到，在高质量发展的新形势下，数据的重要性日益凸显，我们必须加快构建以数据为核心的数字经济体系，不断深入挖掘数据的价值，推动数据与产业融合创新。2019年10月，党的十九届四中全会首次将数据与劳动、资本、土地等并列，将其纳为生产要素范畴，标志着数据在经济发展中的重要地位得到了充分的认可。这一历史性决策表明，数据已不仅是科技行业或数字产业的专属资源，而是成为全社会经济活动的核心动力之一。

数据要素可以轻易并快速地被复制并传输，能够克服传统要素的稀缺性和排他性，这些特殊性质能够使其快速融入各个行业，促进各行业效率显著提升，最大限度地发挥行业竞争优势。数据资源蕴含着巨大的价值，通过对原始数据进行采集、挖掘、加工等过程，企业能够在产品开发、营销策略和供应链管理方面做出更加有效的决策。借助用户的购买行为、浏览历史以及消费体验反馈等数据，电商平台企业能够推送个性化的商品和服务，精准把握用户需求，提高客户满意度，增进用户体验。进一步地，通过市场趋势和消费模式的预测，企业不断优化库存管理，实时调整营销策略，从而能够在激烈的竞争中占据市场份额。金融行业是数据要素应用中较广泛的领域，通过深度学习及大数据追踪等技术对客户数据及风险预测模型进行不断优化，金融机构可以实时监控客户的信用风险，提升了风险防控能力，进一步提高了运营效率。同时，依赖客户交易数据及数字技术，金融机构还能精准推送个性化的金融产品，增进服务体验，提高服务水平。

随着信息技术的不断发展，数据的获取、存储和分析能力大幅提升，数字要素在产业链中的作用进一步凸显，这进一步巩固了数据在经济活动中的核心地位（段巍，2023）。大数据、人工智能与云计算等数字技术的发展，显著提升了数据的流动效率与处理能力，更为数据价值的深度挖掘开辟了新的可能性。

数字经济时代最具标志性的发展趋势之一就是数据向资本与生产要素的转换。随着数字技术的发展，数据已经演变为具有巨大经济价值的重要生产要素，不再局限于传统"信息资源"的定位。未来，随着数据流动性的增强和应用领域的拓展，其在各行业中的核心地位将日益凸显，这一趋势必将对经济发展和社会变革产生更加深远的影响。

二、高创新性与强渗透性

技术的高创新性和广泛渗透性是数字经济的典型特征之一。数字技

术的快速发展不断推动着各行业的创新与转型。在人工智能领域，深度
学习技术的进展极大提升了机器在图像识别和自然语言处理方面的准确
性，推动了智能医疗、智能预警等领域的新应用（胡智鹏等，2025）。
同时，大数据、区块链、云计算等新兴技术的持续创新，推动了数据存
储、分析、信任机制构建和计算资源的高效利用，从而全方位推动数字
经济的高质量发展（韩冬雪和符越，2023）。

　　数字经济的快速兴起，推动了技术创新与商业模式的深层次融合，
在大数据、人工智能和物联网等前沿技术的推动下，生产效率得到显著
提升（盛皓炜和王如忠，2022）。以人工智能为例，研究指出零售业与
人工智能融合有助于促进产业结构升级，提高消费者满意度，有助于推
进企业的可持续发展（叶进杰，2025）。人工智能运用自动化生产和智
能制造系统实时监控并调整生产参数，优化生产流程，提高生产效率，
同时，利用其强大的数据分析能力使企业实现对市场需求的精准预测，
显著提高了各产业链条的转化效率（徐维祥等，2025）。随着技术的持
续进步，众多传统行业正在经历数字化转型，推动新商业模式的形成和
市场需求的拓展。例如，数字化服务的兴起和平台经济的发展催生了共
享经济、在线教育、远程办公等新兴业态，这些模式依托云计算、大数
据和物联网技术，为消费者提供了更加个性化的、更便捷的服务，满足
了市场对即时性与高效性的需求（毛雁冰等，2022；江小涓，2020）。
数字经济中的创新不仅体现在技术层面，还涵盖了商业模式的变革，例
如，共享经济和平台经济等新模式的兴起，正在深刻重塑传统行业的运
营方式、商业法则及消费者习惯，加速经济结构的调整与升级（王宁
宁，2025）。

　　《数字中国建设整体布局规划》明确提出推动数字技术和实体经济
的深度融合，在多个领域加快数字技术的创新应用，帮助企业与政府提
高资源配置效率，助推公共服务高质量发展（黄剑锋和张会平，2025；
韩先锋等，2024）。数字医疗的普及让偏远地区民众能够享受到优质的
医疗资源，缩小了医疗资源分配的不均衡，提升了社会整体健康水平；
智能城市建设改善居民生活质量，推动城乡一体化进程，从而减少地区
发展的差异性。数字经济在各领域的深度融合，促使发展成果惠及更多

人，为社会进步和共同富裕的实现提供了重要支撑（刘佳玮和金桂兰，
2025）。

三、虚拟性和平台化

信息、数据和服务等核心要素借助互联网、云计算与区块链等技
术，以虚拟化形态实现高效的流通，彻底打破了传统经济活动在时空维
度上的壁垒，显著提升了经济运行的灵活性、效率以及全球一体化程
度。一方面，通过虚拟集聚的模式，企业集群内各企业以及企业内部成
员能够自由联系，为企业实现范围经济、开展跨界经营创造条件，这种
虚拟模式优化了企业的资源配置效率，减少了企业在生产中的浪费，推
动了区域产业结构绿色转型。（向仙虹等，2024）。特别在新冠疫情期
间，远程办公克服了传统工作模式的局限性，打破了地域限制，员工通
过网络平台与同事进行沟通协作，这种虚拟化的工作模式即阻断了员工
之间的传染路径，又提升了员工工作的灵活性和效率，帮助企业在特殊
时期或激烈的竞争中更好地适应。另一方面，脱离了实物载体的数字产
品和服务（如软件、电子书等）的多样化发展，使信息的交易和传播
变得更快更便捷。这些产品和服务的虚拟特性，使消费者在使用的过程
中打破了地域和时间的限制，享受到数字产品和服务带来的便利，而企
业在增强消费者的个性化体验的同时也提高了自身的运营效率。我们熟
知的在线教育就是一种数字化虚拟化的教育模式，它不仅能够针对学生
制定个性化的学习方案，还能促进教育资源的公平化分配，使一些贫困
偏远地区的学生享受到优质的教育资源，切实助推了教育的多元化和高
质量发展。

数字经济的虚拟化不仅助推企业提高效率和优化成本，更重要的是
打破传统模式受资源和空间的限制的局面，突破经济活动的边界，促进
社会各参与者进行高效便捷的沟通与协作，进一步推动全球经济的互联
互通。在数字技术的支持下，全球互通的经济网络逐渐构建起来，加速
了全球范围的资源和信息的传播，并促进了跨境合作和竞争，为全球经
济带来了新的契机。

平台经济逐渐演变为当下经济活动的核心载体,成为数字经济时代的重要特征之一。这些平台以互联网、大数据、算法等技术为基础,突破传统经济模式下的时空约束,有效连接不同类型的市场参与者,提供包括信息聚合、搜索引擎、在线竞价、资源调配、社交网络、金融服务等多种功能,形成了一种新型的经济组织模式。通过智能技术与数据驱动机制的应用,平台大幅提升了信息流动的速度与效率,消除了行业之间的界限,优化了资源配置,促进各决策执行部门之间无障碍流通,塑造了新的经济格局(杨东,2020)。由此,我们可以看到,平台不仅是一个中介角色,它还起到了对资源进行优化配置、降低信息不对称程度,提升行业竞争力等作用。如电商平台,它作为消费者和商家之间的交易桥梁,通过数字技术的支持平台帮助商家精准定位目标客户,消费者也通过平台用户反馈数据获取商家信息,促进了双方交易的达成。同时,电商平台对广告宣传、交易支付以及货运物流等进行了整合,形成了一个非常完整的产业生态体系,促进了行业间的协同合作。

可以说,数字经济的平台化促进了传统产业与新兴产业的深度融合,推动了经济持续增长和经济结构优化升级,更为创业者提供了广阔的市场舞台,推动数字经济快速发展。

四、高速增长与动态性

数字经济增速明显领先于传统经济模式。根据《全球数字经济白皮书(2022)》提供的数据,2021年全球47个国家的数字经济增加值总额已达38.1万亿美元,占全球GDP比重的45.0%,较上一年度增长15.6%,呈现出较强的发展态势。这一数据不仅证明了数字经济在全球经济中的重要地位,也反映出其持续扩张的潜力。随着数字技术的不断突破和创新,数字经济正在成为全球经济增长的重要驱动力,并迅速引领各行业向更高效的、更智能的方向转型,在全球范围内,数字经济已然成为提升竞争力的重要途径。

数字技术催生的新兴业态,如短视频、直播和电商等依靠大数据分析技术,满足消费者个性化和即时性的需求和服务,显著提升了消费者体验，吸引了全球大量用户与资本，不仅创造了巨大的经济效益，还促进了广告、娱乐等多领域深度融合和线上线下协同发展。随着各行业渐渐步入数字化转型的阶段，各国也通过数字基建建设、优化相关政策环境以及培养数字化人才等措施，推动数字化技术创新，进一步加快数字经济的发展，至此，数字经济进入了发展爆发期。我国也推出了"数字中国"战略，通过加快数字基础设施建设，推动数字产业化和产业数字化的发展，促进数字经济提挡加速。

数字技术发展非常快，新技术不断涌现，因此，数字经济也呈现出显著的动态特征，随着市场环境、新旧技术的更替以及消费者的需求持续发生变化。在当下这个快速变换的大环境下，企业需要迅速调整发展策略以应对市场的动态变化，因而数字化转型不是企业的选择性考虑，而是企业必须要迈出的关键一步。一方面，消费者的期望在逐步提升，他们更倾向于数字化产品和服务带来的个性化、便利性，因而企业要想在这样的环境下保持竞争力，就必须迎合这种变化，利用新技术优化流程，灵活调整商业模式，提升效率，增进用户体验。另一方面，自动化和智能化可以显著提高企业的流程效率，降低人为错误和成本，而数据驱动的决策更能准确地预测市场趋势，制定更有效的商业战略，因此企业必须实时跟进数字技术的发展，才能持续发展下去。

数字经济规模自 2012 年到现今扩张了约四倍，数字经济发展的动能非常强劲。在这一发展过程中，大数据，人工智能等新一代通信技术的加速迭代、数字产业的蓬勃发展以及消费者行为模式，市场的竞争态势，人们的生活方式都发生了翻天覆地的变化。数字经济已经成为经济增长速度最快、创新程度最高，影响最广泛的领域，相信未来其发展空间将进一步扩大，并逐渐成为提升产业链供应链韧性的强大支撑力。

五、全球化与跨界性

互联网技术的广泛普及为数字经济跨越国界与地域限制提供了重要支撑，使企业与消费者能够在全球范围内实现高效交易与互动。无论是跨境电商、国际在线教育，还是全球流媒体平台，数字经济的出现使资源配置与市场联通更加顺畅，使企业跨国经营变得更加高效，极大提升了全球商品、服务和资本流动的效率。数字经济已经渗透到经济全球化的各个角落，形成数字化的世界经济总格局（李正图和朱秋，2024）。我国众多电商平台已成功拓展至全球市场，将产品销往海外，同时，国外品牌也借助这些平台进入我国市场，推动全球商品与服务的高效流通。像亚马逊、阿里巴巴等全球电商业的巨头在全球范围内建立了庞大的供应链网络，使全球各地的消费者可以购买到不同国家和地区的商品，打破了传统贸易模式中存在的距离和时间限制，从而实现了全球化的发展战略。在数字经济浪潮中，跨境电商的发展促进了全球供应链的整合，其通过减少贸易障碍、简化物流环节以及改善支付体系，为消费者与企业提供更加高效便捷的交易环境，也充分整合了全球供应链资源，使全球供应链运作更加高效便利。在此基础上，支付工具诸如支付宝、微信支付、PayPal 等跨境支付平台的创新，进一步打破了国家之间的支付壁垒，使商户和消费者更加便捷地进行国际交易。

数字经济的本质是融合型经济，虽然它不改变社会经济运行的规律，但其不断突破传统行业的边界，催生了一系列新兴业态，降低了成本，形成了增长效应（任保平，2020）。这种跨界融合不仅体现在传统行业与新兴领域的结合，还表现为不同技术领域之间的深度交汇与创新。以金融科技为例，作为数字经济的典型代表，它通过整合金融与数字技术，推动了移动支付、数字货币、区块链等创新服务的诞生，深刻改变了传统支付方式与消费模式。尤其是在我国，支付宝和微信支付已经成为日常生活中不可或缺的一部分。这些支付工具依托强大的大数据和云计算能力，使支付流程变得更加便捷和更安全。

数字技术的创新发展使其在医疗和教育等行业具有广泛应用，并显著加快了这些行业的数字化进程。在医疗领域，图像、语音识别、人工智能等技术手段提高了医生诊断疾病的准确率，缩短了治疗时间，还能有效降低人为错误，为病人制定个性化的治疗方案，提高了工作效率，特别是在重大疾病的诊治过程中，新一代数字技术更发挥了巨大的应用潜力。再看教育领域，应用大数据、人工智能等技术不仅提升了教学效率，还为学生提供了个性化的、智能化的学习体验。人工智能技术不仅为自动化教学以及虚拟实验室的建设提供创新性的解决方案还推动了教育的数字化和公平化，使优质教育资源能够更加普及。

数字经济的跨界融合特性使企业通过整合不同行业，不同领域的资源与技术，打破传统业务边界，在不同产业间创造出新的增长点。在数字技术与传统产业融合的过程中，企业拓展了业务范围，还能通过资源共享、优势互补，提升自身的核心竞争力，消费者同时也能享受优质的产品与服务体验。在数实融合的趋势下，实体产业不再孤立发展，而是与数字经济紧密结合，催生了一批如智慧城市、数字化健康产业等新兴业态与商业模式。这些新兴业态和创新领域为经济增长开辟了新的空间与路径。

数字经济打破了时间和空间的限制，跨越了国家地域的界限，必然影响国与国之间的经济格局，也深刻影响着我们的工作、生活和思维方式。随着数字技术的持续创新和数字化转型的不断深入，数字经济将持续激发新的商业模式和产业形态，加速推进产业深度转型升级，为全球经济创造出新的价值增长点，实现可持续发展。

第三节　数字经济主要形式

数字经济作为一种新型经济形态，其表现形式多样。随着数字技术的广泛渗透以及商业模式的创新和重构，数字经济进一步表现出高度的组织创新性和延伸性，具体表现为平台经济、共享经济、零工经济、网红经济和数字服务贸易等形式。这些数字经济形态集中展现了数字技术对经济系统的深度嵌入和对经济运行机制的深刻重构。

一、平台经济

平台经济作为依托互联网平台发展的新型组织模式，具有双边市场结构、网络外部性和共享共赢等显著特征（张鹏，2014；尹振涛等，2022）。其核心在于连接不同类型的用户群体，促成交易行为与价值的实现，已成为推动经济增长与产业升级的重要力量。平台企业通过高效整合供需两端资源，满足了各方的互补性需求，从而构建出新的商业价值体系。例如，电商平台通过连接消费者与商家，极大提高了购物体验和效率，而社交媒体平台则为用户与广告商提供了互动和宣传的渠道。这种双边市场的模式不仅提高了交易效率，还通过网络外部性加速了用户规模的增长，使平台经济在短时间内迅速扩展，成为经济发展的核心动力之一（Rochet and Tirole，2003；陈红玲等，2019）。

近年来，平台经济在全球快速兴起，我国的电商、共享出行、在线教育等多类平台不断成熟，并在国内外市场取得了显著进展。例如，电子商务，其作为平台经济的一种表现形式，已成为推动全球经济变革和增长的关键动力。尤其是在我国，跨境电子商务的迅猛发展突破了传统国际贸易的诸多限制，凭借低准入门槛、低交易成本和高运营效率的优势，为中小企业开辟了拓展国际市场的广阔空间，并显著增强了"中国制造"在全球市场的竞争力（来有为和王开前，2014）。在激发城市创业活力和推动创新方面，电子商务发挥了突出作用，成为提升城市竞争力的重要驱动力（董晓波和何昌磊，2025）。与此同时，电子商务在农村地区的广泛应用，不仅促进了农民收入增长，缩小了区域内部的收入差距，还加速了相关基础设施建设，为乡村振兴提供了有力支撑，带动了农村经济的高质量发展（周亚虹等，2024）。随着国家电子商务示范城市建设的推进，电子商务不仅成为经济增长的重要引擎，还在提高碳排放效率等可持续发展目标上发挥了积极作用（岳立和王昕冉，2024）。不仅如此，平台经济还通过"出海"战略帮助了一批国内企业走向国际市场，依托创新的商业模式与技术优势，将本土经验推广至海外，进一步提升了我国在全球数字经济领域的竞争力与影响力（夏杰长和杨昊雯，2023）。

平台经济的发展在深刻改变传统经济运行方式的同时，也通过整合产业链、优化资源配置、提升服务效率，推动了产业结构的调整与创新。平台企业借助技术赋能与数据驱动，不仅提升了产品和服务的质量，也增强了产业间的协作效率，加速了产业融合进程，成为引领创新的重要力量（夏杰长和杨昊雯，2023）。在这一基础上，平台经济正逐步成为推动全球经济增长、技术进步及产业升级的关键引擎，特别是在数字化转型、智能制造以及绿色经济等新兴领域表现尤为突出。然而，平台经济的迅速扩张也带来了一系列新的挑战，尤其是在市场垄断、数据安全与隐私保护等方面。随着部分平台企业规模不断扩大，市场集中趋势越发明显，"赢家通吃"的局面可能削弱市场竞争，影响消费者利益（尹振涛等，2022）。平台的高度集中不仅可能抑制创新活力，也可能导致对市场规则的过度操控，限制其他企业的发展空间。此外，平台经济的高度依赖数据和技术，也使数据安全和隐私保护成为亟待解决的问题。为了应对这些挑战，在推动平台经济快速发展的同时，必须加强政策支持和监管创新。通过合理的监管框架和公平的竞争环境，确保平台经济的发展既能够促进经济增长，又能够保障社会公平和可持续发展（余晓晖，2021）。

平台经济作为数字经济的一种重要形式，不仅改变了传统产业形态，提升了行业集中度，为经济发展带来新动能。但平台经济在发展过程中也面临各种挑战，为了使其能够健康发展，需要创造良好的制度环境，推动相关制度发展完善。除此之外，我们也需要不断创新市场交易机制和模式，以适应供给与需求的变化对平台经济产生的影响。

二、共享经济

共享经济指利用互联网等现代信息技术整合、分享海量的分散化闲置资源，满足多样化需求的经济活动总和（张新红，高太山等，2016）。借助网络等第三方平台，交易者将供给方闲置资源使用权暂时性转移，实现生产要素的社会化，通过提高存量资产的使用效率为需求方创造价值，促进社会经济的可持续发展。共享经济涉及供给方、需求方、共享经济平台等参与主体。从供给端来看，每个个体或企业都可以成为产品和服务供给方，只要每个个体或企业拥有闲置资源且愿意暂时转移产品使用权，所以，供给方外延扩张潜力显著，其市场容量巨大，能够形成巨大的"产能供给池"。供给方来源的动机基于提高存量资源利用率，并获取一定收益，"闲置资源—暂时转移使用权—获取收益"形成动态的产业闭环，具有内在张力和可持续性。从需求端来看，每个个体或企业都可以成为产品和服务需求方，需求方不直接拥有物品的所有权，通过租赁、借用等共享方式满足产品和服务需求，供给方产品或服务性价比优势带来需求方获取同样服务的相对收益，形成了共享经济庞大的"服务需求池"（郑志来，2016）。

三、零工经济

零工经济是指数量众多的劳动者作为"独立承包商"，通过数字平台企业的中介和组织自主提供计件工作的经济形式。借助能够广泛采集和匹配信息的数字平台，零工经济实现了众包劳动和按需服务的大规模组织，是一种符合资本弹性积累要求而产生的新型用工关系。典型的工种包括网约车司机和外卖骑手。在零工经济中，劳动者可以自由选择工作时间，但需要接受"独立承包商"的地位并付出社会保障缺失的代价。零工经济为高技能劳动者和兼职劳动者提供了更灵活的工作机会和较高的总收入，低技能全职零工劳动者则迫于生活和竞争的压力主动选择工作时间的延长和工作强度的增大，日益面临收入和工作日程的不稳定化（谢富胜，吴越，2019）。

四、网红经济

网红经济是随着互联网发展而出现的一种新型名人现象，随之而来的网红经济成为一种新的电子商务模式。狭义的网红经济是一种互联网环境下的精准营销模式，而广义的网红经济则包括网红孵化、服务、平台、变现及变现模式涉及的全产业链及其相关因素，这些环节中所开展的一切经济活动和市场行为都可以称为网红经济。网红经济的出现改变了众多行业的生态链。网红们借助移动互联网的优势，直接跳过传统的造星培养模式以及漫长的培养时间，迅速碾压传统的成名与吸金机制。而消费者会将对网红和偶像的喜爱之情商品化，将情感转化成为商品。在消费过程中消费者占有更大的主动权，能够与名人进行实时互动，甚至直接接触，表现出个性化的特点（孙婧，王新新，2018）。

五、数字服务贸易

数字服务贸易是在数字技术快速发展依托下兴起的一种新型贸易形式，其本质特征在于通过信息通信网络实现服务的跨境传输，且深刻影响着国际贸易分工、分配关系，引发各界的广泛关注。随着电子商务的蓬勃发展，全球贸易体系正经历从以商品贸易为主向服务贸易多元化、灵活化方向的深刻转型。根据联合国贸易与发展会议（UNCTAD）的界定，数字服务贸易涵盖范围广泛，主要包括电信、计算机与信息服务、金融服务、保险与养老金服务，以及个人文化和娱乐等多个领域。数字技术的不断演进，尤其是大数据、云计算和人工智能的广泛应用，极大推动了这些领域的创新和发展，不仅加速了传统服务行业的数字化转型，同时也为服务贸易带来了前所未有的变革与机遇。受益于电信、计算机和信息服务以及其他商业服务较大的行业规模，我国数字服务贸易实现了从逆差到顺差的转变（高红伟，2023）。在全球范围内，数字服务贸易已逐渐成长为带动经济增长的重要力量，其规模持续扩展，结构日趋优化。特别是在数字化深入发展的背景下，跨境电商、云计算服务以及智能金融等新兴业态的广泛应用，显著推动了市场需求的增长与国际化水平的提升，使数字服务贸易成为各国经济发展的新动能与关键支点。与此同时，众多国家不断完善相关政策体系与法律法规，积极推进数字服务贸易的自由化与便利化，不仅促进了各国制造业数字化转型，还增强了本国在国际市场中的竞争力，进一步推进全球数字经济的快速发展（周彦霞等，2023）。我国尽管在数字服务贸易领域与发达国家相比仍存在差距，但在电信、计算机和信息服务等领域已经形成一定的出口规模，可以看出，我国已经拥有了一定的数字服务贸易国际竞争优势（高红伟，2023）。随着数字技术的不断进步和全球数字化进程的加速，数字服务贸易的潜力和影响力也在不断扩大。我国在加强国际竞争力的同时，需要进一步深化数字经济领域的改革和创新，推动更广泛的国际合作。为此，我国应充分认识数字经济发展规律和特征，提高线上传输交付部分的统计可操作性，进而完善数字服务贸易的统计体系。同时，我国还应注重加速新兴服务业的培育，推动传统服务业的数字化转型，创造便利的、高效的数字服务产业发展环境。在此基础上，我国还应深化国际合作，扩大相关服务市场开放，积极参与构建公平、开放的全球数字服务贸易新体系。通过这些措施，我国不仅能够提升自身在国际市场的竞争地位，还能够在国际数字服务贸易规则的制定中发挥更重要的作用，推动全球经济与数字经济的协同发展（岳云嵩和李柔，2020）。

随着数字技术的不断进步和全球数字化进程的加速，数字服务贸易的潜力和影响力也在不断扩大。我国在加强国际竞争力的同时，需要进一步深化数字经济领域的改革和创新，推动更广泛的国际合作。为此，尽管数字服务贸易发展迅速，但在实践中也面临许多挑战。当下，全球监管越来越严格，各国在监管政策、法律标准及数据主权方面的差异越发明显，这些分歧不仅可能影响数字服务贸易的顺畅运行，还可能引发国际间的贸易争端与摩擦。因此，我国应积极参与数字贸易规则的制定，发展与多边及双边数字服务贸易伙伴协作关系，共同构建监管法规的同质化环境，降低数字贸易成本，以增强我国在全球数字服务贸易监管领域的公信力（杨翠红等，2023）。其次，我国数据安全和隐私保护制度建设相对落后，针对新一代信息技术的监管还比较欠缺，还不能很好地满足数字服务贸易在交付方式上对个人隐私保护的要求，因此，加强个人隐私保护和数字知识产权的相关制度法规的构建和完善至关重要（黄茂兴和薛见寒，2023）。随着全球合作的深入和数字技术的持续进步，数字服务贸易在我国经济发展中扮演着日益重要的角色，数字服务贸易将为各国创造更多的经济价值和发展机会，成为数字经济时代全球经济新增长的核心动力。

第四节　我国数字经济发展评价

随着数字技术在各领域的广泛应用，数字经济对传统产业的引领作用越发重要，它不仅加速传统产业的数字化转型，有效促进经济结构优化升级，还使得人们的生活走向高效、便捷。相关研究显示，2021 年，我国数字经济规模持续扩大，总量达到 45.5 万亿元，占 GDP 的比重达到 39.8%，已然成为拉动经济增长的关键力量。[①] 这一数据进一步证明了数字经济作为新时代经济增长的重要动力，已经深刻影响并推动了我国经济的高质量发展。近年来，我国数字经济的发展取得了显著成果，学术界也在不断深入研究其评价体系，逐步建立了全面多维度的指标体系，并采用多种方法对数字经济的发展水平进行测度与分析。这些研究方法不仅提升了数字经济发展水平评估的精确性，也为政策制定和区域协调发展提供了有力的理论支持，进一步帮助各界更好地了解数字经济对经济结构和社会发展的重要影响。

各地数字经济发展水平稳步推进并呈现显著的差异性。从整体规模来看，2021 年 16 个省市区数字经济规模突破 1 万亿元，较 2020 年有所增长；从发展速度看，中西部地区数字经济持续快速发展，增速超过全国平均水平，其中，贵州、重庆等省市的数字经济增速尤其突出［《中国数字经济发展报告》（2022 年）］。东部地区凭借较好的技术优势、人才储备与资金条件，数字经济的发展一直保持领先，已初步构建起相对完善的产业体系。相比之下，中西部地区受益于国家政策的扶持，特别是地方政府的积极推动，数字经济发展速度加快，潜力也在逐步释放。这表明，尽管我国东部地区的数字经济发展较为成熟，但中西部地区在加速数字化转型的过程中，逐渐展现出较高的发展潜力。黄敦平和朱小雨（2022）从数字化基础设施、数字化应用、数字化产业变革三个维度构建数字经济发展水平综合评价指数，然后熵值法对 2013 年和 2018 年我国 31 个省份的数字经济发展水平进行了测度，结果显示，我国数字经济发展整体水平相对不高，东、中、西三大区域的数字经济发展水平呈现出梯度递减的分布格局。尽管 2018 年与 2013 年相比，区域间的相对差距有所缩小，但绝对差距仍然显著，这一发现反映了我国数字经济发展中的不平衡性。区域间的不平衡不仅表现在整体发展水平上，也反映在数字化基础、数字化产业等多个维度上。因此，在推动数字经济

---

① 中国信息通信研究院：《中国数字经济发展报告》（2022）。

高质量发展的过程中，如何有效缩小区域差距，实现数字经济的协同发展，将是未来政策制定的关键任务之一。

为深入分析数字经济发展的区域差异，潘为华等（2021）基于2012～2019年我国31个省份的面板数据，构建了一个较为全面的数字经济评价体系，涵盖了数字经济基础设施、数字产业化、产业数字化和数字治理等多个层面。通过熵值法对各省的数字经济水平进行综合评分，研究发现，我国数字经济在持续提高的过程中，表现出较强的空间集聚性和区域差异性。尽管整体上数字经济的差距呈现逐渐缩小的趋同特征，表明数字经济正在向更加均衡的方向发展，但地区层面的波动性较大，不同地区的数字化转型进程不一致。像一些缺乏足够技术创新能力和产业基础设施的地区仍然面临较大的发展压力。因此，当下如何制定更具针对性的政策，促进区域内外的协调发展，研究不同区域差异化背后的原因，是至关重要的。吕雁琴和范天正（2023）利用熵权法对2013～2019年我国31个省份的数字经济发展水平的差异及时空变化规律进行了分析。尽管与上述研究成果的样本区间有所差异，但该研究进一步证实了我国各地区数字经济发展差异明显。研究发现，东部地区的数字经济发展较为成熟，形成了较为完善的产业体系和创新机制，而西部地区则相对滞后，仍面临较大发展压力，但中西部整体数字经济发展水平在提高，而东北地区数字经济发展水平呈波动下降趋势。进一步地，他们运用地理探测器方法分析了影响数字经济发展的关键因素，包括第三产业发展水平、市场化程度以及整体经济发展水平。虽然这些因素的影响逐年减弱，但它们仍在一定程度上决定了我国数字经济的区域分异格局。随着政策的逐步引导和资源的持续倾斜，虽然区域差距有缩小的趋势，但数字经济的均衡发展仍需更多的努力和政策干预。随着时间的推移，魏艳华等（2024）采用高维标度评价法，从数字化基础、数字产业化和产业数字化三个方面构建了综合指标体系，对2013～2020年我国30个省份的数字经济发展水平进行了测度评价并分析其时空分布特征。研究发现，我国数字经济发展具有显著的空间集聚性，上海、浙江、江苏等东部地区总体发展水平较高且互相促进，而中西部地区则普遍发展滞后，整体水平较低，各区域数字经济水平总体呈现从东向西递减的趋势。这一空间差异反映了区域资源禀赋、技术创新和产业基础等方面的差距，同时也体现了数字经济发展阶段的不同。该研究还采用马氏链分析法进一步揭示，我国数字经济发展的状态较为稳定，跃级转移几乎不可能发生，稳态分布呈现橄榄球形状，这种稳定性和合理性表明，尽管发展差异存在，但整体趋势向着更加均衡和可持续的方向发展。通过这一研究，可以更清晰地认识到数字经济在我国各地的不同发展路径，及其长期稳定性。

我国在数字经济发展评价体系方面的理论研究与实践探索都取得了丰硕的成果。学术界通过熵值法、主成分分析法以及高维标度评价法等多种方法，从不同维度和层次对数字经济的发展现状及发展路径进行了深层次的探索。这些评价方法能够为政府制定相关政策、推动区域协调发展提供重要的理论参考依据，有助于进一步识别我国数字经济发展中遇到的问题及未来发展思路和方向。今后，随着数字经济的不断发展，其评价体系应动态调整以适应新发展的需求，尤其是要通过细化指标体系，精准反映不同地区及不同阶段的数字经济发展动态和差异。政策制定者应在此基础上，关注如何通过政策倾斜、资源调配和技术创新等手段，缩小区域差距，保持东部地区数字经济发展的良好势头，推动中西部地区的数字经济水平赶超，进一步促进数字经济的高质量发展和区域协调发展目标的实现。这不仅有助于提升整体经济的竞争力，也能促进社会资源的公平分配和经济发展成果的普惠性。

第五节　数字经济引领实体经济

实体经济是我国发展的根基，更是全面建设社会主义现代化国家的基础。数字技术的迅猛发展有助于我国内需市场扩张，形成推动双循环发展的内生动力（许劲和王杰出，2024）。随着数字化进程不断加快，数字经济已然成为实体经济未来发展的核心动力，不仅能够直接作用于产业数字化和数字产业化发展，提振实体经济，还能调节实体产业生产过程中的供给和需求，优化产业结构，激发了新兴产业和创新商业模式的涌现，有效促进了产业结构的转型升级，为企业创造了前所未有的发展空间，从而推动了区域经济更加均衡地发展。

一、数字经济赋能实体经济转型与效率提升

数字经济是以数据为关键生产要素、以数字技术为核心驱动力，本质上体现为信息化、网络化与智能化，这些特性正深刻影响传统产业的运行模式和管理路径，为实体经济的转型升级提供了有效支撑。快速增长的数据资源蕴含着巨大的价值，数据资源与其他传统生产要素融合，对传统生产要素改造升级，提高了高端生产要素的比重，使产品的生产要素发生重构，改变了产品形态从而催生新产业。数据要素的无边界性和高速流动性，使企业突破了传统地理边界对要素流动的制约，缓解资源"瓶颈"，助力传统实体企业降本增效，使企业能够更好地应对快速变化的市场需求，加快实体企业数字化转型。同时，数据要素具有丰富的应用场景，可广泛渗透于农业和制造业等多元实体业态中，促进产业跨界融合，重构产业组织的竞争模式，加快产业组织转型升级（洪银兴和任保平，2023）。

基于大数据、人工智能、云计算等先进信息技术，企业能够对复杂信息进行筛选、提炼和加工，在产品研发、市场策略制定以及供应链优化等重要环节做出科学的、精准的决策。同时，企业对市场和消费者行为的预测也更加精准和全面。由此可以看出，通过数字经济的赋能，企业不仅能够优化生产流程，有效降低资源的损耗，还能重构资源配置模式，进而提高全产业链综合效益（王思薇和侯琳琳，2024）。

在提升企业全球化竞争力过程中，数字经济也发挥了重要作用，运用虚拟化平台使企业摆脱传统地域限制，更灵活更高效地与外部资源进行整合与协作，实现跨国的资源共享。由科技企业为制造业企业搭建的数字化供应链管理系统就是一个典型的实例。该系统能够帮助制造业企业更好地管理供应商、生产库存和物流流程，并对价格趋势进行实时监控，进而降低信息不对称问题。进一步地，该系统基于实时数据和市场情报作出准确的采购决策，提高企业在中间品市场的议价能力与供应链

管理能力，有效地推动中国制造业企业实现降本增效的经营目标，进一步扩大市场份额和提升全球竞争力（蒋为等，2025）

数字经济通过效率变革，资源优化等方式，对整个实体经济的运行模式产生了深远的影响。在今后相当长一段时间内，数字经济未来将更大范围，更深广度与更多行业紧密融合，成为实体经济持续增长、增强竞争优势和实现高质量发展的重要引擎。

二、数字经济推动实体经济创新发展与产业升级

借助数字平台和网络技术优势，企业能够更便捷地共享技术、资金及人力资源，有效降低了创新所需的成本与条件，特别是针对中小企业，数字平台的出现弱化了以往技术与资金带来的高壁垒，使这些企业能更灵活地借助数字技术提高自身创新能力，从而更有效地参与市场竞争。在零售领域，数字经济催生的 O2O（Online to Offline）模式和智能零售正在重塑传统销售格局。O2O 模式通过整合线上平台与线下实体资源，打破了传统零售在时间和空间上的局限，使消费者能够随时随地完成商品选购，同时借助线下体验优化购买决策，实现了消费体验的全面升级。这种模式不仅提升了消费者的购物便捷性，还使零售商能够通过数据分析更好地理解消费者行为，从而调整营销策略，提高效率。在智能零售方面，数字技术的应用使得零售商能够通过智能化手段进行精确的库存管理、客户服务和营销策略调整，从而满足消费者个性化、多样化的需求倾向（王思薇和侯琳琳，2024）。

数字经济的迅速发展还推动了新兴产业的崛起，包括数字金融、智能制造和共享经济等，这些领域不仅为实体经济注入了新的发展动力，还推动了产业结构的优化升级。以智能制造为例，通过整合机器人技术、人工智能和大数据分析，传统制造业正逐步向智能化、绿色化方向转型，显著提升了生产效率和资源利用率。与此同时，数字金融借助大数据和人工智能技术，有效降低了金融服务成本，优化了金融资源配置，为中小企业融资开辟了新的渠道，进一步促进了实体经济创新性高质量发展（周雷等，2024；吴永飞，2024）。在数字金融的领域，区块

链技术的应用不仅提升了支付系统的效率，还通过去中心化的方式增强了数据的安全性和透明度，为全球跨境支付和数字货币的普及奠定了基础。

数字经济将从多方面改变生产形态，促进传统产业转型升级。一方面，数字技术推动传统生产要素数字化，同时提升资本与劳动生产率。另一方面，数字技术应用将加速智能制造、现代信息系统建设等领域发展，有效推动产业结构优化并提升全要素生产率。在新一代信息技术的持续创新和应用的推动下，数字经济成为支撑全球经济增长的关键领域，将在全球范围内助力产业链条的创新和升级，推动更广泛的社会经济转型。

三、数字经济引领实体经济的区域协同与政策支持

在全球化和技术快速发展的背景下，数字经济通过跨区域资源共享、产业协作以及技术推广在很大程度上缩短了发展差距，推动了经济的协调发展，也为数字经济和不同地区之间的协同发展与融合创造了新的机遇。在此基础上，我们还要在政府政策支持和数字基础设施建设的大力发展下，进一步促进数字经济在区域间的均衡发展。

首先，数字经济通过优化资源配置和促进要素流动，显著推动了区域间的协同发展。长期以来，受制于产业结构差异、资源分布不均以及技术发展水平不一等因素，区域发展不平衡问题始终存在。然而，数字经济的普惠性特征打破了传统发展模式的局限，信息流动不再受地理距离和资源稀缺性的限制。数字技术的广泛应用，使跨区域合作与资源共享变得更加高效便捷。以数字金融为例，数字普惠金融对实体经济投资效率的驱动作用往往在供应不足，需求较少，基础设施较差的区域更为明显，从而发挥更大的作用（郭珈楠等，2024）。

数字经济促进跨区域的产业合作和资源的高效流动，合理调整产业链布局。企业可以利用大数据分析技术及计算平台精细识别不同地区的资源禀赋与比较优势优化产业布局，实现区域产业的错位发展，从而进一步推动区域产业结构升级。在长三角区域一体化发展过程中，区域内各都市圈的产业协同合作逐渐加强，数字经济带动了区域整体经济水平

的提升，激发区域协调发展的整体效率，区域合作实现了资源的高效配置和产业的深度融合（傅为忠和刘瑶，2021）。

政府政策的支持和引导是数字经济的良好发展的关键因素。习近平总书记指出，要加快新型基础设施建设，打通经济社会发展的信息大动脉。政府需要持续加大数字基建方面的投资，包括5G、6G、卫星互联网等新型网络基础设施，以云计算、大数据中心和工业互联网、物联网平台等为代表的信息服务基础设施，以及超级计算中心等算力支撑基础设施等。通过完善数字基础设施，特别是完善发展相对滞后或偏远地区的基础设施建设，将有效助力这些地区融入数字经济发展的快车道，实现跨越式发展。同时，政府应针对不同区域特色制定差异化的发展策略。政府可通过政策和资金支持等手段，可引导东部地区发挥引领作用，鼓励这些地区开展国际创新合作，推动创新要素实现区域内有效流动，帮助欠发达地区推动各类创新要素集聚，促使其提高技术水平，缩小与发达地区之间的差距（刘伟，2024）。政府还应出台相应优惠政策吸引高新技术企业落户，优化当地营商环境，引导企业进行技术创新和产业升级，促进地方经济在当下找到新的增长点，从而带动整个区域的经济发展（梁圣蓉和罗良文，2024）。

数字经济的蓬勃发展是实体经济持续健康发展的重要引擎，也扎实推动了区域的协调发展。随着数字技术不断成熟和数字基础设施不断完善，区域间资源的配置更加合理和高效。在此基础上，不断优化的政策环境，助力数字经济在更大范围内推动区域间协同发展，促进各地实现更均衡、更高质量的增长。

第二章

数字经济和实体经济融合内在逻辑

从人类社会经济形态演变发展的脉络来看，经历了农业经济、工业经济形态的充分发展后，我们正在快速迈入数字经济时代。每一次经济形态蝶变的背后，都伴随着新一轮科技革命广泛而深刻的影响。数字经济的出现即是人工智能、区块链、云计算、大数据等新兴技术，深入推动社会生产、交换、分配、消费各经济环节及各应用场景的结果。数字经济的发展是我国应对总体经济下行的稳定器、对抗逆全球化潮流的调节器、稳定实体经济大盘的压舱石，对构建现代产业体系、推动实体经济转型、培育增长新动能、实现高质量发展、打造新质生产力具有极为重要的现实意义。数字经济的本质是具有深度融合性质的拓展的信息化经济（任保平等，2023）。作为一种新的经济形态，数字经济发展的基本路径是通过新一代信息技术与经济活动的深度融合来实现的（李海舰等，2020）。其中的经济活动主要指实体经济活动，因此，数字经济发展的基本路径也可以理解为数字经济和实体经济融合（以下简称"数实融合"）。

我国高度重视数字经济和实体经济深度融合问题。2017年12月，习近平在中共中央政治局集体学习时就提出"加快发展数字经济，推动实体经济和数字经济融合发展"。党的十九届五中全会再次提出加快数字经济和实体经济深度融合问题。党的二十大报告进一步指出"加快发展数字经济，促进数字经济和实体经济深度融合"。党的二十届三中全会通过的《中共中央关于进一步全面深化改革、推动中国式现代化的决定》则明确了"健全促进实体经济和数字经济深度融合制度"的论断。党和国家在政策和制度上的顶层设计为加快推动我国数字经济和实体经济深度融合擘画了一张宏伟发展蓝图。

第一节 数字经济与实体经济融合要义和意义

长期以来，将经济发展的着力点放在实体经济上都是我国一贯坚持的基本方针。党的十九大报告和党的二十大报告都提出要"把发展经济的着力点放在实体经济上"。实体经济是社会物质财富的根本来源，是全面建设社会主义现代化国家的坚实基础（陈雨露，2023）。数字经济的主体仍然属于实体经济形态，只不过是数字技术赋能的实体经济，是一种高质量发展的实体经济，是一种新质生产力性质的实体经济。实体经济为数字经济提供物质基础和支撑，数字经济则为实体经济提供技术支持和创新驱动，通过赋能助推实体经济转型升级……只有促进数实深度融合，才能进一步发挥并放大数字经济对实体经济的赋能及助推作用（杜传忠，张榕，2024）。

一、数字经济、实体经济和数实融合的含义

（一）数字经济概念的演进

数字经济的概念最早由美国学者塔普斯科特（Tapscott）在其1996年所著的《数字经济：网络智能时代的前景与风险》中提出，将数字经济认定一个由信息通信技术广泛使用而产生的整个经济环境和经济活动发生根本性变化的经济系统。不过目前为止在学术界并没有一个统一定义。一个较有影响的定义是中国信息通信研究院在《中国数字经济发展报告（2022）》中提出的，"数字经济是以数据为关键生产要素，以数字技术为核心驱动力量，以现代信息网络为重要载体，通过数字技术与实体经济深度融合，不断提高经济社会的数字化、网络化、智能化水

平，加速重构经济发展与治理模式的新型经济形态。"这个论断的特点，一是指出数字经济由数据要素和数字技术同时驱动；二是认为数字经济的发展路径是通过数字技术与实体经济深度融合实现；三是数字经济的技术展开模式遵循数字化→网络化→智能化的基本方向；四是数字经济的本质是生产力发展和治理模式的重构。

与之相比，2016年，中国杭州G20峰会对数字经济内涵的界定更显示出官方意味："以使用数字化的知识和信息作为关键生产要素、以现代信息网络作为重要载体、以信息通信技术的有效使用作为效率提升和经济结构优化的重要推动力的一系列经济活动。"其中，"数字化的知识和信息"在电子系统中的表现就是数据，"信息通信技术"的迭代和扩展实际上就是数字技术，因此，这个概括在数字经济的驱动力上和中国信通院的认知是一致的；同时，两家也都认同现代信息网络为数字经济活动发生的基本载体；再者，他们对数字经济发展目标和归宿的归纳也基本上一致：G20峰会将数字经济定格在效率提升和经济结构优化上，效率提升属于生产力范畴，经济结构优化兼有生产力调整和治理体系调整，但主要还是治理体系调整和优化的结果，这与中国信息通信研究院对数字经济的发展规模和治理模式优化目标概括总体一致。但是两个定义也存在明显的差异，G20峰会的定义未认识到数字经济的发展路径要通过数字技术与实体经济深度融合，更未指出数字技术展开的高级化方向和走势规律，总体而言，中国信通院对数字经济概念的揭示更加全面，传递的信息更加准确。

（二）实体经济、虚拟经济与数字经济

谈到实体经济，必然需要联系虚拟经济的概念进行辨析，二者一般成对出现，更重要的是数字经济范畴的外延确定与这对概念密切相关。实体经济一般指国民经济中除金融、房地产业的经济部门（黄群慧，2017），包括制造业、农业、建筑业等产品生产行业以及科学研究和技术服务业、交通运输、仓储和邮政业等服务生产行业。实体经济投入生产资料与劳动力，开展物质生产并进行价值创造的经济活动；虚拟经济则基于货币金融体系，不直接生产物质产品，但向实体经济提供必要的

非生产性服务，其自身不创造价值，但要通过分割实体经济物质生产过程创造的价值来维持运转并获得增值（陈雨露，2023）。虚拟经济主要包括金融业和房地产业。

至于实体经济与数字经济，这对概念的联系正日渐紧密，因为数字经济和实体经济的融合势头和融合效力一直持续增长。从根本上讲，实体经济是数字经济的依托和基础，数字经济主体本身即生长于实体经济，反过来又为实体经济发展壮大提供技术支撑、创新动力和增长源泉，为实体经济转型升级深度赋能。依据佩雷斯（Perez，1983，2002）的技术-经济范式说，传统实体经济应属于旧范式，"数字实体经济脱胎于实体经济，是实体经济进行范式变革的产物；同时，二者也是旧范式与新范式的关系，数字经济的发展必然涉及对旧实体经济范式的渗透与改造"（陈雨露，2023）。

数字经济形态出现后，对原有经济体系中的实体经济和虚拟经济都施加了深刻影响，即可以依据数字经济的维度各自分化出来数字实体经济和数字虚拟经济两部分，再加上原来传统经济体系中的实体经济和虚拟经济，则引入数字化维度后整个经济系统现在分成四个板块：传统实体经济、传统虚拟经济、数字实体经济、数字虚拟经济。周密等（2024）给我们提供了关于这一经济体系划分的清晰结构，如表 2-1所示。

表 2-1　　　　　　　　　基于数字经济的经济体系分类

	实体经济	虚拟经济
数字经济	Ⅰ 数字实体经济 （计算机制造、数字产品批发、软件开发等产业）	Ⅱ 数字虚拟经济 （互联网金融）
非数字经济	Ⅲ 传统实体经济 （不属于数字实体产业的制造业、农业等产业）	Ⅳ 传统虚拟经济 （除互联网金融外的金融业和房地产业）

鉴于数字经济和相关产业的迅速崛起，国家统计局对原有国民经济

行业分类重新进行了调整，把原有行业类别中符合数字经济产业特征的和以提供数字产品（货物或服务）为目的的相关行业类别再分类。数字经济产业共分为五大类：数字产品制造业、数字产品服务业、数字技术应用业、数字要素驱动业、数字化效率提升业。其中前四大类为数字经济核心产业（即数字产业化部分），是数字经济发展的基础；第五大类数字化效率提升业本质上为产业数字化部分，"是应用数字技术和数据资源为传统产业带来的产出增加和效率提升，是数字技术与实体经济的融合。"[1] 这五大类别涵盖了表 2 –1 中 Ⅰ、Ⅱ 两部分内容。

（三）数字经济和实体经济融合

习近平总书记在《求是》2022 年第 2 期发表了《不断做强做优做大我国数字经济》，指出数字经济具有高创新性、强渗透性、广覆盖性，是改造提升传统产业的支点，要促进数字技术和实体经济深度融合，赋能传统产业转型升级，催生新产业、新业态和新模式。促进数字经济和实体经济融合已成为从中央到地方、官产学研各方上下齐动、全社会高度关注的一项宏基伟业。

1. 释义之一：技术赋能的视角

"融合"（convergence）的内在含义是指两项及以上的不同事物（技术、设备、产业部门等）彼此接近、嵌入或合并，使各方之间的边界模糊化，最终成为统一体（Curran et al.，2010）。关于数实融合概念，关键在于"数"的解读。对此，前文中数字经济的概念已给出了启示。中国信通院定义明确指出，数字经济的发展是以数字技术为核心驱动力量，以数字技术与实体经济深度融合为关键路径的新型经济形态，根本结论就是数字技术和实体经济深度融合。G20 峰会的定义强调数字经济是以信息通信技术有效使用作为效率提升的一系列经济活动，这个定义的重点一是认为数字经济的原动力为信息通信技术（实质上是数字技术之一），二是认定技术投入的结果是提升（实体产业）经济效率，因此，G20 定义的核心仍在于数字技术和实体经济融合。所以，从

---

[1]　源引自国家统计局《数字经济及其核心产业统计分类（2021）》。

数字经济的主流定义内核可以推断，数字经济和实体经济融合的含义主要是数字技术和实体经济的融合。

现有研究的主流观点事实上也印证了我们的判断——数字经济和实体经济的融合主要是数字技术在实体经济中的应用和扩散过程。余东华和王爱爱（2023）将数字技术视为支撑实体经济发展的核心技术，与数字技术的深度融合已成为新工业革命时期世界各国推动实体经济发展的重要手段，同时，数字技术与实体经济的两种差异性融合方式"要素型融入"和"技术型融入"对实体经济发展有都利，但也将提高数字型资本与技能型劳动的收入份额，同时，降低一般型资本与非技能型劳动的收入份额，不利于收入差距的缩小。许多学者将数字经济和实体经济的融合界定为人工智能、区块链、大数据、云计算等新兴数字技术在实体经济中的应用与扩散，并形成数字经济与实体经济之间的相互作用、良性循环（如史丹和孙光林，2023；欧阳日辉，2024）。这一相互作用被钞小静等（2024）进一步解读为数字经济实体化和实体经济数字化，即数实融合的本质是数字技术在实体经济运行过程中的加速渗透与扩散，在推动数字经济产业化、实体化的同时，实现对实体经济各产业的数字化改造与升级。

数字技术融入实体经济的进程并不遵循传统的生产－交换－分配－消费的社会经济流程，而是总体呈现出逆势发展的轨迹——数字技术是由消费应用场景扩散到流通和生产领域，由消费互联网扩展到产业互联网，由服务产品扩展到有形产品，由第三产业发轫然后沿着"三二一"的逆向轨迹向制造业和农业渗透。起初，以 ICT 信息通信技术为内核的数字产业化为先导力量，此时数字技术尚未融入实体经济；之后，移动互联网的发展推动数字技术应用和创新开始进入消费端，数字技术和实体经济初步融合，以电子商务平台为代表的消费互联网成为数实融合上半场繁荣的基本场景；随着新兴技术快速迭代升级，数字技术逐步渗透进入生产场景，传统实体产业的数字化转型开始加速升级，产业互联网开始接力消费互联网成为推动数实融合的新平台；最后，产业互联网逐渐发力开启数字技术和实体经济融合的新征程，对传统实体产业生产、销售、流通等各经济环节进行流程再造和优化整合，数字技术和实体经济的深度融合便由此展开；展望未来，当数字技术和实体经济完全融合，数字技术贯穿实体经济生产、流通、分配、消费全流程时，数字技术和实体经济就实现了完全融合（丁述磊等，2024）。

2. 释义之二：经济形态演化的视角

第二种数实融合的定义注重数字经济和实体经济两种经济形态的融合，如何德旭等（2024）认为数字技术实际是数字经济的技术特征，数实融合中"数"的真正含义是数字经济。将数实融合的"数"定义为数字经济，一个有信服力的理由是，数据要素和数字技术同样是数实融合的重要推动力，都能推动三次产业数字化升级并加速新实体经济发展（夏杰长，2023），如果数实融合定义中只强调数字技术驱动数实融合的质性，而忽略数据要素的重要角色，很可能使人产生对数实融合概念认识的偏颇。同时，逻辑上看数字技术和实体经济的性质也完全不同，数字技术本质上属于一组通用技术形式的集合，实体经济却是一种经济形态，理应与同为经济形态的数字经济直接联系起来。从熊彼特的创新理论来看，作为一种新兴通用技术的数字技术只能创造性毁灭原有传统技术，而不是直接创造性毁灭传统实体经济；传统实体经济只能在实体经济体系内部经过否定之否定的过程，逐渐被数字经济这个新经济形态创造性地毁灭掉，传统实体经济被新兴数字经济创造性毁灭的时候，就是原有实体经济和数字经济这个新质生产力实现完全融合的时刻。因此，数实融合定义最终还是要回归数字经济和实体经济融合。实际上，我国历年重要政策文本的主流提法中，尤其党的十九大以来中央发布的文件一般将数实融合解读为数字经济和实体经济融合，或数字经济和实体经济深度融合，例如，2022年党的二十大报告明确提出要"促进数字经济和实体经济深度融合"。具体到产业层面上，数字经济和实体经济的融合则表现为数字产业与实体产业融合，此时技术间的关联就成为产业融合的驱动因素（Basole et al.，2015）。

在经济形态演化基础上可进一步分析数实融合的外延边界。根据表2-1周密等（2024）对实体经济、数字经济和虚拟经济的归类，数字经济和实体经济融合总共包含两方面，其一是Ⅰ和Ⅲ的融合，即数字实体经济和传统实体经济的融合；其二是Ⅱ和Ⅲ的融合，即数字虚拟经济和传统实体经济融合。尽管数字经济包含了数字实体经济和数字虚拟经济两块内容（Ⅰ和Ⅱ），鉴于数字虚拟经济的非主体地位以及本书对实体经济（包括数字实体经济）重要价值的认同，我们确认本书的主体对象是数字实体经济和传统实体经济的融合（Ⅰ和Ⅲ的融合）。这个融合过程在数学范式上表现为数字实体经济对全部实体经济占比逐年增大，这一占比逐年扩张的过程就是数字经济和实体经济两种形态的深度融合过程。基于以上对实体经济、数字经济和虚拟经济的分类，我们用集合的方法直观表达数实融合的基本逻辑。

图2-1主体是数字经济和实体经济融合结构，在新兴数字技术推动下，左侧白色的数字实体经济板块逐步侵蚀融合右侧的传统实体经济板块，二者重合的交集即为数实融合部分。随着数字实体经济的体量越来越大，数实融合部分越来越扩张，传统实体经济空间就会被逐步压缩减少。直到将来某一奇点时刻，传统实体经济全部被数字实体经济覆盖掉，数字实体经济完全替代掉传统实体经济，数实融合的过程就全部完成。推动整个数实融合全程的是外部数字技术＋数据要素这个新兴GPT环境和包容友好的社会制度和体制。

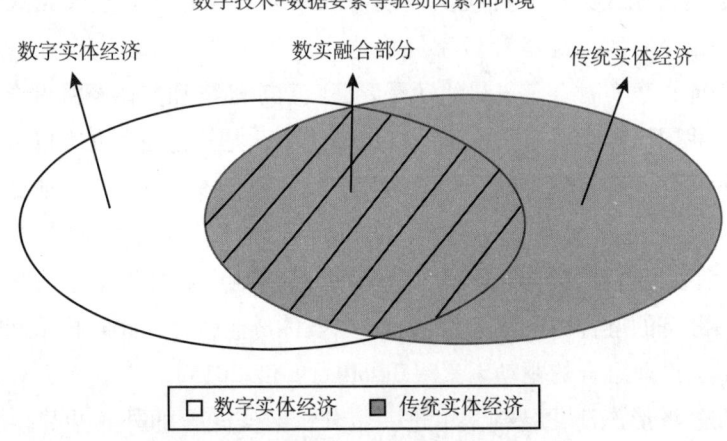

图2-1 数字经济和实体经济融合结构

资料来源：构图得到夏杰长、李銮淏（2024）启发，经作者重新整理绘制。

3. 释义之三：基于分层解析的视角

可以说，现有研究中对于数实融合内涵的界定无论基于技术赋能的视角，还是基于经济形态演化的视角都有各自充足的理由，彼此之间并无矛盾，只是看待问题角度的差异。从技术赋能视角界定数实融合的内涵其关注点，在融合驱动力乃至融合过程和结构，这时数字技术和数据要素融入实体经济的方式、渠道和过程自然就成为焦点。经济形态演化视角下的数实融合内涵偏向强调融合的结果，此时融合的直接表现就是融合价值规模持续增长，数实融合价值在传统实体经济中的占比持续增加。

然而，对数实融合概念的揭示并不能仅限于以上两种单向度的理解，而是应将其视为一个动态的、全方位、跨域性融合体系。数实融合不仅是简单地将数字技术应用于企业生产制造环节，也不是单纯地将企业生产出来的产品通过数字平台进行线上流通和销售，而是在数字技术赋能下实现企业全周期、全价值链、各环节的数字化变革，不断突破行业要素、技术和组织壁垒，进行跨部门、跨领域资源整合和模式创新，实现数字经济与产业的融合发展和生态重构，从而构建新型价值共创产业网络（李涛，徐翔，2024）。洪银兴和任保平（2023）进一步从创新视角解析了数实融合的内在属性：数字技术与技术创新的融合，推动了数字经济与实体经济在研发创新层面的深度融合；创新链与产业链的融合，引发了数字经济与实体经济在产业层面的深度融合；平台经济与企业组织创新的融合，产生了数字经济与实体经济在企业层面的深度融合；数字经济的共享性和万物互联，提供了数字经济与实体经济在生态系统层面的融合。夏杰长、李銮淏（2024）对数实融合中"数"和"实"的含义均进行了拓展，其中"数"指数据要素、数字技术和数字平台，"实"则指实体经济中的运行场景、流程环节和行业部门，数实融合则是两者之间的结合和对接；再分层次考虑微观、中观、宏观三个层面，微观层面的数实融合指新型实体企业通过"以数促实""以实助实"，打造具有国际影响力的新型实体企业，并释放其对更广范围内上下游部门、企业的转型辐射效应和技术外溢效应，进一步提升新型实体企业的实力；在中观层面的数实融合指平台生态、创新生态和数字产业集群生态的培育和完善，经济生态呈现出要素数据化、主体平台化、关系协同化等特征，数实融合促进新型实体企业数量和规模快速增长，塑造基于大数据和数字平台的数字生态，随着数字经济生态覆盖面、影响力逐步扩大，形成全领域、全链条、全方位的新型实体经济；在宏观层面，"数实融合"通过互促赋能机制，构筑全社会范围内的新型实体经济形态，依托数字生态对传统生产函数的优化和经济底层逻辑的重构，实现数字化对实体经济的全面赋能改造。在以上含义的基础上，杜传忠等（2024）又将数实融合从数据要素、数字技术与实体经济的融合扩展到数字理念、相应制度变迁和政策等逐步融入实体经济各领域、各环节，从而实现实体经济效率提升。

汇总以上三方面解读的精神，数字经济和实体经济深度融合实质是以人工智能、云计算、大数据等数字技术，催生出新平台、新业态、新商业模式，它们和数字技术、数据要素在实体经济中广泛应用与扩散并形成自我适应的数字实体经济，最终实现数字实体经济与传统实体经济渐进地、动态地融合；伴随数字生产力的融合发展，数字化理念深入人心，包容友好的社会制度和政策发生深刻变革，新型生产关系和新质生产力协同推进及深入发展的过程。

二、数字经济和实体经济深度融合的意义

作为工业经济之后具有革命意义的全新经济形态，数字经济的出现将会通过与实体经济的融合深刻改变人类的生产方式、生活方式和治理方式。数字经济和实体经济的深度融合是转变经济发展方式并实现经济高质量发展的驱动力量、实现传统产业转型升级和建设现代化产业体系的关键之举，对我国构建新发展格局、发展新质生产力、构筑国家竞争新优势具有重要战略意义。本书拟从现实和理论两个层面分别探讨数实融合的重要意义。

（一）数实融合对数字经济和实体经济发展的现实意义

我们曾在导论部分提及了实体经济和数字经济发展的三个现实问

题，即实体经济发展水平不高、数字经济发展不充分、数字经济发展结构不平衡。现在看，做好数实融合恐怕是解决这些问题的根本出路。

首先，数实融合是实现实体经济高水平发展的重要方式。目前，我国实体经济的数字化水平还不高，即使按照最宽泛的口径也只有40%左右的覆盖率[①]，其余大部分还处于传统经济的汪洋大海。这些大量未经数字化赋能以及那些低水平赋能的传统实体经济均属于较落后的旧质生产力，不适应数字经济为代表的新质态生产力发展方向，须通过扎实推进数实融合将更多传统产业纳入数字经济体系内，从而带动实体经济整体发展水平的提高。

其次，数实融合是解决数字经济发展不充分问题的根本途径。我国数字经济的整体发展质量不高，实体经济中的大部分传统产业未经历数字化改造，一小部分则只经过浅层次、低水平的自动化技术改造，真正经过数字化尤其高端智能化改造的产业领域仍然较少。以装备制造业为例，我国现有装备制造业智能制造水平达到四级以上的仅占比10%，其余大部分处于传统生产方式下（中国电子技术标准化研究院，2022）。只有加快步伐大力推进传统产业尤其制造业的数字化进程，扎实推动传统产业数字化融合，进一步提升现有自动化产线、装备、产品的智能化融合水平，才能最终实现我国数字经济整体质量的跨越。

最后，数实融合还是解决数字经济发展结构不平衡问题的有效手段。我国数字经济发展结构的不平衡主要包括东、中、西区域空间上的不均衡和一、二、三产业渗透上的不平衡。不均衡是现实世界运动的本质规律。区域上，我国东部地区数字经济发展整体上领先，广大的中西部地区除个别经济带之外总体表现滞后；产业渗透上，服务业的数字化渗透率逐年稳步提高，二产尤其制造业的数字化渗透较为迟缓，一次产业尤其农业的数字化渗透最是缓慢。要想解决这种结构上的不平衡，根本出路还是靠发展，尤其是数字经济与实体经济的协调、融合发展。在国家适宜的发展战略，如"一带一路""数字中国"等导向带动下，在

[①]　如根据中国信息通信研究院《中国数字经济发展研究报告（2024）》，我国2023年的数字经济总规模为53.9万亿元，占当年GDP总值的42.8%。

各层面经济政策引导和激励下，后发地区和产业扎实推进数实深度融合，必然能最终解决区域和产业发展中的数字化覆盖率不高、数字化渗透率不足问题。就更需要通过数字经济和实体经济深度融合解决一产、二产尤其制造业数字化渗透率不足的问题。只要充分利用数字经济为重塑实体经济提供的新契机，通过数字经济的带动，将渐次补齐数字经济发展中的结构性短板，开辟出一条数实融合的新路。

（二）数实融合的理论意义

其一，数实深度融合是发展新质生产力质态的重要路径。新质生产力是数字经济条件下摆脱传统经济增长模式和路径、具有新型质态的先进生产力，体现为高科技、高效能、高质量等基本特征（杜传忠、张榕，2024）。数字经济的最本质特征就是人工智能、大数据、量子计算、区块链等新兴技术在各类实体产业中的泛在应用，同时也带动了实体经济增长效能和发展质量的持续提高，与新质生产力具有天然的契合性，数字经济与新质生产力具有本质重合。数实融合又是驱动数字经济引领实体经济数字化融合的根本方式。因此，数实深度融合必然通过推动实体经济的数字化融合，进一步推进数字经济这个新质生产力质态在实体经济大盘中迅速扩展，成为新质生产力生根发芽、遍结硕果的开路先锋。同时，数实深度融合也带来了生产要素的创新配置和新兴技术加速产业渗透，不断催生出新市场、新业态及新商业模式，加速培育新质生产力下的新发展动能、新产业优势，加快新质生产力的形成。

其二，加速数实深度融合对构建我国新发展格局、构筑国家竞争新优势具有重要战略意义。刘鹤早就指出，在我国现有经济体系中，有些领域已经接近现代化了，有些还是半现代化的，有些则是很低效和过时的（刘鹤，2021）。其中，实体经济虽然规模庞大，但却大而不强、效率较低下、增长动能不够、发展后劲不足，结构上更是参差不齐，一系列短板效应突出，拖累了整体经济效率。数字经济的应声出现为解决这些长久以来的诸多隐忧问题带来了天赐良机。通过加速推动数实融合发展，不仅依靠数字技术提高了传统实体经济增长的全要素生产率，借助数据新生产要素叠加提升了经济系统的发展动力，还从结构上进一步补上了落后地区和传统实体经济发展中的各项原有短板，基本上摆脱了原有粗放型、高碳式、不经济的旧发展模式下的种种固有弊端，形成了一套集约型、低排放、内涵式、更经济的全新发展模式和格局，并在数字新技术和数据新要素的底层新框架上构筑我国经济新优势。

其三，中观层面上，数实融合是推动新型工业化、构建我国现代产业体系的关键抓手。中国经济最引以为傲的一个优势是具备世界上门类最齐全的全产业链工业体系，拥有联合国产业分类中全部 41 个工业大类、207 个工业中类、666 个工业小类的唯一国家。但是这一产业体系建设成就是基于前三次工业革命基础产生的，面临着新一轮科技革命和产业革命大背景下新型工业化和数字化、智能化的艰巨发展任务，这是时代的要求，是新一轮科技创新浪潮的强大推力使然，不作出有效回应就必然被甩出这一轮产业革命大潮。同样地，新一轮产业革命是由人工智能、区块链、云计算、5G 移动互联网等新兴技术和大数据等新要素为根本驱动力量的，数实深度融合正是以这些底层新技术和新要素为内在驱动力的数字经济发展和扩张为基本目标的新经济形态持续深化、持续广化的战略过程，与新型工业化具有内在契合性、逻辑一致性、步调同频共振性，其最终实施结果就是将现有产业体系全产业链地转型、升级成为新兴技术、新生要素系统性加持武装的现代化产业体系。在这一现代化产业体系下，数智技术将全面应用于各产业门类，不仅推动传统产业数字化、智能化转型升级，新一代战略性新兴产业、未来产业等新业态、新模式也将快速涌现，数智技术将渗透于工业生产全过程、产业链的所有环节和价值创造的全生命周期，彻底崛起一个生机勃勃的现代产业体系。

第二节　数字经济和实体经济融合方式与融合途径

一、数字经济和实体经济融合方式

数字经济和实体经济的融合主要通过数字产业化、产业数字化、数据价值化方式实现，这"三化"都归属于数字生产力范畴，是数实融合赋能实体经济发展的主要渠道。当然这中间有一个从"两化"（数字产业化、产业数字化）到"三化"（数据价值化单独抽出来）的现实演进过程，虽然目前在数字经济的统计核算上，仍基于前"两化"范畴。依据马克思主义政治经济学的基本原理，新质生产力的变革必然伴随与之相适应的生产关系变迁，而这个新型生产关系我们认为主要是数字化治理，即所谓第"四化"。由此，在数字生产力和新型生产关系两方面同时布局，紧紧依托数字技术为核心的数字生产力为数实融合深度赋能，加之通过提升数字化治理能力构建相适应的数字生产关系，最终通过"四化"协同（数字产业化、产业数字化、数据价值化、数字化治理）的方式，全面推动数字经济和实体经济深度融合。"四化"协同的本质是数字生产力与数字生产关系交互促进的过程，数字经济和实体经济的深度融合则是数字生产力、数字生产关系二者互动互促的结果。

关于数实融合的产业对应，国家统计局在《数字经济及其核心产业统计分类（2021）》中针对数字经济重新划分的五大类细分产业，前四大类即数字产品制造业、数字产品服务业、数字技术应用业、数字要素驱动业原都属于数字经济的核心产业即数字产业化部分，随着数据价值化概念的提出，数字要素驱动业中的一部分（主要是数据资源与产权交易）分离出来并入数据价值化范畴，但数字经济中核心产业四大类的主体仍归属于数字产业化。第五大类即数字化效率提升业实质上是产业数字化，是应用数字技术和数据资源赋能传统产业带来的产出增加和效率提升部分，是真正狭义上的数字经济与实体经济融合部分。

（一）数字产业化

数字产业化即数字技术创新和数字产品生产，也就是信息通信产业（ICT），具体包括电信业、软件和信息技术服务、互联网行业、电子信息制造业四部分产业产值。数字产业是数字经济的先导产业，为数字经济和实体经济融合提供技术源头支撑的，同时也承担着融合发动机的功能。尽管数字产业化这部分在全部数字经济总值中占比仅为20%左右，却把控着数实融合的技术天花板和技术发展方向，站在先进生产力的前沿，更是新质生产力的引领者。

　　作为数字产业化主体的信息通信产业（ICT）及其对应的数字技术应用研发部门，是社会新基建和数字基础设施建设和投资的直接承担者，在全社会发挥着数字经济前沿技术创新并将这些新兴数字技术付诸经济化应用的关键作用，在数字产业化中具有关键影响。其中，数字产业化的关键是核心数字技术要不断实现创新和突破，因为数字技术的研发与改进关系到数字经济能否持续健康成长，这是数字经济的核心驱动机制（陈晓红等，2022）。只有掌握好新技术的应用机制、不断推广交流前沿理论，才能使技术商用化，才能使数字经济企业发展获得竞争优势（石奇等，2022）。再者，良好的数字基础设施的发展也对数字技术的发展提升起到至关重要的作用，这方面，我国以5G全面商用和"宽带中国"等为代表的数字基础设施发展水平毫无疑问已牢牢站在了世界第一梯队，这种超前的数字基础设施发展所带来的数字化能力提升和数字服务优化，必将拓宽数字技术应用场景，形成数字技术水平提升和数字技术规模化应用之间的良性循环。这方面，当前美西方对我国高技术产业及其核心技术的无下线"卡脖子"封锁，客观上反而激励了我国新兴技术的独立自主和数字产业的逆势崛起。由于数字产业化发展具有规模效应、产业集聚效应和知识溢出效应，数字产业化对于经济区域实现牵引辐射、聚集和要素整合有着十分重要的作用，可以推动打造国内重要经济增长极，促进国家级城市群加速转换新旧增长动能和优化产业链条布局（李小玉、邱信丰，2022）。

（二）产业数字化

　　产业数字化是数实融合的主战场，是实体经济产业门类中除"数字产业化"其他传统产业部门应用数字技术和数字化装备而带来的产出增加和效率提升部分，更是数字生产力的主要贡献者。产业数字化是数字经济和实体经济深度融合的主盘，在数字经济中不论规模还是占比都很高（80%多）。通过产业数字化推进数实融合的最显著效果是在通用技术赋能后传统实体产业部门的生产率显著提升。习近平总书记指出，"要把握数字化、网络化、智能化方向，推动制造业、服务业、农业等产业数字化"（习近平，2022）。产业数字化可以改变实体经济生产函数中的要素生产率和生产组织方式，提升实体经济生产效率；深化数字技术在实体经济各行业从生产、分配、交换到消费各个环节的渗透和应用，利用大数据、人工智能等数字技术对实体经济进行全链条的改造，提高实体经济的全要素生产率；利用大数据、物联网、5G＋工业互联网、云计算和人工智能等新技术赋能实体产业发展，重塑实体经济的组织和流程，催生实体经济的智能化生产、工业互联网创新应用、柔性化定制、共享工厂等新业态和新模式（洪银兴、任保平，2023）。在中国式现代化发展进程中，同步推进新型农业现代化、工业化、信息化的历史任务，都离不开成功的产业数字化（洪银兴，2022）。

首先，农业生产的数字化、信息化、智能化将成为农业现代化的重要变革机遇（唐文浩，2022）。将信息技术引入传统农业部门有助于农业产业结构优化，通过提高农业生产主体对于市场需求变化的适应性，避免农产品的生产性过剩，精准匹配市场需求，提高农产品产业附加值（雒亚男，2022）。数字农业相较于传统农业生产模式，有着低成本、高效率和灵活性等特征，数字技术不仅可以通过优化农业生产管理方式，提高精耕细作的生产效率和降低农业生产成本，还可以借助数字信息平台缩短供应链条，实现农产品的快速流通（梁琳，2022）。

其次，作为实体经济最重要的制造业，其数字化、网络化、智能化转型对于我国这种全工业产业链体系的经济体来讲意义重大。一是在制造业数字化转型中，必然大规模升级与之相匹配的新型基础设施和硬件设备，在此过程中不仅带来制造业产品产出的快速迭代升级和技术创新，还将催生出应用场景丰富的新业态、新组织、新模式。二是制造业网络化的主要形式是借助工业互联网推动制造业产业集群化、网络化发展，形成线上与线下结合、功能完备的网络化组织结构，进而形成围绕本产业的完整数字生态，发挥包括一众关联企业、数字服务平台、政府、高校和科研机构在内的协同网络，形成强大的产业网络协同效应。三是依托人工智能技术对制造业进行全过程、全生命周期的智能化改造，在提升制造业"自感知、自决策和自执行"能力的基础上（李廉水等，2019），提高生产的灵活性和生产效率，对市场的大规模定制需求和日益增强的个性化需求，作出快速生产反应（Zhong et al.，2017）。在主要制造业领域基本完成数字化、网络化、智能化转型后，不断进化的产业互联网体系和日益增强的竞争压力，必然使制造业行业内企业继续深入推行智能制造生产模式，给制造企业降本增效的同时将整个传统制造业的产业数字化水平推向更高。

最后，服务业已成为我国数字化、网络化、智能化渗透最广泛，数实融合最深入的产业，是超越第一产业、第二产业而率先开展数字化融合的先行产业。其中当然是有数字金融和一系列网络支付平台助力的因素，主要还是服务业的众多数字化应用场景深植于我国庞大的市场需求体系内，源源不断的个性化服务需求为服务业的数字化、网络化、智能化发展扩张提供了强大内生动能。服务业数字化包含生产性服务数字化和生活性服务的数字化。前者大多属于制造业服务化的范畴，具有大规模定制化生产特征，在制造业数字化的框架内或其延伸供应链内有效解决；生活服务数字化的大量场景则要依托消费互联网内众多数字应用平台和数字金融体系中的数字支付平台完成个性化定制化交易。服务业向数字化、网络化、智能化方向发展的趋势已势不可当，带来的益处多多，例如，消费交易便利、服务业分工和协作效率提高、数字服务推动企业所在产业链融会贯通和协同成本降低等；但也有近忧，如新兴数字技术的普遍应用几乎不可避免地带来短期的就业替代效应，导致机械式、标准化型的工作岗位失业上升。此外，数字技术在服务业的深度融合，还推动了新的数字服务形态涌现，远程会议、互联网医疗、在线教育和数字金融等服务形式都已经成为现实（江小涓、靳景，2022）。

总体而言，产业数字化面对的三个主导产业构成中，第二产业中的制造业数字化转型潜力最大，数字化赋能的生产效率提升效能最突出，但又属于重资产配置行业，传统制造业的数字化网络化智能化一般初始投资巨大、投入成本高、收益回收周期长、利润见效慢，导致制造业平均的数实融合进程比服务业数实融合进程滞后；反观服务业却没有这些羁绊，在新兴技术革命和产业革命浪潮冲击下，至少生活性服务业在很短时间内经历了比较快速和彻底的数字化转型，是对新兴技术反应最敏感、接纳最迅速、融合性最好以及渗透率最高的产业；农业却是三大产业门类中数实融合最慢和数字技术渗透率最低的产业，根本原因还是我国小农经济分散经营的脆弱性导致的，包括资产耐受力、风险应对、观念保守等原因。所以，全面观察我国三次产业数实融合的主要表现，整体格局呈现"三二一"逆向渗透的态势（刘淑春，2019），亟须数字化手段提升效率的农业其数字经济渗透率仅为 8.9%、工业的数字经济渗透率也才 21%，而服务业的数字经济渗透率达到了 40.7%（中国信通院，2021），也就是说实体经济中亟须数字化赋能的一产和二产数实融合程度相当低，须通过数字经济和实体经济的进一步深度融合来解决这个结构失衡问题。

（三）数据价值化

迈入后工业化时代、进入数字经济时代的一个重要事实就是数据被提升到空前重要的位置，包括公共部门数据、企业运营数据、交易数据、支付数据、用户行为数据、人机交互数据等。根据佩雷斯（2002）的技术——经济分析范式，数据作为生产要素进入经济体系并走进经济研究者的视野是数字技术的大量使用之后。以人工智能、云计算、区块链、互联网、物联网等为代表的数字技术大量产业和商业应用，产生了海量的数据，数据开始作为生产要素进入经济系统，并与劳动、资本、土地和技术等生产要素组合在一起重构了生产要素体系，即所谓数据要素化。而且，数据要素是数字经济形态下越来越重要的生产要素形式，因为几乎所有数字经济下的生产过程都围绕数据要素展开，例如，当下炙手可热的人工智能大语言模型 Deep Seek、Chat GPT 等都必须经过海量数据的反复训练才能逐步进入商业应用，才能创造巨大价值。在大数据技术的推动下，数据应用从消费到生产领域逐次深入并成为新型生产要素，快速融入生产、流通、消费、分配等环节，准确地预测和把握外部世界的运转状况，逐步成为数字经济的关键要素（陈曦，2022）。数据作为关键生产要素在经济学理论上即是以 D 这个抽象形式进入生产函数 $Y = F(A, D, K, L, N)$，并参与价值创造、交易、分配和消费，数据在市场经济体系中的这个价值循环就称为数据价值化。

2020 年 4 月，中共中央在《关于构建更加完善的要素市场化配置

体制机制的意见》中正式提出了"加快培育数据要素市场，提升社会
数据资源价值"的论断。2022 年 12 月，《中共中央　国务院关于构建
数据基础制度　更好发挥数据要素作用的意见》中明确提出，构建数据
基础制度要"以促进数据合规高效流通使用、赋能实体经济为主线"。
2023 年 12 月，国家数据局等 17 部门联合印发了《"数据要素×"三年
行动计划（2024—2026 年)》，强调强化场景需求牵引，推进数据要素
协同优化、复用增效、融合创新，并选取工业制造等 12 个行业和领域
作为推动数据要素发挥乘数效应的试点行业。可以说，数据作为数字经
济"四化"内涵中数据价值化的基本元素，不仅成为生产要素创新驱
动的重要内容和创新的基石，还被国家看作重要战略资源并写入国家重
要文件和规划中。

　　数据价值化实现的机制一般是，其一，数据要素的虚拟性、非竞争
性和规模报酬递增等特性是其驱动数字经济增长的前提条件和动因（蔡
继明等，2022）；其二，数据产品化是数据要素价值化的关键环节（韩
文龙等，2023）。数据首先要经历数据资源化→数据资产化→数据资本
化的过程，其次经过生产函数黑箱的生产过程变成产品或服务，最后经
过数据要素交易市场的惊险一跳，转变为真金白银的 GDP 价值，才真
正实现数据价值化的最终目的。生产要素集中化和赋值化使其有利于产
品生产和社会发展。最后，作为生产要素的大数据起到了熊彼特创造性
破坏的作用，改变和重组了原有生产、消费、流动和分配环节的结构和过
程，对内生经济增长过程和结果有重大意义和价值（杨俊等，2022）。

　　将数据价值化单独抽出来并重新置入数字生产力的"三化"框架
内，体现了国家和学术界对数据价值生产力的无限期待和高度重视，这
片价值蓝海等待我们深入挖掘和探索。当然，这一研究领域的问题也有
待解决，包括数据产权、数据交易市场、数据价值化总量和结构的核算
问题等。

（四）治理数字化

　　治理数字化是指利用数字化手段完善经济社会治理体系，创新治理
模式，提升治理能力。作为数实融合的第"四化"，数字化治理是非常

关键的。尽管数字化治理不纳入数字经济总价值核算，但会通过数字新生产关系质的跃升为数实深度融合释放"生产关系红利"，为数实深度融合开辟生产关系道路，对数字生产力价值带来倍增（乘数）效应，因为治理数字化的实施过程和结果实质是生产关系在更高水平的融合，对应着生产函数 F 自身形态的嬗变、向更高位置攀升。如果数字生产力只有初期的发展，却没有与之相容匹配的数字生产关系，数字生产力就只能在传统生产方式窠臼下萎缩发育、处处碰壁，毫无生机，更不会发展持久。反之，如果加力构建数字化治理体系，努力调试以数字化治理为核心的新型生产关系，则传统生产关系下生产效率不高、动力不足、生产力发展被处处掣肘的问题就能有效解决。在新建构的数字化生产方式下，新型数字生产关系与数字生产力具有内在契合性，根本原因就是数字化治理体系与数字生产力的同属同源质性，基于数字技术的数字生产方式及其对应的数字生产力、数字生产关系便形成三位一体的内在体系。

治理数字化显著提高了组织和国家等治理主体的治理能力，显著改善了传统治理模式，有效提升不同治理阈的治理效果。首先，对于企业内部治理而言，数实融合催生了大量新技术、新业态和新模式，深度变革了微观企业的发展环境与互动方式，革命性地解决了以委托－代理成本和信息不对称为显著特征的传统企业内部治理矛盾（陈德球、胡晴，2022）。其次，城市治理领域，数字化治理方式的推行是不可逆转的趋势。再次，最重要治理主体甚至唯一治理主体的地方政府角色就变得极其重要，向数字政府转型更是必然选择。我国政府实现数字化转型的目标是建设决策科学化、治理精细化、服务高效化的数字政府，从而实现国家治理体系和治理能力现代化，推进中国式现代化建设（黄未、陈加友，2022）。这一过程当中，要立足公共价值最大化，不断完善数字政府、数字社会、数字公民的转型；针对政府治理体制数字化转型难、民生服务数字化升级难和治理成效数字化评估难等问题，须精准施策推进数字治理的基础制度和基础设施建设（王晨，2022）。最后，在数字乡村建设上，数字化治理也扮演着越来越重要的角色。如以往的村域公共资源管理中普遍存在的公共地悲剧问题，对于这一世界范围的管理难题，无论依靠市场还是政府管理起来的效果都不好，不是存在市场失灵就是出现政府失灵。即使借助奥斯特洛姆的公共资源治理理论取得了一部分成功治理案例，但受制于所在国家、社区的资源产权状况、文化习俗等条件的限制，这个第三条治理道路推行起来梗阻很多。数字化治理模式的出现为乡村治理中存在的种种类似公共事务有效管理提供了契机，同时也为新农村共同富裕目标实现提供了可行治理模式和实施机制。目前，数字乡村建设不仅是全面实施乡村振兴战略的重要内容，也是推进乡村治理体系和治理能力现代化的关键（丁波，2022）。借助数字治理的赋能作用，数字技术全面参与乡村治理过程，依托各层面的数字沟通平台，在完善的乡村治理制度和实施规则基础上，将不断推进乡村治理的现代化进程。

二、数字经济和实体经济融合途径

社会经济系统的全过程分解为生产、交换、分配、消费四个环节，数实融合必将是覆盖这个价值循环全链条的融合。由于制造业是数实融合的主要产业部门，其数实融合主要是要素、技术、设施、流程和产品方面的融合，融合范围包括企业内部全领域、供应链全生态和价值链全周期（李晓华，2022）；之后数实融合将渐次渗透至服务业、农业直至全部实体经济部门，最终实现整个经济系统的全覆盖。从宏观经济融合过程来看，数实融合主要是通过生产融合→交换融合→分配融合→消费融合的途径实现的。

（一）数实生产融合

数字经济与实体经济融合会使生产过程的各个要素及其内在关系和结构发生变动，引发生产力变革，重塑社会再生产过程的价值创造体系（韩文龙等，2023）。而数字技术在生产环节融合将长期助力产业结构优化调整，推动实体经济数字化转型，其中制造业领域的数字化制造是数实生产融合的典型特征，主要体现为定制化生产、分布式生产、智能化生产、质量化生产（丁述磊等，2024）。也就是说，数字经济生产方式下制造业数实融合的基本模式是智能制造。智能制造的基本范式又分为数字化制造、数字化网络化制造（"互联网+制造"）和数字化网络化智能化制造（周济，2018）。在数字化制造阶段，以数字化技术广泛应用为主；在数字化网络化阶段，以数字化和网络化技术为主；在新一代智能制造（即数字化网络化智能化制造）阶段，人工智能技术占据主导地位。

智能制造的具体技术路径可以归结为："机器换人""设备换芯""生产换线"，即用工业机器人替换普通工人；通过在生产设备中植入智能传感器等方法，实现设备智能化感知；将智能化的生产设备组装打造智能生产线，提高整个生产流程的智能化水平。在此基础上，进一步发展智能车间、打造智能工厂，最终目的是提供智能产品及服务。实现上述升级路径，离不开工业互联网、智能云平台等强大的基础设施作为支撑，遵循"人–信息–物理系统（HCPS）"的底层逻辑。HCPS运行流程如图2-2所示。

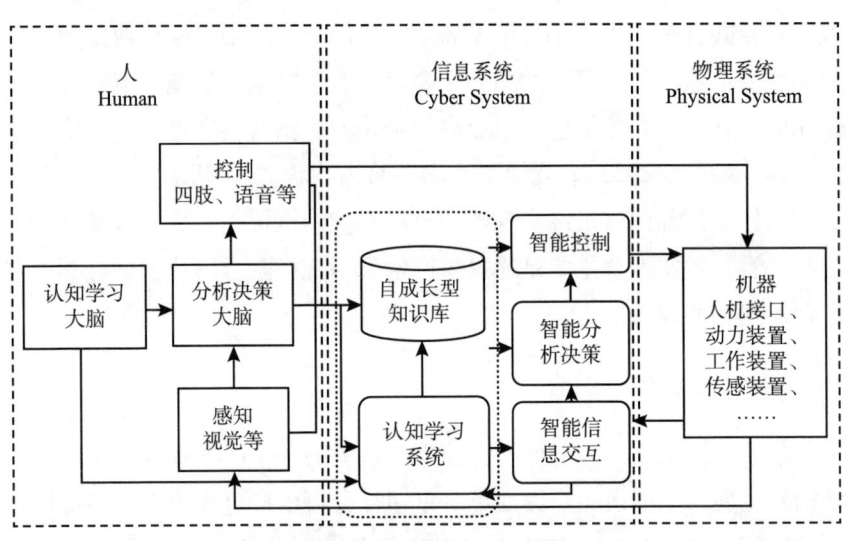

图 2-2　HCPS 运行流程

资料来源：笔者根据中国工程院院士周济的研究（2018）绘制。

如图2-2所示，HCPS由人、信息系统与物理系统三大部分构成，三者相互连接，相互作用，是一个紧密相连的有机整体。它区别于传统的"人—物理系统（HPS）"，HCPS引入信息系统，系统可以自我认知学习，从而实现信息智能化交互、提高信息分析处理能力，确保决策的准确度，并最终实现智能控制。区别于信息物理系统（CPS），HCPS强调人的作用和价值，人可以通过认知学习来直接对物理系统进行控制，操作机器设备；也可以对信息系统施加影响，实现对物理系统的间接控制。

HCPS中最为关键的部分为信息系统，其拥有自成长型知识库，在人的参与下可以进行认知学习，依次实现智能信息交互、智能分析决策、智能控制，并作用于物理系统，同时接收物理系统的反馈。随着智能技术的飞速发展，信息系统的自我认知学习能力不断增强，智能决策、控制水平不断提高，将会推动HCPS向更高层级发展，对生产方式产生颠覆性影响。

除智能化生产，数实生产融合的另两个典型特征分别是定制化生产和分布式生产。定制化生产是基于现代社会消费者偏好多样化及消费端需求趋于多样化、个性化，平台企业通过大数据等技术能够及时地、以极其低廉的成本掌握消费者偏好动态，进而根据消费端的订单指令组织生产侧的生产、交易活动，满足消费需求的同时，给智能制造的生产端和平台组织带来经济价值收益。定制化生产背后的逻辑是工业互联网、大数据等数字技术融合或传统、或智能制造下的扁平式生产组织模式，将工业经济时代的小品种、大批量生产方式转型为数字经济时代的多品种、小批量数字化生产方式，刻上了数智化时代全新生产方式烙印。

分布式生产位于定制化生产的后端，一般是平台企业接收到需求端的定制化订单后，根据个性化产品的需求特性将全部生产环节剥离为若干小的独立生产模块，然后即时在工业互联网内部甚至外部网络，发布产品子模块的制造需求信息，不同的接单企业按照定制客户的要求收取定金试行生产并按约定拿出样品，反复修改得到定制客户认可后再正式组织生产并最终完成全部交易过程。这种根据定制客户产品制造需求将整个生产环节剥离出来若干独立生产模块同时分包或众包给产业生态内相关响应企业生产，最后组装完成产品生产从而满足定制客户需求的生产形式就是分布式生产。分布式生产改变了单一企业单向独立完成小品种大批量产品的工业经济时代纵向一体化，突破了传统企业在生产时间和空间上的限制，充分利用了本产业生态内广大参与企业的生产技能，使纵向一体化的传统生产方式迅速变革为扁平式快速响应的生产组织方式，将全国甚至全世界的企业、公司、机构全部纳入分布式生产网络，极大幅拓展了企业生产能力与边界。

（二）数实交换融合

数字经济时代交易模式的最大变化，就是线上平台企业的崛起和供应链整合等新业态的出现，这种数字化新零售交易方式的发展极大便利了市场交换，让马克思所担心的由生产到市场交易从而完成"价值实现的惊险一跳"达到历史上从未有过的通畅。首先，平台经济的崛起方面，以京东、亚马逊、淘宝、美团等为代表的数字经济平台彻底颠覆了传统流通系统的线下生产者和消费者面对面商品、服务交换方式，通过线上网络链接的虚拟交易方式完成商品服务交换和产销对接，再辅以线下物流配送完成初次市场交换。之后的跟踪服务、维修、消费者反馈等环节大都可以通过线上企业公众号平台或 App 平台完成。新交换模式的出现不仅提高了交易效率、节省了交易成本，同时还促进了交易单数量和交易价值的增长，这是线上交易模式带来的意外效果。

其次，数实融合全方位构建起了现代流通体系。党的二十大报告强调"加快发展物联网，建设高效顺畅的流通体系，降低物流成本"。企业、行业、区域之间全面持久的商品交换和市场竞争进一步加速了现代流通体系建设，数字技术从降本增效、业态创新维度加速数实流通融合，产业链、供应链、服务链加强联动，进而推动流通体系朝着敏捷化、定制化、网络化方向发展（丁述磊等，2024）。尤其在降本增效上，流通企业运用大数据分析技术，将物流综合信息实时传递给供应链部门的相应决策者，以减少现金、库存和过剩产能，降低运输成本，用"信息代替库存"（Wang E T G，Wei H L，2007）。

再次，数实融合加速供应链的优化。数字技术和数据要素的深度应用将带动商流和物流的数字化革命，朝着可视化、数字化、智能化的数字供应链体系发展；数据驱动的流通业能够提升流通过程中匹配供需的能力，减少交易环节，整合物流配送能力，并根据客户需求和实时数据进行智能化的交付和服务，使流通过程更加透明化、更标准化和更高效化（欧阳日辉，2024）。

最后，数实交换领域的融合还激发了新业态、新模式的不断涌现。在数字技术推动下，网红产业、直播带货、机器人无人仓库运输管理、无人机和无人车配送、无人零售店铺等新业态和新模式层出不穷，二维码管理物流、交易全过程的数字化服务体系遍及生产生活的各个环节，并且将流通业的商流、物流、信息流、货币流等与生产制造端的厂商生产管理紧密联系在一起，由产供销和产业链、供应链、服务链及各个节点企业共同形成了完整的数实融合交换领域生态系统。

（三）数实分配融合

对于分配概念的理解，现代经济学在广义上将其区分为两个层次：生产资源（生产资料）配置和价值（劳动成果）分配。站在马克思主义的立场，前者生产资料的配置又称生产工具的配置，构成生产资料所有制的基础。后者劳动价值的分配即狭义上的分配概念，是社会劳动价值按照一定机制和规则在社会成员间的分配。马克思分配论的分配原则很简单，那就是前者决定了后者——生产资料的所有制性质决定了分配的方式，生产资料所有制形式和内容决定了社会劳动成果的分配结果和比例，有什么样的所有制形式就有什么样的分配形式，也就是说生产决定了分配。与之相对，新古典经济学的分配理论是基于所谓公平市场机制下的由要素市场均衡价格来决定要素所有者的价值所得。

无论基于马克思分配理论还是基于西方经济学分配思想，数字生产工具和数据要素进入经济生产系统都将对数实分配融合产生深刻影响。首先我们关注到的一个最重要影响是新兴数字技术和数据要素的天然资本偏向性。现有文献研究多有证实这一倾向的论断。余东华和王爱爱（2023）将数字技术与实体经济的融合方式分为"要素型融入"和"技术型融入"两种形式，但无论哪种融入方式都将提高数字型资本与技能型劳动的收入份额，同时将降低传统型资本与非技能型劳动的收入份额，也就是说数字技术与实体经济融合中将提高数字型资本所有者（如人工智能大模型 Deep Seek 股东、量子光刻机投资者）和一批新兴技术新贵（如马斯克、宇树科技创始人）的收入份额，一般非技能型劳动并不能立即从新兴技术带来的初次收入分配中获益，其社会收入份额的相对占比也会下降。

数据要素也具有类似的资本偏向特性，徐翔、赵墨非（2020）就将数据归入数据资本范畴，并将数据资本引入内生增长模型分析其对经济增长的影响和溢出效应，发现数据资本的稳态增速高于其他类型资本及总产出稳态增速，证明数据资本积累对宏观增长有很强的驱动力——这印证了经济学的一个重要论断"知识是所有生产工具中唯一在边际上呈递增报酬的生产要素。"这也反过来证明数据资本的价值分配份额也会随之提高。总结数字技术和数据资本在数实分配融合中的特征，与历史上任何一次技术革新所带来的分配结果规律都是一样的——新技术在推动全社会生产效率提高、经济增长和社会发展的同时，都毫无例外地导致社会新增总价值向资本倾斜，新增收入更多地流进了资本所有者的口袋。

尽管数字技术和数据要素具有资本偏向性从而可能带来数实分配融合中的收入分配差距拉大，但也要看这些数字化生产工具由谁掌握。数字经济与实体经济深度融合背景下，新的价值创造体系是社会主义条件下的价值创造体系，生产资料公有制仍占据主体地位，劳动力与生产资料的社会结合方式仍符合社会主义性质。数字化生产资料和数据在生产中的公有制应用性质决定了新的分配体系的社会主义性质，决定了分配形式仍以按劳分配为主，新的分配方式依然符合社会主义共同富裕的本质（韩文龙、李艳春，2023）。一是国有资本可以通过参股、控股的方式保证数字化生产资料和数据资本不偏离社会主义经济方向。二是新生数智化知本家可以通过捐资助学、发起慈善事业等渠道和形式主动促进和推动社会资本形成，保证数实分配融合的财富创新成果为社会所有和占有，韦尔股份的虞仁荣斥资 300 亿创建宁波东方理工大学就是一个现实版的案例。三是国家可以通过税收、社会保障等再分配渠道机制保障底层劳动者和其他传统要素主体在数实分配融合中的收入占比份额不再进一步下降。

除了资本偏向性，我们也注意到数实分配融合中的价值共享性。数实深度融合过程中必然带来产业价值链的重构，原有产业链中处于较低价值链位置的传统产业经过数字技术赋能后将逐渐攀升进入较高价值链等级，其相关企业的资本和劳动者将因此共享价值链升级的增值收益，对传统产业提供数字化解决方案的平台企业或外包企业，也会因此分享自身产业扩张和服务方案提供带来的收益价值。

最后，作为数实分配融合中较关键环节的数据融合会引致数据创富效应。一方面，公共数据作为共享程度最高的新型生产要素，取之于民、用之于民，实现共享共创，能够以数据赋能全体人民共同富裕。另一方面，数据要素通过提高劳动生产率，从而通过增加使用价值而带来更多价值，使劳动者增加了分配财富的机会（欧阳日辉，2024）。

（四）数实消费融合

消费是社会再生产四大环节的终点，当然也是国民经济再循环的新起点。数实消费融合能带给消费者数字化场景变化升级的体验，深刻影响了现代社会人们的生活方式。数字化技术对生活方式的影响主要体现在智能机器人、智能设备、3D 打印等在众多现实应用场景的广泛应用，提高了人们生活的便捷化、智能化程度。其一，在医疗护理方面，智能医疗可以进行人体数据的远程连接和监控，无须对病人的生活状况进行监控就可以实现广泛的医学治疗，可以为紧急状况提供更好的支持等；机器人辅助医生提高了手术操作的精准性的同时降低了失败的概率，缓解了医生长时间、高强度工作带来的压力；同时，可以降低医疗成本，缓解医疗资源短缺问题；机器人还可以胜任常规护理工作，这样老年人就可以在家里独立生活。其二，在出行方面，无人驾驶等智能交通工具的应用，一方面缓解了交通拥堵带来的压力；另一方面降低了发生事故的可能性，方便了人们出行。其三，在理财和借贷方面，借助人工智能可计算股票及期货的对冲方式来获取最大利润，同时，银行也可以借助人工智能充分评估借款人的信用状况，用以作为借贷依据。其四，在教育方面，智能化系统会针对使用者的学习水平来确定学习内容；德国的机器人 Nao 已经用来帮助难民儿童学习德语。其五，在安保方面，人工智能可以用于人脸及语音识别等，用于安防、安检等领域。其六，在智能家居方面，包括远程监控、智能家电、中央供暖、可视对讲等。其七，在灾害防治方面，机器人可以应对不可预测事态以及处理复杂工作。此外，智能购物、数字娱乐等数字消费更是时时处处充斥在公众的现实生活中。数智化手段不仅帮我们从烦琐的工作中解放出来，更将我们代入风云际会及五彩斑斓的消费应用场景，让我们有更多时间尝试更新鲜或更有意义的数字消费生活，实现生活方式的休闲化、舒适化，充分体验数实融合引领的社会生活方式变革。

马克思经济学将消费分为生产消费和个人消费（生活消费），此处只讨论生活消费。进入数字经济时代后，经济产业发展的重心由原来工业经济时代的生产者中心体系，彻底转向反映消费者个性化、多样化、定制化需求为典型特征的消费者中心体系。同时，新兴数字技术和新型数据要素的数实融合恰好契合了这些新型消费特性的转变，因为在商品销售和消费过程中，通过数字技术分析和数据采集、处理技术，消费者个性化、多样化、定制化需求能够被充分甄别和及时反馈，极大地撮合供求交易效率，最大限度地满足消费者行为偏好，并进一步带动消费升级和产业结构调整升级。数字技术和数据要素驱动数实融合的机理分为三个方面。一是消费者个性化需求的精准匹配效应，即电子商务平台依据消费者个人偏好和历史购买记录等大数据分析制定个性化产品推荐策略。二是消费互联网平台消费的长尾效应，即电子零售平台根据侦测到的消费者个性化消费信息，对这种品种多批量少的长尾需求进行有效管理、适时推送，充分挖掘长尾需求客户的消费者剩余并将其转化为平台和入驻平台企业的额外利润。三是消费端数据驱动供给端变革的网络效应，简言之，就是 C2B 模式、C2M 模式与新兴数字技术和新型数据要素的深度融合，消费平台及其相关企业根据数字化供应链终端消费者的评价意见和反馈信息，反过来重新整改、改造所供应商品、企业资质、管理模式等所有供应链环节，更好地满足消费者多样化、个性化需求的动态变化。通过以上的数实消费深度融合，促使企业组织模式扁平化、商业模式平台化、消费物品品质化；同时，推动消费主体差异化、消费内容个性化、消费方式网络化（丁述磊等，2024）。

三、数字经济和实体经济融合关键领域

数字经济和实体经济两种经济形态的融合牵涉整个经济系统，从微观企业、中观产业到宏观经济，从社会再生产的发端到消费终端，从企业组织到市场安排的经济边界变迁，从技术、要素投入产品、服务的产出调整，从外部新型基础设施的再敷设到原有制度体制的重新调整等。本书研究拟探讨其中几个关键的数实融合领域，即数字新基础设施融合、新要素融合、产品融合、企业融合、产业融合、市场融合等，其中隐含的主线是数字技术和数据要素全程参与的与劳动对象、劳动资料的融合。

（一）数字新基础设施融合

数字新基础设施又称新基建，是在传统交通、能源、科教文卫等基础设施的基础上，围绕数字化体系建设目标而展开的一系列数字基础设施布局，包括5G基建、物联网、工业互联网、卫星互联网等信息通信网络基础设施，超算中心、大数据中心、智能计算中心等算力基础设施，人工智能、区块链、云计算等新兴技术基础设施等。此外，传统的交通、能源、科教文卫等基础设施也要同步接入这些数字化新基建系统（包括国家重大科技基础设施，如天眼、超级风洞等），以全面提升我国整体基础设施的能级水平。通过这些新基建和传统设施升级改造的基建行动，为数实的深度融合提供基础支撑。

（二）要素融合

考察要素融合须借助生产函数分析工具。由于在数字经济形态下新出现了数字技术 A 与数据要素 D，我们引入新质生产函数 $Y = AF(K, L, D, N)$，其中数字技术 A 混合了工业经济时代的传统技术和数字经济时代的一组新兴技术。其他生产要素 K、L、N 则代表工业经济时代传统的生产要素资本、劳动和土地（自然资源），当然 F 是混合了工业生产方式和数字化生产方式的对应函数关系，包含数字化治理。Y 即是实体

经济的产出，由新兴数字技术与新进入函数的数据要素 D 融合后经过函数变化后决定。首先，独立地看，由于数据要素规模报酬递增特性，经济社会将因此生产额外价值产出；其次，数据要素 D 与其他传统生产要素 K、L 融合后也将提高这些传统要素的生产率；最后，新兴数字技术 A 因其处在不受边际报酬递减定律影响的倍增位置上，A 与其他要素的融合的产出倍增效应也更大。因此，数据要素、新兴数字技术共同与传统增长要素的深度融合，将驱动实体经济发展的强大动能。

（三）产品融合

在有形产品和服务商品上实现数实融合是数实融合最直观的、最直接的体现，表现在公众所消费的最终产品、服务数字化和企业所生产中间产品的数字化的方方面面。最终产品和服务方面，居民、企业、政府等部门的吃、穿、住、行、用度等各方面用品和服务的数智化结果都涵盖在内，如可追踪溯源的用水、用电、燃气，智能家居、智能电话、家用智能电器、新能源汽车、智能穿戴设备等，这些传统产品种类的数字化智能化升级或创新新品大幅提升了消费者的效用体验和服务创新价值。中间产品的有形数实融合体现在制造业中，主要是智能芯片、智能软件管理系统、智能传感器等在传统生产设备、各类有形中间产品中的技术性融合；在无形服务的数实融合中，如在交通管理系统中的表现就是人工智能、电子控制技术、传感器技术、信息技术、数据通信等技术在交通管理系统中的场景应用，在农业服务领域的应用如无人机等智能管理设备，从事农业生产管理、秸秆自动打包机、自动式喷杆打药机等。服务业的数实融合更倾向于应用服务性机器人，从事简单的服务工作并提高服务效果。

数据驱动产品服务的融合主要体现在以下几个方面。一是数据驱动需求识别；二是数据驱动设计和创新；三是数据驱动的智能化和个性化；四是数据驱动产品的优化和迭代；五是数据驱动产品决策（欧阳日辉，2024）。

（四）企业融合

企业是社会经济生产的最基本细胞，是社会财富创造的基本单元，数实在企业层面融合是数实融合的基本要义。数字经济时代企业形态演变的一个最重要特征就是数字平台企业的崛起，它通过数据连接的现代网络技术把平台企业自身、一般工商企业甚至跨国公司的研发、生产、销售、售后服务等活动连接到一起，形成一个企业数实融合生态系统。围绕平台企业形成的这种生产销售组织，不仅是价值共创的共同体，也是新业态、新模式创新的重要体现。平台型企业组织没有明确的边界，围绕平台企业的众多工商企业受平台企业巨大流量的吸引而入驻该平台，平台组织发展带来的盈利机会和发展潜力又进一步吸引创新资源包括外包企业、创客群体、创新团队等进入平台分享创新创造价值，形成一个全员创新、集体创业的平台生态环境，扁平化的网络平台组织成为创新团队、创业企业的孵化器。

数实企业融合的另一种形式是依托传统企业＋数字化改造对传统实体企业进行数字化升级。原有实体企业仍是数实化融合的主体，通过采用其他数字化服务企业的数智化升级改造方案，对企业原有的产线、设备、产品、服务、管理、人员等进行全体系的数智化改造升级，实现"机器换人""设备换芯""生产换线"，提高传统企业整个生产服务流程的数字化、智能化水平。对企业实施数字化改造升级目前是传统实体企业数实融合的主要方式，是我国传统生产力向新质生产力转换的基本路径。

（五）产业融合

数实产业融合的定义是非常明确的，就是在数字经济和实体经济的要素融合、产品服务融合、企业等微观融合的基础上形成的中观层面上融合结果。数实产业融合首先就是产业层面数字产业化和产业数字化，这两点在前面数实融合方式中已重点论述。其次是产业链和创新链的深度融合。产业链是由原材料生产、技术研发、中间产品制造、终端产品制造以及流通消费过程构成的链式关系与形态，涵盖价值链、供需链、企业链和空间链；创新链是从技术创意、技术研发到产业化、实体产品和市场化的转化过程，是由基础技术研究、技术转化、市场开发和价值实现等环节形成的链式结构（洪银兴、任保平，2023）。数实产业融合的本质是通过数字技术、数据要素全链式渗透产业链各个环节及其下供应链等子链，促进产业链和所有子链加速创新，形成对应的创新链形成，加速价值创造，最终促进产业链和创新链的深度融合，提升全产业链价值。

（六）市场融合

所谓市场就是一切交易发生的场所。本来在互联网络和数字经济出现之前，市场交易的主要形式是在线下完成的。新的数字技术和数据传送方式变革后，数字平台的快速崛起带来电子商务和跨国商务这类线上市场形势迅猛发展，出现了依托数字平台企业的线上市场交易和线下运输配送融合发展的新市场融合现象。其间新业态、新模式甚至新产业不断涌现，市场组织形态趋于扁平化，这种新兴市场形态以空前的力量把人与人、人与物、物与物、服务与服务连接起来，连接能力强、涉及范围广、运作效率高，拥有强大的网络效应，从拓展市场的广度和深度、降低交易成本、形成和完善新的市场交易机制等方面，产生了强大市场整合效应（欧阳日辉，2024）。

追寻基于数字平台基础的线上市场形成背后的经济学逻辑，本书研究认为主要可以通过"科斯交易"下的交易成本理论来解释：工业经济形态下的传统线下交易之收集成本、信息成本、交通成本、交割成本等耗费较高，而在数字平台的线上交易很大程度降低了这些额外成本花费。同时，数字经济的小批量、多品种特质恰好契合了消费者追求个性化、多样化、定制化的消费偏好特性，同时，平台企业又能通过大数据和数字技术分析有效甄别、及时反馈、及时推送消费者的行为偏好，几乎满足了供需匹配的所有条件，因此平台经济迅速崛起实属必然。

市场融合既可以帮助企业实现市场资源的优化配置和协调发展，又可以提升用户体验和满意度，促进用户忠诚度提升；数字平台加速线上线下市场融合、城乡市场融合以及国内外市场融合发展，有利于增强供应链的韧性，减少断链风险，如零售业线上线下融合发展的过程，实质上是实体零售业与网络零售业协作、渗透、融合过程；数字平台还可以在建设全国统一大市场、利用国内国际两个市场两种资源方面，推动国内市场高效畅通和规模拓展，在全球范围内构建中国高质量发展所需要的要素供给体系、创新供给体系、生产能力体系和消费市场体系（欧阳日辉，2024）。数实线上线下的市场融合是数实融合在一线市场交易的直接反映。斯密市场分工交易理论再一次得到了市场发展规律的验证。

第三节 数字经济和实体经济融合的理论机理

研究数字经济和实体经济融合的理论机理，先要从根本上抓住数实融合的驱动力。国外早期研究者对数字经济发展驱动力的观察，主要集中在互联网、云计算、大数据等数字技术对宏观经济增长的重要影响。查伦（Charoen，2015）就将数字经济称为"基于数字技术的经济"。其后对数字经济和实体经济融合的主流定义中，数实融合被看作数字技术在实体经济中的应用和扩散，其中"数"就主要指数字技术，数实融合则是数字技术和实体经济的融合。当然，在后来的概念演变中"数"的内涵就扩展为数字技术＋数据＋平台，其中数字技术及数据两者均成为数实融合的驱动因素。宏观经济增长理论框架下，有了经济增长的驱动因素和要素配置方式，数实融合问题就可以置于某种增长模型框架下处理。

一、数字技术和数据要素驱动数实融合

从微观机理分析，数字技术对实体经济发展的影响有两方面，一是推动传统企业数字化转型从而提升效率，二是这一数字化转型推动产业升级。效率提升方面，数字技术的采用可以帮助企业更精准配置资源，提高资本、劳动等传统生产要素的生产效率，降低生产成本，提升企业整体的生产运营效率；此外，数字化水平的提升还促使企业增加创新投资能力，从而提升创新对产出的贡献率和企业全要素生产率，同时促进

人力资本升级、改善公司治理能力（肖土盛等，2022）；而且，数字化转型还可以最终促使企业优化人力资本结构、推动先进制造业和现代服务业融合发展，以及降低成本、提高全要素生产率（赵宸宇等，2021）。

产业升级方面，数字技术的使用改变了传统商业运行逻辑，打破传统行业壁垒，推动产业进行跨界融合，重构组织的竞争模式和治理方式，推动传统产业转型升级（肖旭、戚聿东，2019）；再接入数字网络生态后，企业就能利用数字网络有效变革生产模式，重新构建生产与消费之间的联结关系，节约销售运营成本的同时还能彻底打通产业链供应链上下游堵点，从而有效提升所属产业的全球价值链分工地位（杜庆昊，2021）。

数字经济创造的价值，除了人工智能、互联网、区块链等数字技术产业化的价值，更大的价值来自数据要素与传统要素的相互作用、新业态新模式、产业数字化。数字经济是数字技术、数据要素和数字平台对工业经济形态的转变，是技术进步的必然结果。数据要素、数字化供应链等不仅有助于促进实体经济的生产方式变革和效率提升，还将促进数字经济和实体经济在深度融合中实现价值协同（欧阳日辉，2023）。尤其数据成为数字经济的关键生产要素后，数字经济和实体经济深度融合的另一个重要表现就是数据要素深入参与实体经济的生产运营全过程。

早在2019年党的十九届四中全会上就首次明确数据成为新生产要素。数据泛指对信息的数字化记录（刘涛雄等，2023）。借助大数据、机器学习等数字技术手段，原始数据经过采集、清洗、整合、存储、分析等步骤即大数据，可以作为一种新型生产要素投入实体企业的生产运营流程，数据要素具有虚拟性、非竞争性、正外部性、规模报酬递增等特征（蔡继明等，2022）。数据要素赋能实体经济的机制，一是为实体企业生产、管理、采购、销售、研发等运营环节提供信息价值赋能，推动企业运营模式变革和决策效率提升；二是与其他要素结合发挥赋能作用，数据要素可以提高劳动、物质资本等传统要素的使用效率，改善实体企业运营绩效并提高全要素生产效率（任保平、苗新宇，2024）。

根据如上理论机理的梳理，数字经济和实体经济融合实质是由数字技术与数据要素的双轮驱动实现的。数字经济的兴起始发于数字技术的驱动，其中数据成为数字经济形态的关键生产要素，在数字技术和数据要素的双轮驱动模式下，经过新质生产函数下数实融合的复杂过程，数字经济产出规模持续增长，在实体经济中占比逐步扩大，最终呈现图 2-1 所描绘的融合态势。数字技术和数据要素双轮驱动的数实融合过程可用图 2-3 说明。

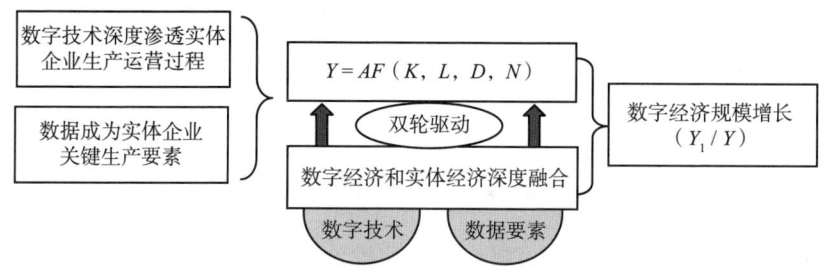

图 2-3　数字技术和数据要素双轮驱动的数实融合过程

资料来源：构图受任保平、苗新宇（2024）启发，经笔者重新整理绘制。

所谓新质生产函数 $Y = AF(K, L, D, N)$，是指数字经济形态下新出现的数字技术 A 与数据要素 D 两个轮子共同参与驱动数字经济和实体经济深度融合，其中数字技术 A 结合了工业经济时代的传统技术和数字经济时代的一组新兴技术。K、L、N 代表工业经济时代传统的生产要素资本、劳动和土地（自然资源）。F 是混合了工业生产方式和数字化生产方式的新质生产方式，包含数字治理。Y 是实体经济产出，Y_1 是数字经济产出，Y_1/Y 是数字经济占比实体经济的含义。在数字技术和数据要素双轮驱动下，数字技术深入渗透到实体经济的生产、交易、分配、消费各个环节，再有数据生产要素的赋能，数实融合过程带来实体经济总量更大规模增长，其中数字经济总量规模急剧扩大，结果就是数字经济占实体经济的比率 Y_1/Y 持续提高。最终，数实融合过程和数字经济总量扩张结果依次实现。

二、数字经济和实体经济融合的经济学逻辑

数实融合问题的实质理论上是增长问题，须用宏观经济学的逻辑解

释。宏观经济理论主要关注两大主题，即短期经济波动与长期经济增长问题。短期中，给定一国的技术水平与供给能力不变，影响产出的主要因素来自需求侧，总需求的变化决定产出。长期中，产出的潜在增长主要取决于经济体拥有的一组实际影响变量，包括资本存量、人口规模、人力资本、技术进步等相关因素。当数字经济兴起后，数据要素 D，以及传统技术、新兴数字技术的混合变量 A，它们与工业经济下的传统要素变量 (K, L, N) 一起影响实体经济因变量 Y 的增长。如果再借助数字经济核算方法得到数字经济规模 Y_1 的时点数据，就能够观察和预测数实融合的演变轨迹和变化规律。

（一）数字技术促进数实融合的逻辑机理

短期中，数字经济的发展催生新型投资和消费需求，促进短期经济增长。数字技术的扩散要求大规模数字基础设施的支撑，催生数字基础设施的建设与投资需求，同时也促进了新产品、新服务、新业态的发展与加大投资力度，从而通过增加投资拉动经济增长。此外，数字技术还可以降低商品消费过程中的流通成本，促进产销对接，提高商品价格透明度，从而通过扩大消费拉动经济增长（陈雨露，2023）。

长期中，数字经济主要通过驱动生产效率提高为长期经济增长赋能，此时增长的发动机主要依靠数字技术 A 与数据要素 D 两个动力源。先分析新一轮科技革命中标志性数字化技术（人工智能、区块链、云计算等）对经济增长的作用机理。数字技术具有传播性、互补性、外部性和网络性等特征，进行跨地区的、跨领域的传播与扩散的成本较低，可与固定资本、人力资本和知识产权等生产要素结合使用（蒋仁爱、贾维晗，2019），且能够给其他行业和部门发展提供动力，产生外溢效应，同时，随着网络规模的提高，单位用户所承担的固定成本会逐渐降低（余东华、王爱爱，2023），以上是数字技术直接应用的影响机制。数字技术影响产出的第二个机制是数字技术以生产要素形式直接参与实体经济生产过程。来自美国的证据显示，20 世纪末其生产率增长主要源于对计算机投资的增长，数字技术投资主要通过促进技术效率的提升从而对产业全要素生产率产生有利影响（谢莉娟等，2020）。当然，这个过程中存在"索洛悖论"的问题，即在新兴技术开发和投资的初始阶段生产率上升并不明显甚至有所放缓，但西方国家的增长史已经证明这种放缓状况多数属于短期现象，格里高利·曼昆在他《宏观经济学》论著中早就给出了长期中对新兴技术投资的效应，一般都导致生产率显著上升的结论。

　　数字技术在通过中间投入影响实体经济增长的过程中，数字技术对各种中间投入要素的影响呈现非对称特性，或者说存在偏向性技术进步问题。对此，余东华、王爱爱（2023）通过将数字技术融入实体经济的方式分为"要素型融入"和"技术型融入"，较好地解释了数字技术影响数实融合的逻辑机理，如图 2－4 所示。"要素型融入"指数字型资本作为中间投入要素参与实体经济的生产经营过程，数字型资本则指数字产品制造业（即计算机、通信设备、广播电视设备和雷达及配套设备、视听设备、电子元器件及其他电子设备）的产出在实体经济部门被使用而形成的固定资本投资；另一种"技术型融入"，指实体经济对互联网、移动电话、电信业务等数字技术的使用。数字技术的"要素型融入"通过数字型资本应用直接影响实体经济发展，实质是产业数字化；"技术型融入"则通过技能型劳动与非技能型劳动的任务类型替代间接影响实体经济发展，其实是数字产业化。

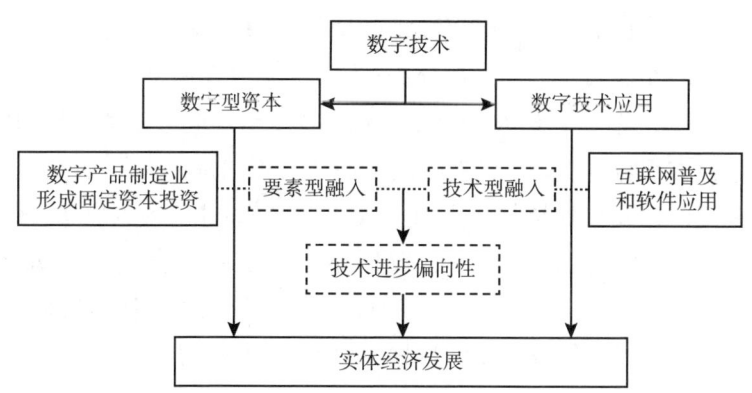

图 2－4　数字技术促进数实融合的逻辑机理

资料来源：借鉴余东华、王爱爱（2023）原图。

(二) 数字技术、数据要素驱动经济增长的机理

新古典经济学以来，自动化、信息技术等推动经济增长的研究中都使用生产函数这一范式，通过解析全要素生产率（TFP）中技术创新的贡献度进行解释。但不同学者对自动化及其最新形式——人工智能如何影响增长的机制解释却有差异。如阿西莫格鲁和雷斯特雷波（Acemoglu and Restrepo，2017）认为自动化同时具有替代效应和生产力效应，替代效应会降低劳动力使用从而降低潜在增长，但生产力效应会通过使用更便宜的资本而提高生产力。阿吉昂等（Aghion et al.，2017）的模型假设资本数量固定时，自动化等价于劳动节约型和资本消减型技术进步，资本会被稀释，劳动投入更节约，此时同等的要素投入规模必然带来更大产出。蔡跃洲和陈楠（2019）提炼了新兴技术中的人工智能四项技术——经济特性：渗透性、替代性、协同性、创造性，其中渗透性特征对经济增长的影响具有广泛性和全局性潜能；替代性是指不断积累的"人工智能资本"作为一种独立要素，对其他资本要素、劳动要素进行替代的同时，也在对经济增长不断贡献的机制；协同性则推动投入产出效率或者说全要素生产率的提升从而带动经济增长；创造性指人工智能通过知识生产促进技术进步，最终通过全要素生产率增长的渠道推动宏观经济增长。

无论哪种影响机制，新兴技术的增长效果在理论上通常对应在生产函数的各个变量上。与一般分析不同，本研究使用总量生产函数 $Y = P[AF(K, L, D)]$ 讨论人工智能等新兴技术诸效应对经济增长的影响机制。该方程与传统新古典生产函数的最大不同是引入了价格向量 P，其余变量的含义与新古典模型一样：K、L 为传统生产要素资本、劳动，A、D、Y 则分别代表生产率、数据要素和实体经济的货币总价值（GDP）。这一改进的理论范式不仅可以解释各种经济因素影响经济增长的机制，还可以解释增长过程中受摩尔定律的影响而出现的"索洛增长悖论"问题。

我们使用图 2-5 描述蔡跃洲等（2019）所界定的数字技术之四类效应驱动经济增长的机制。第一，渗透性效应因其对经济增长的全局性

影响特征，随着时间推移数字技术将逐渐影响到生产函数的每一环节——提高原有要素（K、L）效率、改善社会治理能力（F）、提升全要素生产率（A）、提升产品价值（P）。第二，关于替代性效应（路径①），以新兴技术中的人工智能为例，此时 AI 不仅作为一种信息通信技术（ICT）替代了传统的非 ICT 资本（K），还作为一种智能化主体直接代替劳动力（L）从事生产活动，两者都能带来比传统生产要素（K、L）更好的增长效果；同时，人工智能作为一种典型的 ICT 技术也遵循"摩尔定律"——以更高效率生产出来的产品其市场价格（P）却呈现出快速下降的趋势，削弱经济增长潜力（"索洛增长悖论"）。第三，数字技术的协同性效应（路径②）通过提升要素间协同效率而提升全要素生产率（A），也通过降低企业和社会交易成本而提高社会治理水平（F）。第四，作为数字技术的独特优势——创造效应（路径③），它一方面借助技术进步提高全要素生产率（A），还通过产品创新提升产品内在价值和价格的途径提高增长水平。

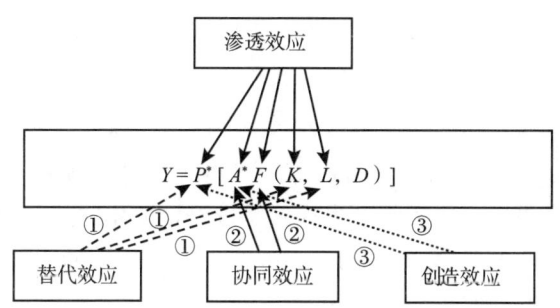

图 2-5　数字技术四类效应驱动经济增长的机制

最后深入分析数据要素对经济增长的作用机理，这在形式上和结构上似乎都比较简单。形式上，依据本研究使用的总量生产函数 $Y = P[AF(K, L, D)]$，数据要素 D 成为数字经济关键要素的背景下，企业在使用虚拟性、非竞争性的数据资产时只需支付很小的租金成本，就可以利用大数据的规模报酬递增特性，为企业带来额外收益价值，无论给企业自身还是给整个社会都带来正外部性价值。这从根本上改变了传统经济学基于稀缺资源进行边际配置的理论逻辑。结构上，数据要素赋能实体经济增长的机制，或是为企业直接提供信息价值，直接提升收益价值 Y（路径④，避免图示混乱，未标出）；或是通过提高劳动、资本等传统生产要素的使用效率（路径⑤，避免图示混乱，未标出）及改善 TFP（路径⑥，避免图示混乱，未标出）间接提高企业产出。

进一步地，对数据要素赋能经济增长机制的深层理论逻辑有必要进行深入分析。此处借用姜奇平（2020）的"数据要素价值"论展开剖析，虽然他在该文中只提出了问题并未深入论证问题。无论马克思政治经济学还是西方经济学理论，从价值的角度认识要素、产品（及服务）、市场、经济形态是其理论逻辑的核心。数字经济生产方式下产生了大量的数据，多到自由取用的程度。数据的这种非稀缺性、虚拟性使其不具有资源的竞争属性，有点类似于俱乐部物品。尽管原始数据没有利用价值，但是采集、清洗、整合、存储、分析之后的大数据资产能为相关中小企业带来资产专用性价值，有市场需求，存在利益空间，这反过来推动专业性或交易性平台（如大数据交易中心、BATJ等电商平台）为追逐这块价值蛋糕投巨资建设大数据通用资产平台。这个数字基础设施建成后，甚至可以推行基础数据服务免费，增值数据适当收取服务费用以补偿基础业务和巨大初始投资成本的模式。这种"通过平台一次性固定资产投资，中小企业多次复用""推动云服务基础上的轻重资产分离合作"之数据资产投资与交易模式是数据价值化的基本理论逻辑，有效地解决了传统工业经济中通用（共享）资产面临的"搭便车"难题和投资补偿机制问题。

再扩展讨论，可继续深入研究数据资产交易的分工，数据资产的新型产权制度安排，企业组织形态演变和数据新产业生态等，但最重要的恐怕是数据价值生产和分配问题。在农业经济社会，剩余来自土地、资源的自然生长，价值来自魁奈剩余；工业经济社会大机器生产中加工制造产生了李嘉图剩余；数字经济社会下剩余则来自大规模定制化的信息化生产方式下（大批量、多品种）产出或服务的异质性，而异质性就是创新，这个剩余被称为熊彼特剩余。简言之，工业经济的价值创造是由传统物质投入驱动的，而数字（数据）经济的价值创造是由创新驱动的。

第三章

数字经济和实体经济融合测度

实体经济和数字经济是当前经济发展的两个主要领域，实体经济是国民经济的根基，为数字经济提供应用市场和大数据来源，而数字经济通过构建虚拟交易环境实现供需对接，从而全方位地服务于实体经济。数字经济和实体经济融合发展，可以实现经济的协同发展，二者的深度融合已成为推动经济结构优化和高质量发展的关键因素。因此，如何科学地、精准地衡量数字经济与实体经济的融合程度，已成为学术界与业界共同关注的重点。测度这一融合程度对于理解数字经济在经济增长中的作用、评估其对传统产业转型的影响，以及制定更加精准的政策具有重要意义。

本章首先回顾主要的数实融合测度方法，包括传统的定性分析与定量分析方法，并探讨了数据、技术和产业等维度在融合过程中的重要性。在此基础上，重点分析耦合协调度测度模型及其测度结果，量化数字技术与传统产业在价值链中的互动关系，提供清晰的评估结果。其次，本章还通过长三角区域实际案例展示数实融合测度在实践中的应用，结合不同省市的特点，分析数字经济的推动作用及其对产业结构、生产力水平的提升作用。

最后，结合当前数字经济的快速发展，展望数字经济发展的未来趋势，提出数实融合测度的评价框架。未来，随着数据质量的提升和测度技术的不断改进，数字经济的测度将更加精准与科学，为政策制定者以及企业决策者提供更加有效的参考依据。通过本章的探讨，旨在为数字经济与实体经济的融合提供更加科学的测度工具和理论支撑，为高质量发展的推动提供决策指导。

第一节　数实融合主要测度方法

数字经济的快速发展和实体经济的数字化转型使二者的互动和融合变得复杂，因此，科学的测度方法显得非常重要。为了全面分析融合现状，学者提出并广泛应用多种测度方法，这些方法从不同层次和角度进行量化分析，包括从宏观到微观、动静结合等多维度视角。主要的测度方法包括耦合协调度模型、投入产出法、复杂网络分析法、综合评价模型等。耦合协调度模型通过衡量数字经济与实体经济的耦合度和协调性，揭示了两者在不同阶段、不同区域的融合程度及其发展趋势。投入产出法则侧重于从产业链的角度，通过分析数字经济与传统产业之间的资源流动和价值创造，评估其互动关系。复杂网络分析法通过构建数字经济与实体经济之间的网络结构，呈现两者融合的深层次机制，分析其在全球供应链及产业链中的位置与作用。综合评价模型则通过多指标综合评价，利用权重分析、主成分分析等方法，将多种因素进行量化，为数字经济与实体经济的融合提供全面的评价体系。各个方法都具有独特的优势，能够根据不同的研究背景和数据条件提供有效的支持。耦合协调度模型适用于分析不同地区或行业的融合状态，而复杂网络分析法则更适合于探讨跨行业、跨国界的融合效应。通过多角度的测度，学者为数字经济与实体经济的融合提供了丰富的工具和视角，推动了这一领域的深入研究和应用。

一、耦合协调度模型

耦合协调度模型是一种广泛应用的测度方法，主要通过度量数字经济与实体经济之间的协同关系来评估融合程度。该模型源自物理学中的耦合度理论，通过构建耦合度和耦合协调两个指标来反映两者之间的相互依赖和协调发展程度（郭晗和全勤慧，2022）。耦合度反映了数字经济与实体经济之间的相互促进和依存程度，而耦合协调度则衡量这种相互作用的平衡性和协调性。在实际应用中，耦合度通常通过数值化的指标，来量化数字经济和实体经济之间的互动，如信息流动、技术传播、资金投入等的关联性。耦合协调度则进一步衡量这种互动关系是否处于有序且可持续的状态，揭示了两者之间协同发展的深度和稳定性。研究表明，耦合协调度模型能够有效揭示数字经济与实体经济的融合水平，及其动态变化趋势（王玉珍等，2024；高培培，2024）。这一模型特别适用于动态变化较大的经济体系，能够跟踪和预测数字技术的变革给实体经济带来的实际影响。例如，在数字经济快速发展期，耦合度可能表现为高度依赖的状态，但如果没有相应的协调机制，可能会导致发展失衡，甚至产生一定的负面效应。因此，耦合协调度的高低，直接反映了数字经济与实体经济之间的互动质量，及其对经济系统稳定性的影响。耦合协调度模型的具体构建过程如下。

（一）数字经济与实体经济发展水平测度

针对数字经济和实体经济发展水平的测度，通常的做法是构建数字经济和实体经济发展水平综合指标体系，然后用熵值法确定各指标权重，通过指标加权得到数字经济和实体经济发展水平综合评价指数。这种方法通过量化不同层面的发展要素，结合熵值法来客观评估各项指标的重要性，避免了主观性因素的干扰，从而确保测度结果的客观性和科学性（张帅等，2022；史丹和孙光林，2023；高培培，2024；王玉珍等，2024）。在这种评价体系中，数字经济的指标可能包括互联网普及率、信息基础设施建设、数字技术应用程度等，而实体经济的指标则可能包括传统产业的产值、生产率、就业等因素。通过这些多维度的综合评价，能够清晰地展现出数字经济与实体经济在不同区域及不同时间点上的发展水平。

另外，郭晗和全勤慧（2022）提出的创新方法，通过测算数字经济和实体经济系统对总系统有序度的贡献程度，为数字经济与实体经济的发展水平测度提供了新的思路。该方法通过评估数字经济和实体经济各自对整个经济系统的贡献，以此分别代表数字经济和实体经济的独立发展水平，从而可以更准确地反映出两者的融合度以及它们在经济系统中的协调作用。通过这种有序度的测算，可以量化数字技术在提升经济有序性和稳定性方面的作用，进一步加深了对数字经济与实体经济深度融合的理解。结合这些多种方法进行测度，不仅可以从不同角度全面评估数字经济与实体经济的融合进程，还能够为政策制定和产业发展提供更具前瞻性和实操性的参考。

（二）耦合度测算

利用物理学中容量耦合系数模型构建数字经济与实体经济耦合协调度模型如下（史丹和孙光林，2023）。

$$C = 2 \sqrt{U_1 U_2 / (U_1 + U_2)}$$

其中，U_1 代表数字经济发展水平；U_2 代表实体经济发展水平；$0 \leq C \leq 1$，当 C 等于 1 表示两个系统处于极度耦合状态，当 C 等于 0 则代表两个系统处于无关状态。

（三）耦合协调度测算

尽管耦合度是测度数字经济和实体经济耦合程度的重要指标，但是当两个系统本身发展水平较低但数值较接近时，测算的耦合度可能很高，但不代表两个系统真正达到了深度融合的程度，这时耦合度的高值可能并不代表实际的意义，还可能让人们产生两系统协调性产生错觉。基于此，我们引入耦合协调度模型。作为耦合度模型的补充，耦合协调性能揭示出数字经济和实体经济两系统之间是否能够协同发展，是否处于良性、协调的状态，其数值对融合的评估更具有参考价值。耦合协调模型如下：

$$\begin{cases} D = \sqrt{CT} \\ T = \alpha U_1 + \beta U_2 \end{cases}$$

其中，D 为耦合协调度，T 为数字经济和实体经济综合调和指数，反映数字经济和实体经济的整体协同效应，α、β 为待定系数，表示两个子系统相对总系统的重要程度且满足 $\alpha + \beta = 1$，通常都取 0.5，表示两个系统都同等重要（秦铸清等，2021；侯建明和朱可菲，2024）。

二、投入产出模型

投入产出法是一种广泛应用于产业融合测度的经济分析工具。在投入产出分析的基础上，该方法通过考虑产业间的资金流动、资源配置和需求供给等因素，能够为数字经济与实体经济融合提供更加全面的视角和测度工具（武晓婷和张恪渝，2021；吕延方等，2024）。投入产出法的优势在于其能够准确捕捉产业之间的直接与间接联系，量化数字经济对实体经济的具体影响，同时也反映实体经济在数字技术渗透过程中所起到的作用。一方面，武晓婷和张恪渝（2021）通过构建直接融合度和综合融合度指标，分别从数字经济产业对制造业生产的直接贡献和间接贡献两个维度，量化其对制造业的融合影响。通过这两种指标，研究者能够较为清晰地把握数字经济对实体经济的多维度影响，揭示两者在产业链中的互动关系。另一方面，吕延方等（2024）则从供需双层面出发，提出了正向融合度和反向融合度，分别衡量实体经济对数字经济的吸收能力以及数字经济对实体经济的渗透程度。通过这种双层面的分析方法，可以更加全面地评估数字经济与实体经济的互动与融合水平，识别出两者融合过程中的关键环节和潜在问题。

投入产出法是从另一不同角度对数字经济和实体经济的融合程度进行测度，基于此方法市场各参与者可以从投入产出视角评估数字经济和实体经济两系统融合的进展，为政策制定者提供了重要的科学依据。通过上述研究成果的转化，政府可以通过正反向融合度的测度，健全促进数字经济和实体经济深度融合制度，因地制宜地提出数字经济发展策略，持续拓展数字经济和实体经济融合的深度和广度。与此同时，企业决策者通过上述模型的研究成果更加精确评估数字化转型成果，实时调整企业的策略，保持竞争优势。

（一）融合度贡献

直接融合度：数字经济部门制造业的直接贡献程度，定义为在三大类制造业 25 个分部门中，4 种数字经济产业分别的直接投入比重。计算公式如下：

$$s_{ij} = x_{ij}/X_j (i = 1, 2, 3, 4; j = 1, 2, \cdots, 25)$$

其中，i 为 4 种数字经济部门，j 表示 25 个制造业部门；x_{ij} 表示 j 部门生产所消耗 i 部门产品的数量；X_j 表示 j 部门的总投入水平。s_{ij} 数值越大，表明数字经济产业融入制造业的程度越深。进一步可测算制造业部门 j 的整体融合度，测算公式如下：

$$S_j = \sum_{i=1}^{4} x_{ij}/X_j (j = 1, 2, \cdots, 25)$$

综合融合度：综合融合度代表数字经济部门对于制造业的综合贡献程度，在衡量数字经济产业对制造业的影响时，既考虑其直接贡献度，也考虑其对制造业的间接贡献。直接贡献率仅反映了产业间的第一轮消耗，而没有涉及后续轮次的间接消耗，如第二轮、第三轮等效应。武晓婷和张恪渝（2021）运用完全消耗矩阵对间接贡献进行测算，具体公式如下：

$$\begin{cases} B = L - I \\ L = (I - A)^{-1} \end{cases}$$

其中，L 是完全需求系数矩阵，I 是单位矩阵，A 为直接消耗系数矩阵，其元素是某一部门对其他任意部门产品的直接消耗比例。B 矩阵是部门的完全消耗系数矩阵，其元素为 b_{ij}，则数字经济部门对制造业部门 j 的综合贡献度指数为：

$$C_j = \sum_{i=1}^{4} b_{ij} (j = 1, 2, \cdots, 25)$$

此外，武晓婷和张恪渝（2021）还构建了融合互动度等指标，具体计算公式请参见此参考文献。

（二）正反向融合度

狭义正向融合度：指实体经济产业 m 对狭义数字经济产业的吸收

过程，定义为数字经济产业对实体经济产业的中间投入占实体经济产业总产出的比重，具体测算公式为：

$$forward\_n_m = \frac{\sum_{i=1}^{k} z_{im}}{x_m}$$

广义正向融合度：是指衡量实体经济产业对广义数字经济产业吸收程度的指标。该指标将系统内的产业划分为广义数字经济部门和非数字经济部门。其中，广义数字经济产业包括数字技术产业和数字设备产业。广义正向融合度反映了实体经济与广义数字经济产业的融合程度，即实体经济在生产过程中对数字经济要素的吸收程度。其具体计算公式如下：

$$forward\_b_m = \frac{\sum_{i=1}^{l} z_{im}}{x_m}$$

狭义反向融合度：指狭义数字产业对实体经济的吸收过程，即实体产业对数字技术产业的中间投入占其总投入的比例，具体测算公式为：

$$reverse\_n_m = \frac{\sum_{i=1}^{k} z_{mi}^{c}}{x_m}$$

广义反向融合度：类似地，将国内部门 n 划分为数字技术与设备部门 l 和非数字技术部门与设备部门 g。该指标被定义为实体经济产业 m 对包括数字技术和数字设备产业在内的数字经济产业 l 的中间投入占总投入的比重，具体测算公式如下：

$$reverse\_b_m = \frac{\sum_{i=1}^{l} z_{mi}^{c}}{x_m}$$

三、复杂网络分析法

复杂网络分析法将经济系统视为一个由各产业及其相互之间的投入产出关系构成的网络结构，通过这一方法能够深入分析产业间的融合路径与融合模式（王梓琪等，2025）。该方法不仅能够地清晰展示产业之间的网络关系，还能揭示在产业融合过程中，各产业间的相互作用特点及其演化规律。具体来说，复杂网络分析法通过将产业视为网络中的节点，产业间的投入产出关系作为边，通过计算节点出强度、入强度等指标，可以揭示产业之间的关联强度和依赖关系，从而有效地识别出产业融合的关键路径和核心节点。

随着时间的推移和环境的变化，产业结构和社会形态不断发生改变，复杂网络分析方法具有较高的灵活性和适应性，不仅能够捕捉到不同时点的不同行业之间的动态演化轨迹和相互影响的过程，还能够随着不同经济背景和产业环境的变化灵活调整策略。复杂网络分析法是一种结构性分析法，主要识别哪些关键性因素影响了产业间的协同效应，哪些核心产业是推动其他产业融合的关键因素，从而进一步揭示产业间融合的内在逻辑和规律。

复杂网络分析法着眼于一个不同的视角去分析数字经济和实体经济融合问题，其核心作用是清晰呈现产业间深度互通的关键因素，细节展示产业间融合的动态演化过程。通过该方法的研究成果，政府及企业决策者可以根据产业融合的动态变化趋势，优化资源配置，调整战略策略，进一步促进数字经济和实体经济的深度融合，促进经济高质量发展。具体建模过程如下。

（一）产业网络的构建

将处理后的全国投入产出表中的各部门视为节点，部门间的投入产出关系视为边，基于完全消耗系数矩阵构建产业网络。

（二）数字经济产业融合程度的测度

根据网络科学中对节点"出强度"和"入强度"的测量方法，测度某一产业 i 前向融合程度和后向融合程度为：

$$\begin{cases} out_i = \sum_j w_{ij} \\ in_j = \sum_i w_{ij} \end{cases}$$

其中，w_{ij} 为产业 i 指向产业 j 的边权重，该值反映了产业 i 的总产出中，直接和间接依赖于产业 j 所提供的最终产品的程度，同时也衡量产业 j 在提供最终产品的过程中，直接和间接依赖于产业 i 的技术和经济资源的投入程度。

（三）产业融合主干路径的选取

通常采用生成树算法提取经济系统中核心网络结构，从而揭示经济系统中各个部门之间最关键的联系路径。

（四）产业融合模式的识别

在复杂网络分析理论中定义了"产业社团"的概念，即数字经济的核心产业与其他特定产业的技术经济联系较紧密，而数字经济的其他核心产业可能与外部产业联系较弱。为了识别数字经济核心产业与哪些产业联系较密切，复杂网络分析通常使用 Louvain 算法来进行识别，具体测算公式如下：

$$c_{ij} = \sum_{k=1}^{g_1} \sum_{r=1}^{g_2} w_{i_k j_r} / g_1 \times g_2$$

其中，密度值 c_{ij} 为从行位置中的社团 i 中的节点 k 到列位置中的社团 j 中的节点 r 的边权均值，$w_{i_k j_r}$ 指网络中节点 k 到节点 r 的边值，g_1 指社团 i 的节点个数，g_2 指社团 j 的节点个数。根据密度值结合一定的标准判断社团之间是否存在密切的"融合"关系。

四、综合指标评价法

该方法并不是基于传统的数字经济和实体经济两个独立系统进行测度，而是从数字经济与实体经济深度融合的理论逻辑出发，选取能够直观、全面且科学地反映二者融合程度的关键指标，并构建一个系统化的综合评价指标体系。以钞小静等（2024）的研究为例，研究者通过构建数字经济与实体经济融合（数实融合）的综合测度体系，围绕"数字经济实体化"和"实体经济数字化"两个核心维度，选取了 19 个基础指标，包括数字技术应用、数字产品制造、数字农业、数字制造业和数字服务业等多个领域。这些指标不仅系统性地刻画了数字经济产业的发展情况，也反映了实体经济在数字化转型过程中的具体进展，从而为全面衡量数实融合的深度和广度提供了量化工具。

此外，钞小静等（2024）的研究通过结合熵值法和TOPSIS法，构建了一个综合评价模型，运用该模型测量了2012～2023年我国整体及各省级层面的数实融合水平。该模型不仅能够提供科学的数据支持，还为政策制定和实践应用提供了明确的理论依据。通过这一方法，研究者能够识别出各地区和行业在数实融合过程中的差异性，并为后续的政策制定提供更有针对性的数据基础，推动地方经济数字化转型的有效落实。

尽管现有的测度方法和模型各具特色，仍然有部分研究采用单一指标，如专利引用信息量或数字经济增加值规模等，来衡量数实融合水平（黄先海和高亚兴，2023）。这些单一指标虽然在某些特定情况下具有一定的参考价值，但由于数字经济与实体经济融合的复杂性，单一指标往往难以全面反映其融合的多维度特征。因此，如何构建更加科学、更系统且更精准的测度体系，仍然是学术界和政策制定者共同关注的重要课题。

深入分析数字经济和实体经济的融合程度，不仅能够深入理解两系统之间的相互作用机制，更能够拓展经济发展的新空间，打造国际竞争新优势，为高质量发展提供新动能。然而数字经济是一个发展速度快，技术创新强的新兴领域，数字经济和实体融合测量方法也应该跟进发展的趋势并进一步优化和创新以适应数字经济的更深广的应用场景。在今后，在构造数字经济和实体经济融合测度方法时需加强测度方法的动态适应和实时响应能力，为政策制定者捕捉两者动态融合趋势提供有力的科学依据。为了更好地测量数实融合水平，在未来测量方法的研究中，可以结合大数据、人工智能和深度学习等新一代信息技术，加强不同行业，不同区域，不同时期的差异性测度研究，为各个不同地区制定符合具体产业实际需求和地区特色的数字经济策略提供政策引导。随着数字经济和实体经济融合测度的发展，数实融合水平能够被精确度量，这不仅能够进一步促进数实融合深度发展，还能充分释放我国制造大国和网络大国的叠加、聚合、倍增效应，促进我国产业迈向全球价值链中高端。

第二节　基于动态因子和耦合协调度模型的数实融合测度法

耦合协调模型作为一种广泛应用于数字经济与实体经济融合水平测度的方法，能够有效地反映二者之间的协同作用和互动关系。该模型通过构建耦合度和耦合协调度两个核心指标，揭示了数字经济与实体经济在相互促进、依存和协调发展过程中的动态变化。因此，耦合协调模型被广泛应用于各类融合研究，尤其适用于分析数字经济与实体经济之间复杂的相互作用。本部分首先基于动态因子分析法构建数字经济发展水平综合指标，然后基于耦合协调模型测度数字经济和实体经济融合水平。

一、数字经济内涵与指标选择

美国经济学家塔普斯科特（1996）首次提出数字经济的概念，他在《数字经济：网络智能时代的希望与威胁》中指出数字经济是在人类智慧网络化基础上发展而来的新经济模式。自 1998 年起，美国商务部连续五年出版了《浮现中的数字经济》《再度崛起的数字经济》等研究报告。2016 年 G20 杭州峰会通过《G20 数字经济发展与合作倡议》对数字经济进行了规范化的定义：数字经济是指以使用数字化的知识和信息作为关键生产要素，以现代化信息网络为重要载体，以信息通信技术的有效作用，作为效率提升和经济结构优化的重要推动力的一系列经济活动。吴福象（2020）指出数字经济是以使用数字化的知识和信息作为关键性投入要素，以新一代信息网络技术作为基本传播载体，同时，以数字化的技术创新作为核心驱动力，再通过信息网络技术的有效连接和贯通，最终借助数字技术与实体经济深度融合，不断提高传统产业的数字化和智能化水平，促进技术效率提升，实现经济结构优化，最终使社会治理模式得到重构的新型经济形态。当前对数字经济的概念界定还未统一，因而构建数字经济综合发展水平的指标也尚未形成统一标准。

目前，针对数字经济水平的测度与评价多从省级层面进行研究。巫景飞和汪晓月（2022）根据国家统计局最新的数字经济产业的分类标准，从数字产品制造业，数字产品服务业，数字技术应用业以及数据要素驱动业四个方面构建指标，对30个省进行数字经济水平测算；李英杰和韩平（2022）分别从数字基础设施、数字产业化和产业数字化三个方面测度全国的数字经济发展水平。赵涛（2020）以互联网为核心兼顾普惠性选取数字经济发展指标。基于数据的可获得性以及该指标能够充分体现数字经济大数据性、高效性以及普惠性等特点，本部分研究参考赵涛（2020）的指标选取（见表3－1）。

表3－1 数字经济发展指标

一级指标	二级指标	
数字经济综合发展指数	互联网普及率	每百人互联网用户数
	互联网相关从业人员数	计算机服务和软件从业人员占比
	互联网相关产出	人均电信业务总量
	移动互联网用户数	每百人移动电话用户数
	数字金融普惠发展	中国数字普惠金融指数

二、数字经济发展水平综合指数构建

动态因子分析法是将主成分分析所得到的截面分析结果，和回归模型得到的时间序列分析结果综合进行评价的一种方法。该方法是一种多元统计分析方法，能够克服常规赋权评价法在进行动态评价时无法纵向对比的缺陷，在面板数据的分析和评价中具有很好的应用。动态因子分析的基本步骤如下（汪伟和姜振茂，2012）：

第一，对给定数据集 $X = \{x_{ijt}, i = 1, \cdots, n; j = 1, \cdots, J; t = 1, \cdots, T\}$，$i$ 代表第 i 个对象，j 表示该对象的第 j 个指标，t 表示时间。进行标准化处理得到数据集：

$Z = \{z_{ijt}, \ i = 1, \ \cdots, \ n; \ j = 1, \ \cdots, \ J; \ t = 1, \ \cdots, \ T\}$。

第二，针对每个时间指标 t 计算协方差矩阵 $S_{(t)}$，计算平均协方差矩阵 $\bar{S} = \sum_{t=1}^{T} S_{(t)}$，计算 $\bar{S}$ 的特征值，对应特征向量、方差贡献率及累积方差贡献率。

第三，计算各研究对象的静态得分矩阵 $C_{ik} = (\bar{z}_i - \bar{z})' a_k$，其中 a_k 为特征向量（$k = 1, \ \cdots, \ h$，h 为选取的因子个数），$\bar{z}_i = \dfrac{1}{T} \sum_{t=1}^{T} z_{it}$ 为单个主体的平均向量，$\bar{z} = \dfrac{1}{n} \sum_{i=1}^{n} \bar{z}_i$ 为总体平均向量，$z_{it} = (z_{i1t}, \ z_{i2t}, \ \cdots, \ z_{iJt})'$。

第四，计算各研究对象的动态得分矩阵 $C_{it} = (z_{it} - \bar{z}_t)' F$，$\bar{z}_t = \dfrac{1}{n} \sum_{i=1}^{n} z_{it}$ 代表第 t 年各指标的平均值。F 为加权特征向量，即 $F = \sum_{i=1}^{h} a_h \lambda_h$（$h$ 为公因子的个数）。其中 λ_h 为特征向量 a_h 对应的特征值占比。

第五，各观测主体综合评分为 $E_i = \dfrac{1}{T} \sum_{t=1}^{T} C_{it}$，该评分为各观测主体数字经济综合指数。

三、实体经济发展测度

国家高度重视实体经济的发展，无论经济发展到什么阶段，实体经济始终是我国经济发展的根基，是我国经济的命脉所在，是构筑未来发展战略优势的重要支撑。"十三五"以来，习近平总书记多次就实体经济发展作出重要指示，并提出明确要求。国内外与实体经济相伴生的经济术语有虚拟经济、资产泡沫，金融危机等，但对实体经济的概念及内涵进行严格的界定也非易事（张林和温涛，2020）。实体经济作为商品的成产和交换过程，是唯一包含了资本购买劳动力商品生产价值和剩余价值的过程，而虚拟经济则是实体经济的衍生物（向威霖和苏培，2022）。

要深入理解实体经济的发展，必须回归产业层面进行分析。基于"宽实体、窄虚拟"的区分，实体经济的范畴应涵盖所有直接参与商品生产与交换的产业。在产业分类中，第一产业和第二产业无疑属于实体经济的核心领域。第一产业主要包括农业和采矿业等，第二产业则主要包括制造业和建筑业等；而在第三产业中，除了房地产和金融业，其他行业如批发零售、交通运输、教育、医疗等，也都应当归为实体经济的一部分（黄群慧，2017）。张同功和刘江薇（2018）在测度金融支持实体经济效率时将"实体经济增加值"，即区域生产总值去除房地产业增加值和金融业增加值作为输出项。李飚和孟大虎（2019）在探讨实体经济和虚拟经济就业平衡时认为实体经济以制造业为主，虚拟经济以金融业为主。

本部分研究借鉴上述研究成果，以地区生产总值剔除房地产和金融业增加值，再取对数作为实体经济水平的测度（罗茜等，2022）。通过这种方式，我们能够更加精准地反映出不同地区实体经济的规模和发展水平，并为政策制定者提供科学的、有效的决策依据。同时，这一方法也为研究实体经济与虚拟经济之间的关系、产业结构优化以及区域经济协调发展提供了量化的分析工具。

四、数字经济和实体经济融合测度

考虑数字经济和实体经济分别为两个系统。在数字经济系统中，部分地区的综合评价指数为负数，为了便于后续的分析，在不改变它们相对发展水平的前提下，对各地区子系统综合评价指数进行归一化处理（秦铸清等，2021）：

$$F = \frac{F_m - F_{min}}{F_{max} - F_{min}} \times 0.9 + 0.1$$

其中，F_m 为 m 地区某个子系统的综合评价值，F_{min} 和 F_{max} 为该地区在该子系统综合评价的最小值和最大值。本书引入物理学中的耦合度的概念构建数字经济和实体经济的耦合度模型和耦合协调度模型：

$$C = 2\frac{\sqrt{u_{sz} \times u_{st}}}{u_{sz} + u_{st}}$$

$$D = \sqrt{C \times T}$$

$$T = \frac{1}{2}(u_{sz} + u_{st})$$

C 为数字经济和实体经济的耦合度，u_{sz} 代表数字经济综合评价指数，u_{st} 表示实体经济综合评价指数。$C \in [0, 1]$ 为耦合度，D 为耦合协调度，T 为两个系统的综合指数。

第三节 一个数实融合测度案例

随着数实融合路径的不断探索及实践，关于二者融合特征、动态规律等量化分析逐渐成为关注的焦点。李林汉等（2022）实证分析了我国 31 个省的数字经济和实体经济的融合关系，发现存在明显区域差异。郭晗和全勤慧（2022）运用 2013~2020 年省级面板数据测算了数字经济与实体经济融合程度，并指出各省份数字经济与实体经济耦合协调度持续深化，但大部分省份的数字经济发展滞后于实体经济。付思瑶（2022）运用 2015~2020 年的省级面板数据测度数字经济与实体经济的融合度的地区差异、空间分布及动态演变特征以及融合的驱动因素。

上述已有研究成果在数字经济和实体经济的相互作用机理方面进行了深入研究，但仍然存在进一步研究的空间。首先，大部分研究仅从理论上进行论述，还较缺乏数据和量化分析的支持，无法进一步对理论进行检验；其次，从研究内容上，现有对数字经济和实体经济融合量化分析的研究成果多是基于省际数据，忽略了各省不同地级市之间的差异。党的二十大报告明确指示，要"加快发展数字经济，促进数字经济和实体经济深度融合，打造具有国际竞争力的数字产业集群"。基于上述研究以及党的二十大精神指示，本书认为应将都市圈和城市群作为数字经济与实体经济深度融合路径探索的前沿阵地。长三角区域是中国经济发展最活跃、开放程度最高、创新能力较强的区域，其数字经济融合路径和融合特性一直备受关注，且长三角地区城市一直致力于"两化"深度融合国家示范区和信息经济示范区建设，研究长三角区域数字经济与实体经济融合趋势、特性和路径有重要意义。基于此，本书以长三角区域城市为样本，测度各城市数字经济与实体经济融合水平，评估各城市数字经济和实体经济协调融合程度以及动态演变特征，为我国城市群数字经济和实体经济深度融合决策提供依据。

一、长三角区域数字经济与实体经济发展水平量化评估

（一）数据来源

长三角城市群是我国经济最具活力，开放程度最高，创新能力较强，吸纳外来人口较多的区域，同时也是"一带一路"与长江经济带的重要交汇地带。根据《长三角洲城市群发展规划》，长三角城市群规划范围包括上海、江苏、浙江及安徽，涉及上海、南京、杭州、合肥等26个主要地级市。本章以长三角城市群的26个城市2011~2020年的数据为样本，数据来自各城市统计年鉴及北京大学数字普惠金融指数（郭峰等，2022）。

（二）数字经济发展水平测度

对数据进行标准化处理，基本数据描述如表3-2所示。从各指标最大值和最小值的取值可知，长三角地区各个城市数字经济发展水平差异较大，从各变量的标准差进一步验证了长三角各城市数字经济发展具有明显的差异性。因而，加强长三角一体化数字经济发展水平至关重要。

表3-2　　　　　　　　　　变量基本描述

变量	观察值	均值	标准差	最大值	最小值
每百人互联网用户数	260	36.50	21.51	148.93	5.79
计算机服务和软件从业人员占比	260	1.61%	1.56%	8.62%	0.34%
人均电信业务总量	260	1351.3	818.58	4149.5	69.49
每百人移动电话用户数	260	135.60	57.18	290.92	50.28
中国数字普惠金融指数	260	200.68	71.81	334.48	42.34

资料来源：原始数据根据2011~2020年《中国城市统计年鉴》及《北京大学数字普惠金融指数（2011-2020年）》，经作者计算整理后得到。

　　根据动态因子分析方法，可得到公因子特征值，方差贡献率和累积方差贡献率，如表3－3所示，前两个因子的累积贡献率已经高达90%，具有较强的解释能力并且损失的信息较少，因此，本书选择前两个因子作为公因子。

表 3 － 3　　　　　　　　　　　　　公因子方差

公因子	特征值	方差贡献率	累积方差贡献率
F_1	2.68	70.28%	70.28%
F_2	0.77	20.01%	90.29%
F_3	0.28	7.20%	97.49%
F_4	0.08	2.21%	99.70%
F_5	0.01	0.26%	100%

　　进一步根据动态因子法（4）~（5），测算各城市数字经济2011 ~ 2020年综合评分动态趋势（见图3－1）。由动态趋势图，可以看到不同城市数字经济发展水平变化不同。杭州、南京、无锡、苏州、合肥、上海总体呈上升的趋势。上述城市人口流量大，专业技术人才集聚，数字经济发展持续向好，特别是2019年末新冠疫情暴发，数字化转型已经渗透各行各业，政府及企业在疫情后强化了数字技术的应用；江苏的南通、盐城、常州、泰州、扬州、镇江以及安徽的芜湖、马鞍山等城市呈现"U"形或"W"形。上述城市在数字发展过程中不断进行调整，吸取经验教训，在新冠疫情暴发后能够抓住契机，实现数字经济的突破性进展；浙江的嘉兴、绍兴、金华、台州，安徽的铜陵、安庆、滁州、宣城呈下降趋势，从2019年部分城市呈现陡降的趋势。上述城市数字基础设施建设比较薄弱，数字技术应用效率不高，新冠疫情对其冲击较大，数字经济发展面临巨大挑战。另外，存在一些城市如浙江的湖州，其数字经济发展水平呈现"M"形趋势，在2019年后呈现小幅下降，但整体均线水平保持平稳上升。浙江的舟山数字经济发展水平在2014 ~ 2015年处于发展高峰期，从2015年末一直处于下降的趋势，直到2018年稳定发展。从上述各城市的数字经济发展动态趋势可以看出，虽然长三角各城市彼此接壤，互联互通，但各个城市的数字经济发展水平在不同阶段都呈现不同的趋势，这与当地的实体经济发展水平、

人才素质以及政策是密切相关的。

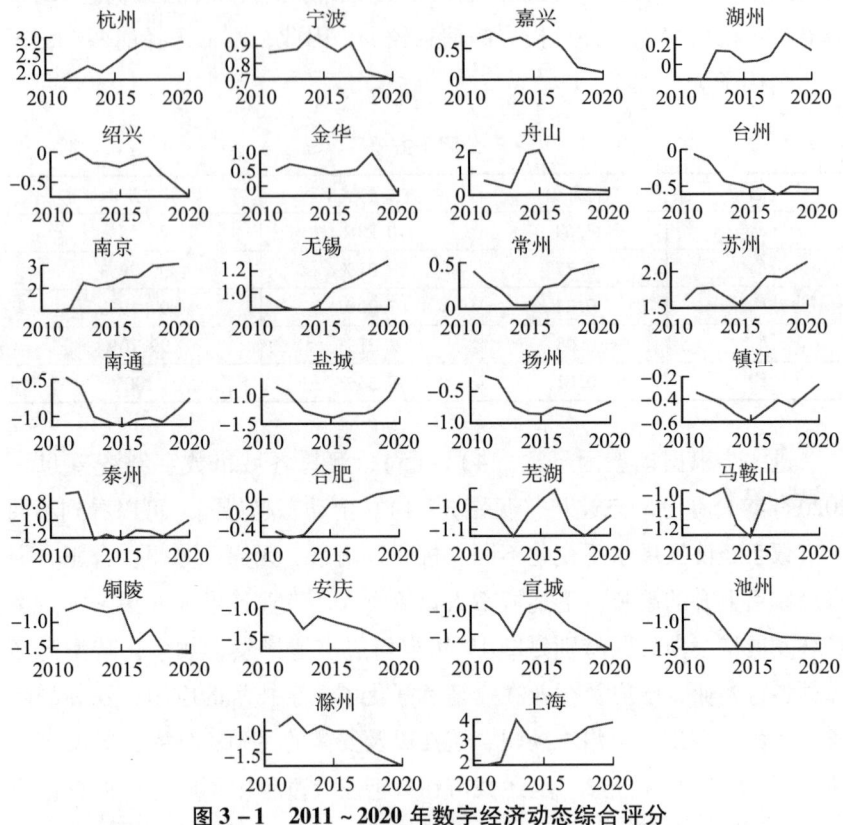

图 3 - 1 2011 ~ 2020 年数字经济动态综合评分

资料来源：原始数据根据 2011 ~ 2020 年《中国城市统计年鉴》及《北京大学数字普惠金融指数 (2011 - 2020 年)》，经作者计算整理后得到。

从上述各城市的数字经济发展动态趋势可以看出，虽然长三角各城市彼此接壤，互联互通，但各个城市的数字经济发展水平在不同阶段都呈现不同的趋势和显著差异性，这与当地的实体经济发展水平、人才素质以及政策是密切相关的。因此，我们可以看出，数字经济的发展水平除了依赖于当地的技术创新、产业升级，还受当地政策环境的影响，这些因素共同影响各地的数字经济发展水平。

根据因子载荷矩阵分析，第一因子主要在人均电信业务总量和每百人移动电话用户数上显示出较高的载荷，而第二因子主要在计算机服务

和软件从业人员占比上具有较高的载荷（见表 3 - 4）。根据数字经济变
量含义，命名第一因子为输出因子，第二因子为输入因子。通过计算第
一因子和第二因子的得分，构建散点图，如图 3 - 2 所示。以第一因子
得分和第二因子得分为区分线，得到四个区域。南京、杭州和上海处在
右上区域，表示上述城市数字经济输入和输出都较高，即该区域城市的
数字经济发展效率高，输入端和输出端匹配度高，表明上述城市已经探
索出适合自身城市特色的数字经济发展模式。处在右下区域的城市第一
因子得分较高，第二因子得分较低，表示该区域城市输入规模与城市数
字发展需求匹配度不高，数字化应用场景较少，最终导致该区域城市数
字化发展面临一定问题，需要进一步加强数字基础设施的建设和数字高
端人才的培育。处在左上区域的城市第二因子得分较高，第一因子得分
较低，表明该区域城市尽管数字经济建设投入规模较大，但数字经济产
出较低，数字经济技术发展效率不高。处于左下区域的城市数字经济投
入和产出都较低，数字经济发展供给端和需求端都略显不足。

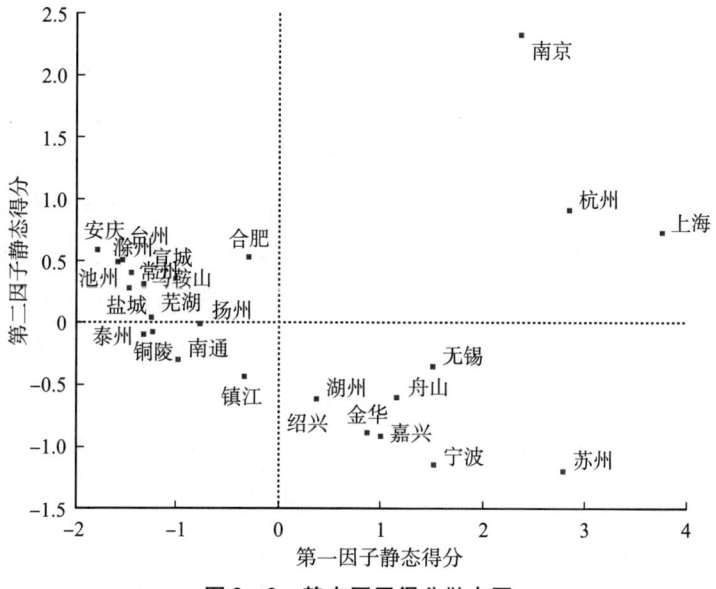

图 3 - 2　静态因子得分散点图

资料来源：原始数据根据 2011 ~2020 年《中国城市统计年鉴》及《北京大学数字普惠金
融指数（2011 - 2020 年)》，经笔者计算整理后得到。

表 3 - 4　　　　　　　　　　旋转后的因子载荷矩阵

变量	因子	
	F1	F2
每百人互联网用户数	0.7291	0.0715
计算机服务和软件从业人员占比	0.2084	0.9788
人均电信业务总量	0.9033	0.3332
每百人移动电话用户数	0.9574	0.1735
中国数字普惠金融指数	0.1895	0.0771

资料来源：原始数据根据 2011～2020 年《中国城市统计年鉴》及《北京大学数字普惠金融指数（2011－2020 年）》，经笔者计算整理后得到。

　　根据第一因子和第二因子的特征值权重，计算得到长三角城市 2011～2020 年数字经济平均综合指数及排序如表 3－5 所示，通过聚类分析，将各城市分成三个梯队。上海、杭州、南京、苏州数字经济发展水平远超其他城市，处于第一梯队，带动了长三角区域的数字经济发展进程。浙江的 5 个城市和江苏的 2 个城市进入第二梯队，安徽的所有城市进入第三梯队。由此可以看出，浙江和江苏各城市数字经济发展水平普遍偏高，安徽数字经济发展水平普遍偏低。通过测算浙江、江苏和安徽各城市数字经济平均变化水平，得到三省一市数字经济指数平均动态变化趋势，如图 3－3 所示。上海的数字经济发展水平在 2013 年前有较大幅度的增长，至 2013 年后有小幅下调，随后缓慢上升，从 2011～2020 年整体上上海的数字经济发展水平呈上升的趋势，远超其他三省，充分发挥龙头带动作用，引领长三角数字经济迈向更高质量发展的新台阶。浙江省数字经济水平略高于江苏。浙江大部分城市本身商品贸易发达，在与电商产业的紧密结合后，数字商业指数优势相较明显，但在 2019 年末新冠疫情后被江苏略微反超。安徽的数字经济发展水平处在低位，与其他两省比较，有一定差距。安徽在长三角区域中经济发展水平相较于江浙沪海有一定差距，是导致数字经济发展相对滞后的重要原因。

表 3 - 5 数字经济综合指数及排序

类别	地区	均值	排序
第一梯队	上海	3.00	1
	杭州	2.33	2
	南京	2.27	3
	苏州	1.82	4
第二梯队	无锡	1.01	5
	宁波	0.84	6
	舟山	0.69	7
	嘉兴	0.50	8
	金华	0.40	9
	常州	0.27	10
	湖州	0.07	11
第三梯队	合肥	− 0.19	12
	绍兴	− 0.28	13
	台州	− 0.43	14
	镇江	− 0.43	15
	扬州	− 0.68	16
	南通	− 0.91	17
	马鞍山	− 1.04	18
	芜湖	− 1.05	19
	泰州	− 1.06	20
	宣城	− 1.12	21
	铜陵	− 1.14	22
	盐城	− 1.17	23
	滁州	− 1.17	24
	池州	− 1.20	25
	安庆	− 1.34	26

通过进一步测算浙江、江苏和安徽各城市的数字经济平均变化水平，

我们得到三省一市数字经济指数的平均动态变化趋势（见图3－3）。可以看到，上海的数字经济发展水平在2013年前经历了较大的增长，之后在2013年后出现了小幅的下调，随后开始缓慢上升。尽管如此，从2011～2020年整体来看，上海的数字经济发展水平呈现持续上升趋势，远远领先于其他三个省份，充分体现了上海作为长三角经济中心城市在数字化进程中的引领作用。浙江数字经济水平略高于江苏。浙江大部分城市本身商品贸易发达，在与电商产业的紧密结合后，数字商业指数优势相较明显，但在2019年末新冠疫情后，浙江省在某些领域的发展进程受到阻滞，而江苏省在此期间加大数字经济的投入力度，加快发展数字经济，实现了反超。安徽的数字经济发展水平处在低位，与其他两省比较，有一定差距。安徽尽管在一定程度上加快发展数字基础设施建设，但在长三角区域中经济发展水平相较于江浙沪仍有一定差距，是导致数字经济发展相对滞后的重要原因，也暴露了其在数字化转型方面进程较慢的问题。

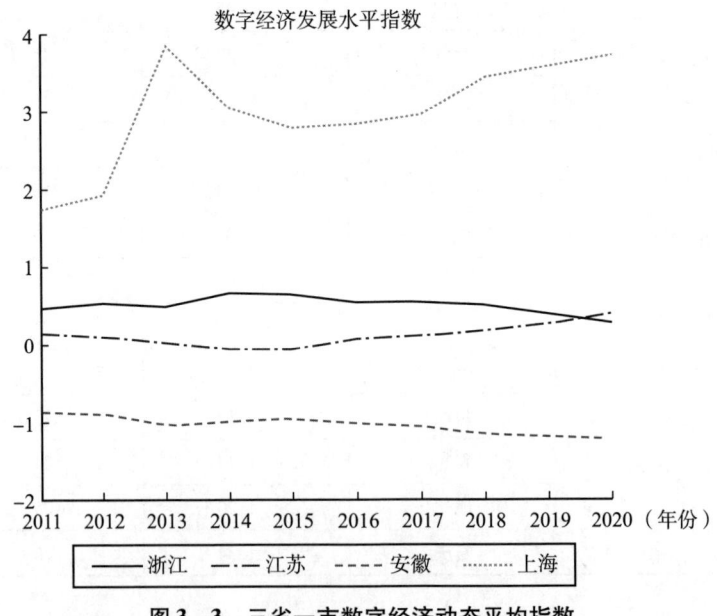

图3－3　三省一市数字经济动态平均指数

资料来源：原始数据根据2011～2020年《中国城市统计年鉴》，经笔者计算整理后得到。

（三）长三角区域实体经济发展水平测度

根据长三角各城市的统计年鉴，手动收集各城市金融业和房地产业增加值，通过测算得到各城市实体经济发展水平指数。由于绍兴、铜陵和镇江的统计年鉴中金融业和房地产业数据缺乏，本书仅测算了其余23个城市的实体经济发展水平。为了更清楚2011～2020年实体经济发展的动态趋势，本书给出动态趋势图见图3－4。从测算结果来看，长三角城市的实体经济发展水平总体呈上升的态势，说明长三角城市的实体经济各重点领域发展水平不断提升。长三角区域依托其强劲的实体经济基础，在国内外形势复杂严峻的情形下，能够稳住外贸基本盘，取得较好成绩，这与党中央精神是高度一致的。

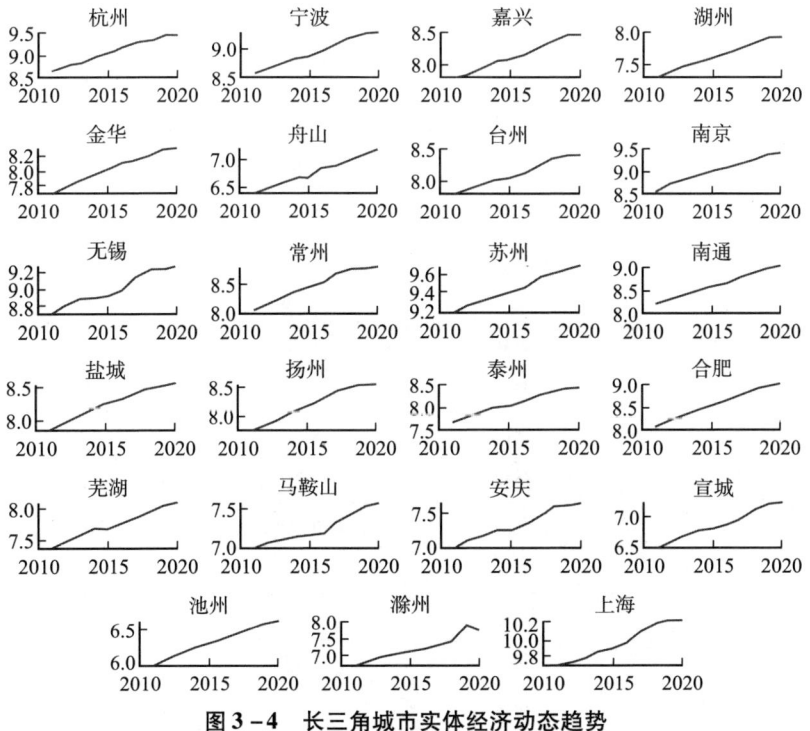

图3－4　长三角城市实体经济动态趋势

资料来源：原始数据根据2011～2020年《中国城市统计年鉴》，经笔者计算整理后得到。

进一步地，通过测算 2011～2020 年各城市的平均实体经济水平，并进行聚类分析，我们得到了长三角各城市的实体经济发展梯队（见表 3－6）。从测算结果来看，上海、苏州、杭州、南京、无锡、宁波等城市的实体经济发展水平相对较高，处于长三角区域的第一梯队。这些城市凭借其发达的制造业、金融业和服务业，以及日益壮大的数字经济，构成了长三角地区实体经济的坚实基础和强大动力。相比之下，安徽的池州、宣城，以及浙江的舟山等城市的实体经济发展则处于较低水平，位居长三角区域的低位。

表 3－6 实体经济综合指数及排序

类别	地区	均值	排序
第一梯队	上海	9.97	1
	苏州	9.44	2
	杭州	9.10	3
	南京	9.02	4
	无锡	9.01	5
	宁波	8.94	6
第二梯队	南通	8.64	7
	合肥	8.57	8
	常州	8.48	9
	盐城	8.25	10
	扬州	8.21	11
	嘉兴	8.15	12
	台州	8.10	13
	泰州	8.09	14
	金华	8.03	15
	芜湖	7.75	16
	湖州	7.63	17
	安庆	7.35	18
	马鞍山	7.24	19
	滁州	7.20	20

续表

类别	地区	均值	排序
	宣城	6.87	21
第三梯队	舟山	6.78	22
	池州	6.30	23

资料来源：原始数据根据 2011~2020 年《中国城市统计年鉴》，经笔者计算整理后得到。

　　从三省一市总体发展趋势来看，长三角区域实际经济发展水平呈上升趋势，尤其是上海在各年度都始终保持领先地位，充分体现其在长三角区域中起到中心辐射作用。江苏的实体经济发展水平略高于浙江实体经济发展水平，反映了江苏在工业、制造业以及技术创新方面相比浙江更具优势。安徽实体经济发展水平与其他两省还存在一定差距，尤其在高新技术创新、制造业以及高端人才方面相对基础较薄弱，这也是其在数字化转型和产业升级方面发展缓慢的主要原因。在今后的发展过程中，安徽需抓住数字技术变革机遇，促进实体经济和数字经济深度融合，在数字化转型和产业升级方面多突破（见图 3-5）。

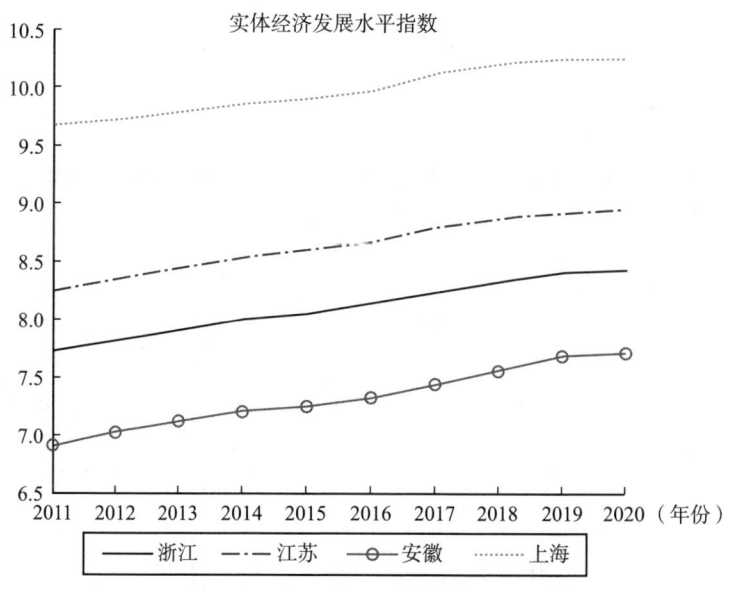

图 3-5　三省一市实体经济动态平均指数

资料来源：原始数据根据 2011~2020 年《中国城市统计年鉴》，经笔者计算整理后得到。

二、长三角区域数字经济和实体经济融合发展测度

（一）长三角区域数字经济和实体经济融合发展情况

针对长三角区域的 23 个城市 2011~2020 年的数字经济和实体经济融合程度进行测算，将各年度取平均得到各城市融合协调等级，如表 3 - 7 所示。由测算结果可知，长三角城市的耦合协调程度整体较好，没有处于低水平耦合阶段的城市。在这些城市中，上海、浙江的杭州、宁波、嘉兴、金华以及江苏的苏州、南京、无锡和常州 9 个城市处于高水平耦合阶段，占比达到 39%，尤其是上海、杭州、苏州，形成最佳的协调互动关系，两系统之间相互促进，协调发展。与此不同，除去浙江和江苏处于高水平耦合阶段的城市，江浙两省的其他城市大多处于磨合阶段，即数字经济与实体经济的融合正在不断调整与优化，这些城市在数字经济发展上仍有较大的潜力，处于勉强协调和初级协调的程度，未来向更高水平融合发展的空间较大。随着数字技术的进一步普及与应用，这些城市的耦合程度有望持续提升，推动当地经济结构的转型与升级。

表 3 - 7   2011~2020 年长三角区域数字经济与实体经济耦合协调度

耦合发展阶段	协调等级	耦合协调度	城市
高水平耦合阶段	优质协调	1.000	上海
	优质协调	0.9096	杭州
	优质协调	0.9052	苏州
	良好协调	0.8965	南京
	良好协调	0.8227	无锡
	良好协调	0.8072	宁波
	中级协调	0.7289	常州
	中级协调	0.7245	嘉兴
	中级协调	0.7060	金华

耦合发展阶段	协调等级	耦合协调度	城市
磨合阶段	初级协调	0.6849	合肥
	初级协调	0.6413	湖州
	初级协调	0.6353	台州
	初级协调	0.6117	扬州
	初级协调	0.6038	南通
	勉强协调	0.5821	舟山
	勉强协调	0.5475	泰州
	勉强协调	0.5287	盐城
	勉强协调	0.5206	芜湖
颉颃极端	濒临失调	0.4810	马鞍山
	濒临失调	0.4629	滁州
	濒临失调	0.4438	安庆
	濒临失调	0.4365	宣城
	轻度失调	0.3414	池州

资料来源：原始数据根据 2011～2020 年《中国城市统计年鉴》及《北京大学数字普惠金融指数（2011－2020 年)》，经笔者计算整理后得到。

安徽各城市中除了合肥和芜湖，其余城市数实融合处于颉颃极端的阶段，即两系统并未完全融为一体，还存在比较明显的分界线。尽管数字技术和数据要素或多或少渗入社会生活的各个方面，但存在各自为政的现象。数字经济与实体经济的融合进程显得相对滞后。未来，这些城市的数字经济和实体经济融合程度提升的关键，可能在于加强数字基础设施建设、推动企业数字化转型以及促进跨行业的协同创新。

（二）数字经济和实体经济融合发展程度的空间分布

为了更清晰且更直观地显示我国长三角区域数字经济与实体经济融合发展的程度，本书绘制了 2011～2020 年长三角各城市数字经济与实体经济耦合协调度的空间分布图，如图 3－6（a）～（j）所示。从结果可以看出，首先，长三角区域各城市数字经济与实体经济耦合协调情况在逐年进行调整，是一个曲折变化的过程。每一座城市在探索数字经济与实体经济共融共生的发展模式时，都在根据实际情况做出动态反应。随着数字经济技术成熟，实体经济的逐步数字化，两个系统之间的协同发展趋于平稳，表现为耦合协调度的波动幅度逐年减小。

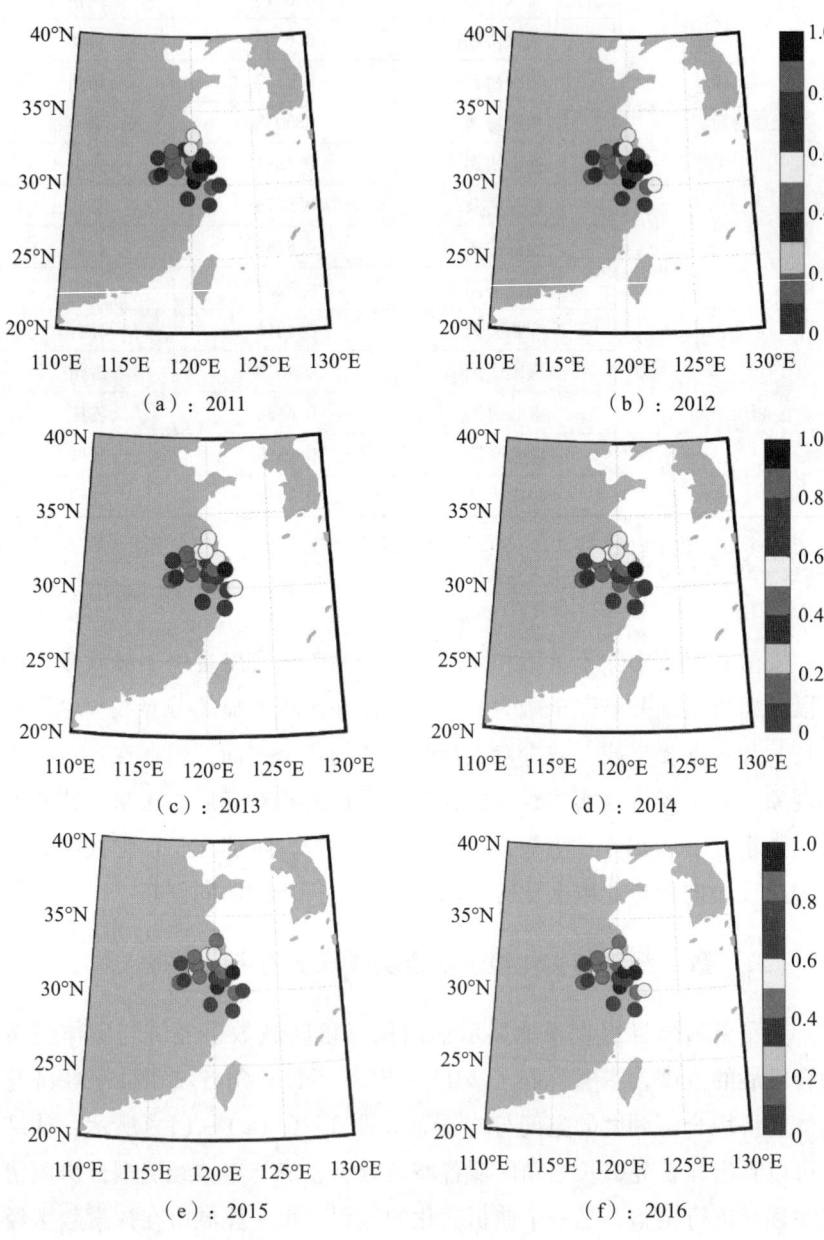

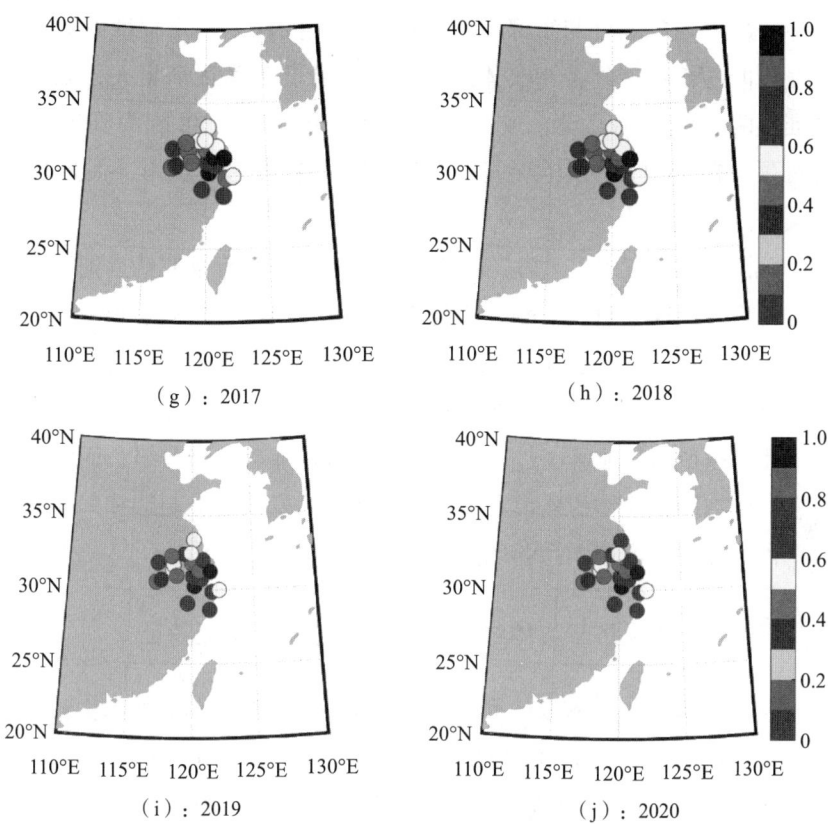

图 3 - 6 2011～2020 年长三角各城市数字经济与实体经济耦合协调度的空间分布

资料来源：原始数据根据 2011～2020 年《中国城市统计年鉴》及《北京大学数字普惠金融指数（2011－2020 年）》，经笔者计算整理后绘制。

其次，长三角西北区域城市的耦合协调水平呈现逐年提升的趋势。这些城市原本处于较低的协调阶段，随着数字技术的推广应用，它们逐步从勉强协调的阶段向初级协调转变，而原本处于初级协调阶段的城市，也在稳步向中级协调等级发展。这一变化体现了数字经济与实体经济融合过程中，西北城市在基础设施建设、产业结构转型和政策引导等方面逐渐走上正轨，为整个区域的融合发展提供了良好的示范。

与此相对，长三角东部的城市，尤其是一些发达的经济体，其耦合协调水平呈现出不太稳定的态势，但总体来看，出现了一定的下降趋势。这一现象或许与东部城市在早期已经实现了一定程度的数字化进程，但随着数字经济与实体经济深度融合的难度逐渐增大，如何有效推动两者的协调互动，成为新的挑战。部分城市可能面临着发展的瓶颈，需要更多的政策创新与跨行业合作来突破瓶颈、促进进一步融合。

在长三角区域中，上海、杭州和苏州三个城市自早期就达到了良好的协调等级，这说明三个城市已经形成符合当地特色的数字经济和实体经济融合的最佳发展模式。上海一直在科技创新方面具有巨大优势，通过不断发展算力基础设施，助力城市数字化转型；杭州在数字金融以及电子商务领域优势显著，进一步促进了传统产业的转型升级；而苏州近年来始终把制造业作为强市之基，基于此大力发展智能制造和工业互联网平台，提升了产业体系的现代化水平。

（三）数字经济与实体经济融合发展的动态演变特征

为了更深入地了解长三角区域数字经济和实体经济融合发展的动态变化特征，我们引入核密度估计法。核密度估计方法是一种给定样本点集合求解随机变量的分布密度函数的一种非参数估计方法，该方法不利用有关数据分布的先验知识，对数据分布不附加任何假定，是一种从数据样本本身出发研究数据分布特征的方法，因而，在统计学理论和应用领域均受高度的重视。核密度估计需要指定核函数和窗宽，本书选择应用广泛的 Gaussian 核函数对长三角区域整体层面进行分析。

1. 长三角层面

图 3 - 7 显示了长三角区域 2011～2020 年 23 个城市的数字经济与实体经济耦合协调度的核密度变化情况。从整体上看，2011～2020 年核密度图的峰值呈现逐年上升的趋势，且核密度曲线有明显向右移动的态势。这一变化表明，长三角区域城市数字经济与实体经济的耦合协调水平在不断提高，大多数城市的耦合协调度逐渐向更高的层次过渡，且不少城市慢慢进入初级协调阶段。这一趋势反映了数字技术

日益渗透实体经济的各个方面，推动了两者之间更为深度的融合和协同发展。

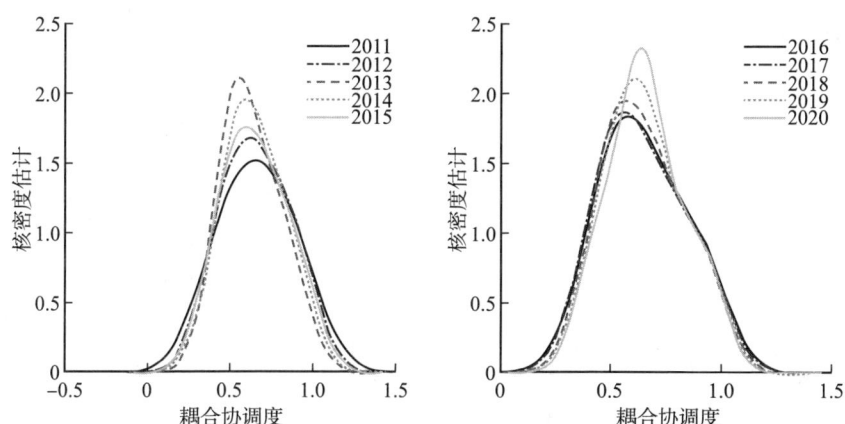

图 3 - 7　长三角区域数字经济与实体经济耦合协调度的核密度演变特征

资料来源：原始数据根据 2011～2020 年《中国城市统计年鉴》及《北京大学数字普惠金融指数（2011－2020 年）》，经作者计算整理后得到。

此外，2011 年核密度函数的跨度大约为 1.6，随着时间推移，核密度函数的跨度逐渐缩小。这一变化表明，长三角区域各城市之间的数字经济与实体经济耦合协调水平的差距逐渐减小，表现出明显的动态收敛特征。换言之，尽管各城市起点不同，但随着时间的推移，它们之间的协调水平正在趋向一致，显示出区域内各城市在融合发展过程中相互借鉴、共同进步的特征。这种收敛趋势可能得益于长三角区域内各城市间日益紧密的经济合作和政策协同，推动了整体水平的提升。

长三角城市群是我国综合实力最强大的城市群之一，其较为明晰的城市分布结构，让各地更容易发挥出承上启下的辐射作用，有利于整个城市群内部的协同提升，为数字经济和实体经济的深度融合一体化发展提供了优质保证。

2. 省级层面

图 3 - 8 至图 3 - 10 显示了 2011～2020 年浙江、江苏及安徽三大

长三角区域省份的数字经济与实体经济耦合协调程度的核密度估计曲线。通过对比三省的核密度估计曲线，可以更直观地观察到不同省份内部数字经济与实体经济融合水平的演变趋势，以及各城市的协调发展情况。

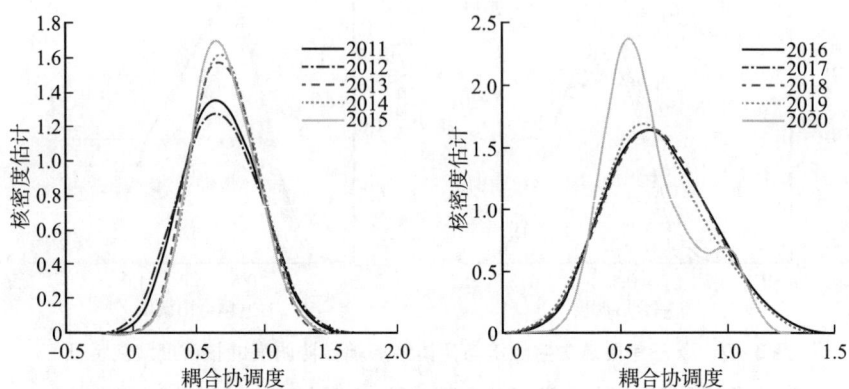

图3-8　浙江数字经济与实体经济耦合协调度的核密度演变特征

资料来源：原始数据根据2011~2020年《中国城市统计年鉴》及《北京大学数字普惠金融指数（2011-2020年)》，经笔者计算整理后得到。

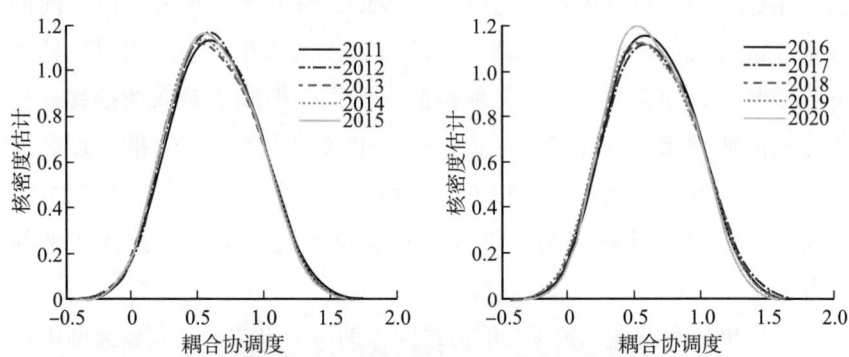

图3-9　江苏数字经济与实体经济耦合协调度的核密度演变特征

资料来源：原始数据根据2011~2020年《中国城市统计年鉴》及《北京大学数字普惠金融指数（2011-2020年)》，经笔者计算整理后得到。

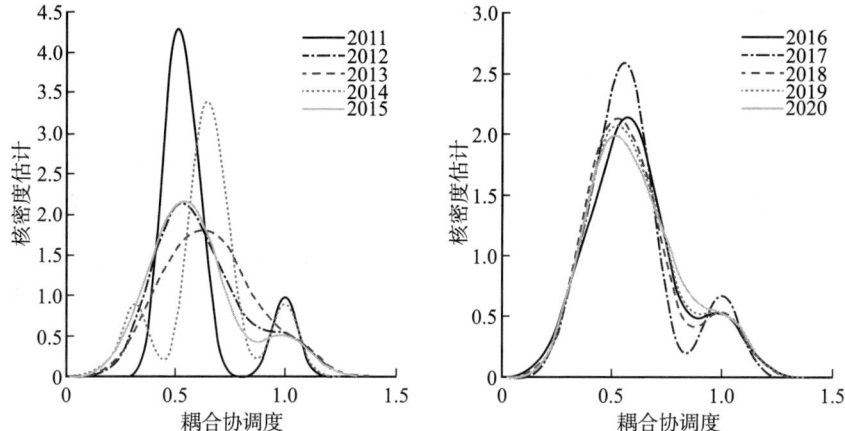

图 3 – 10 安徽省数字经济与实体经济耦合协调度的核密度演变特征

资料来源:原始数据根据 2011 ~ 2020 年《中国城市统计年鉴》及《北京大学数字普惠金融指数（2011 – 2020 年)》,经笔者计算整理后得到。

就浙江来说,2011 ~ 2015 年核密度曲线图跨度有缩小态势,且峰值在逐渐增高,说明这五年浙江的数字经济和实体经济耦合协调水平各省份差异有缩小的趋势,集中度较高,随着两系统的调整,大部分城市都努力向初级协调水平转变。2016 ~ 2019 年,数字经济和实体经济耦合协调水平基本趋于稳定,没有太大变化,但与前五年相比峰值下降,曲线跨度有所增加,说明这几年浙江各地级市的数字经济与实体经济耦合协调水平发展情况各异。直到 2020 年,核密度函数呈现了两峰形态,说明存在多极分化现象。2019 年年末受新冠疫情的影响,浙江不同城市由于自身差异做出不同的调整。如杭州、宁波等整体经济发展水平较高的城市能够支撑数字经济的发展,而部分城市因为实体经济的下滑导致支撑数字经济的技术应用以及基础设施发展缓慢,数字经济不能高效地渗入实体经济的各个方面,因而这部分城市数字经济和实体经济耦合协调水平可能相对落后。

就江苏整体来看,其 2011 ~ 2020 年的核密度曲线跨度有略微缩小的态势,峰值各年差异不大,特别在 2020 年峰值相比其他年度有较大的涨幅,但密度曲线基本趋于稳定,说明江苏各地级市的数字经济和实体经济耦合协调水平差异也在慢慢缩小,但江苏各城市两系统耦合协调水平平均来说没有明显的提高，甚至可以细微观察到，密度曲线有向左平移的微小趋势。可以看到，江苏实体经济水平相对较高，仅次于上海，从另一侧面，说明江苏的数字经济发展还有很大提升空间。

就安徽来看，2011～2020年安徽的数字经济和实体经济耦合协调水平差异较大，说明各年度安徽各城市数字经济和实体经济发展都在进行尝试和调整。首先，安徽核密度函数曲线各年度都呈现多峰的形态，说明耦合协调程度有极化的现象，但随着时间的推移，多峰现象渐渐得到缓解。其次，我们看到密度函数曲线的峰值慢慢降低，曲线跨越距离有增大的趋势，说明安徽各城市耦合协调水平差异逐渐增加。

综合对比浙江、江苏和安徽核密度曲线可知，在样本期内，安徽耦合协调水平变化各年度变化最大，但随着时间推移极化现象得到缓解，但各地级市差异还较明显；浙江变化次之，前五年浙江各地级市的差异慢慢缩小，除了2020年受新冠疫情影响，2016～2019年核密度函数曲线基本趋于稳定，但相比前五年有差异扩大的趋势。江苏耦合协调水平发展较为稳定，但有减弱的趋势，说明数字经济发展还有很大的提升空间。

三、研究结论与对策建议

（一）研究结论

本部分主要研究长三角区域各城市数字经济发展现状及数字经济和实体经济融合协调程度，并得到以下几点主要结论。

第一，长三角区域数字经济发展水平分成三个梯队，上海、杭州、苏州、南京四个城市2011～2020年的平均数字经济发展水平处于绝对领先地位，属于长三角数字经济发展的第一梯队城市，占比为15%。第二梯队和第三梯队分别占比为27%及58%。第三梯队的城市占比超50%，说明长三角区域数字经济发展水平相对落后的城市较多，有必要进一步加快长三角数字经济一体化发展进程。总体来看，上海的数字经济发展水平最高，浙江的数字经济发展水平略高于江苏，直到全球新冠疫情暴发，江苏的数字经济发展水平反超浙江，安徽数字经济发展较落后。

第二，从输入和输出因子来看，上海、南京和杭州三个城市投入规模与数字经济发展需求相匹配，效率较高；江苏的苏州、无锡及浙江的大部分城市数字经济发展投入规模不能满足数字经济发展的需要，导致这些城市数字经济发展水平未能达到理想程度。江苏的扬州，以及安徽的大部分城市，包括省会城市合肥有很强的意愿发展数字经济，但在发展过程中面临一些问题和挑战，导致效率不高；江苏的南通、镇江、安徽的铜陵等城市需要加大数字经济发展投入力度，同时，要探索符合自身的数字经济发展模式，以提高效率。

第三，长三角区域各个城市数字经济和实体经济融合水平有很大差异，但整体耦合协调水平表现尚好，没有处于低水平耦合阶段的城市，达到勉强协调等级的城市占比为78%，但仍有22%的城市数字经济和实体经济融合为濒临失调的状态，甚至有的城市已经进入轻度失调的状态，这对长三角区域一体化发展提出了挑战。

第四，从长三角区域数字经济和实体经济耦合协调空间分布来看，西北区域的城市耦合协调程度缓慢提升，东部区域城市的耦合协调程度不太稳定，呈下降的趋势。其中，上海、杭州，苏州三个城市耦合协调水平各年度基本稳定且都达到了高水平耦合阶段，引领着长三角区域的发展。

第五，从长三角区域层面来看，差异性有逐渐减小的态势，耦合协调水平有提高的趋势。但从省域层面看，浙江、江苏、安徽的动态演变特征差异较大。安徽各年度变化差异明显，且有两极分化现象，浙江前五年各地级市差异有减小态势，但后四年耦合协调水平趋于平稳，与前几年相比，各地级市差异有变大的趋势。江苏各地级市各年度变化较平稳，但耦合协调水平有略微降低的趋势。

（二）对策建议

为进一步提升长三角区域数字经济发展水平，加强数字经济和实体经济深度融合，引领其他城市加快数字经济与实体经济融合进程，本章提出如下建议。

第一，长三角一体化发展进程中，需充分认识各城市在数字经济以及与实体经济协同发展中存在明显的差异性。借鉴上海、杭州、南京、苏州等城市在数字经济发展方面的经验和做法，各城市相关决策部门应结合自身特色，因地制宜地制定助推数字经济发展的政策，不断探索长三角数字经济发展一体化路径。

第二，数字经济发展较薄弱的城市，要利用地域优势。一方面，加强人力资源协作，促进人力资源特别是高层次人才在长三角区域间有效流动和优化配置，针对性地引进高水平数字人才和团队，形成数字人才集聚地；要夯实基础，积极布局 5G 网络，大数据中心，工业互联网等新型基础设施，加快推进智慧城市建设，尽快加入数字化建设的高水平队伍中；另一方面，要深入分析周边毗邻城市的特点和特色，寻找切入点和契合点，结对共建，形成数字经济圈发展的长效机制。

第三，进一步推进数字经济和实体经济的深度融合，融合水平较高的城市，如上海、杭州、南京等城市要发挥自身的引领作用和辐射效应，加强与长三角其他城市的合作与交流，进一步加强创新战略协同，科研设施互通和科技资源共享，引导其他长三角城市，特别是处于濒临失调，以及轻度失调的城市要逐步实现数字化应用设施向经济社会各领域渗透，最终实现数字经济和实体经济优质协调发展。

第四，分区域探索数字经济与实体经济融合模式，巩固上海、杭州、苏州等城市深入融合的成效，进一步提升西北区域的耦合协调水平，深入分析东部区域问题根源并有效破解。适度保持三省一市融合水平的差异性，优化资源配置，为融合水平较低的省份或城市寻求突破点。

第四节　数字经济测度展望与数实融合测度评价

随着数字技术的快速发展，数字经济与实体经济的深度融合，已成为推动经济高质量发展的核心动力。因此，如何精准测度二者的融合程度，已经成为学术界、政策界和企业界共同关注的重点。然而，当前的测度方法仍面临诸多挑战。尽管已有一些研究尝试通过构建指数体系或采用统计模型来衡量数实融合，但各个方法往往存在一定的局限性，现有的测度体系在时间维度上缺乏灵活性，难以及时捕捉到融合进程中的细微变化，这使现有框架未能充分反映二者深度融合所带来的结构性变化。

当前数字经济发展速度之快，辐射范围之广，使传统的测度方法和工具已经无法捕捉数字经济发展和数实融合的多维特征，所以，迫切需要研究构建一个满足多层次、跨领域，实时反馈动态变化趋势的测度框架，进而从数据、技术以及产业等多维度综合考虑测度方法的合理性和适应性，以确保该测度框架能够适应不同区域和时期的发展特点。

本节将从三个方面系统阐述数字经济测度和数实融合测度评价，首先是数字经济测度的现状与挑战，其次是数实融合测度的发展趋势，最后基于现有的测度方法提出合理的测度评价框架。通过本节的探讨和研究，期待能够为数字经济和数实融合发展水平的精确度量提供参考依据，从而进一步促进各地数字化转型和产业优化升级。

一、数字经济测度的现状与挑战

数字经济发展的重要性不言而喻，因而其测度问题引起了各界的广泛关注。近年来，国内外学者在数字经济的测度方法、指标体系构建以及区域差异等方面进行了大量并深入的研究，并取得了显著进展。目前，数字经济的测度方法主要包括指数编制法、增加值测算法和卫星账户编制法等传统方法，这些方法通过构建多维度的评价体系，有效地刻画了全球数字经济的相对发展状况。

在国际上，欧盟采用数字经济与社会指数（DESI）来衡量数字化进程，而美国则侧重于综合评价数字经济对经济和社会各领域的影响（徐清源等，2018）。这些测度方法为全球数字经济的比较提供了数据支持，并为政策制定和战略规划提供了有力依据。在国内，学者也提出了多种方法来衡量数字经济的发展水平。例如，李春娥等（2023）从数字基础设施、数字产业化、产业数字化和创新驱动环境四个维度构建了一个综合测度体系，并通过熵值法对我国各省份的数字经济发展水平进行了量化分析，揭示了明显的区域差异。研究发现，尽管我国数字经济整体呈现快速发展的态势，但不同省份之间仍存在显著的差距。类似地，汤渌洋等（2023）从数字基础设施、数字创新能力、数字产业规模和数字技术应用四个维度构建了评价指标体系，并通过 Dagum 基尼系数和核密度估计方法分析了我国数字经济发展水平的区域差异。采用马尔可夫链方法进一步分析了其动态演变过程，结果表明，我国数字经济呈现明显的"东高西低"格局，且其动态演变受空间滞后项的影响。这些研究为全面评估我国数字经济的发展水平提供了重要的理论和实证依据。此外，许宪春和张美慧（2020）通过生产法和投入产出法等，对数字经济的产出和效益进行了精确估算，尤其是在分析数字技术对各经济部门的影响方面取得了积极成果。增加值测算法便是其中一种重要的测度方式，通过系统构建指标体系，全面分析数字经济规模。另外，卫星账户编制法以国民经济核算体系为基础，构建附属核算体系，如OECD 提出的数字经济卫星账户基本框架（杨仲山与张美慧，2019）。卫星账户方法能够为数字经济提供一个独立的且详细的核算体系，便于对其进行综合的、系统的评估和跟踪。

尽管现有研究为数字经济的测度提供了重要的理论框架和实证支持，但测度工作仍面临诸多挑战，尤其是在数字经济的定义、数据获取的难度以及区域差异的复杂性等方面，仍需进一步深化和完善。

首先，数字经济的内涵和边界尚未统一定义，这使不同国家和研究机构在测度过程中对数字经济的理解存在差异，进而导致在指标选择和测算方法上存在不一致（徐清源等，2018）。这种定义上的差异使国际和区域间的数字经济比较缺乏一致性，从而影响对数字经济真实发展水平的准确评估。其次，数字经济的快速发展和创新性使其测度范围和方法需要不断更新和完善，以适应新的经济形态和技术变革（陈梦根和张鑫，2022）。现有的测度方法主要依赖传统经济统计手段，但这些方法难以全面反映数字经济的独特特征和动态变化。巫景飞和汪晓月（2022）指出，传统的经济统计体系难以捕捉数字经济中创新技术和新兴商业模式的迅速变化，导致现有的测度方法在应对数字经济的快速发展时往往存在滞后现象。随着新兴产业和技术不断涌现，这些新兴技术带来的变革和影响尚未纳入现有统计体系，进一步增加了数字经济测度的复杂性和挑战。最后，数字经济的测度还面临着数据获取和质量控制的问题，尤其是在缺乏统一标准的情况下，数据的可得性和准确性问题尤为突出。许多地区，尤其是发展中国家，缺乏全面的数据收集体系和标准化的统计口径（徐清源等，2018）。例如，部分地区在统计数字经济规模时，可能存在数字经济产业与传统产业界限不明确、数据来源分散等问题，这不仅影响了测度的精度，也限制了数字经济在区域间的可比性（杨立勋等，2022）。同时，数字经济的跨区域和跨产业关联性较强，现有的测度方法往往未能充分考虑这一点，从而导致测度结果未能全面反映数字经济的发展潜力和实际影响（李勇等，2023）。

在测度数字经济发展水平时，一方面，我们需要在明确其内涵和边界的基础上完善相应的指标体系，另一方面，我们也不能忽视数据的收集和整理环节，特别是在新技术快速迭代的背景下，需要推动数据标准化建设，获得高质量的数据。

二、数实融合测度的发展方向与评价

数字经济在带动各领域新技术不断突破的同时，正在对实体经济产生深远的影响，同时，实体经济发展基础会对数字经济发展产生一定程度的制约，中国工程院院士谭建荣教授指出，数字经济需要实体经济来支撑，脱离实体经济，离开了制造业，数字经济将成为空中楼阁。[①] 二者的融合，既是技术发展的必然趋势，也是产业升级和转型的重要驱动力，因此，必须系统评估数字经济和实体经济之间的双向影响效应及其作用机制。

近年来，各界对数实融合的测度方法和评价体系进行了广泛研究和探索，测度方法也在不断完善和发展。早期的研究主要集中在定性分析层面，探讨数字经济与实体经济融合的内涵、机制与路径；这些研究通常强调数字技术如何在不同层面上推动实体经济的转型和升级，以及二

---

① 资料来源：《人民邮电报》2020 年 11 月 5 日。

者融合的潜在影响。随着数字经济发展不断深入，学者逐渐认识到，定性分析已经难以全面地、精确地反映二者复杂的融合关系。近年来，学者逐渐开始构建系统的量化测度框架，以更为精确地评估二者的融合程度与效果。例如，黄先海和高亚兴（2023）基于我国企业的专利信息，从微观视角构建了企业层面的数实产业技术融合指标，并测度了企业的数实产业技术融合行为。这一基于微观数据的测度方法为理解数实融合在企业层面的作用机制提供了新的视角。此外，这一微观层面的研究为大规模企业层面的数字经济与实体经济融合提供了可操作的测度工具，也为政策制定者提供了针对企业发展的具体指导。

上述已有研究成果在数字经济和实体经济的相互作用机理方面进行了深入研究，新的测度方法和框架相继出现，这些丰硕的成果不仅使我们能够深入理解数实融合的互动逻辑，也为政策制定者制定更加符合实际产业的需求的发展策略提供了科学依据。当下，随着数实融合路径的不断探索及实践，关于二者融合特征及动态规律等量化分析逐渐成为关注的焦点，成为学界和业界共同需要解决的核心问题。

在测度方法上，耦合协调度模型结合熵值法及主成分分析法等被广泛应用于数实融合水平的量化评估（郭东等，2024）。耦合协调度模型能够有效反映数字经济与实体经济之间的相互作用及协调发展水平，揭示二者在不同发展阶段中的互动关系，尤其适用于评估二者融合的协调性与动态平衡。熵值法和主成分分析法则通过计算各指标的权重，为综合评价提供了科学依据，从而克服了单一指标体系的局限性（周曙东和董倩，2022）。该测度方法能够从不同维度对数字经济与实体经济的融合程度进行科学合理的测度，并为分析其时空演变特征及影响因素提供了有力工具。利用这些方法，研究者能够更好地揭示数字经济对传统产业的渗透和转型作用，同时为政策制定提供了数据支持和理论指导。

研究者们在对数实融合指标构建时转变了以往思路，逐渐从单一的经济指标转向选择综合考虑技术创新，绿色理念以及产业结构优化等多个方面的指标。多维度综合指标的构建理念能够从不同维度全面揭示数实融合的多层次特点。一些研究成果根据系统论及产业发展理论，从要素层、结构层、布局层、环境层与创新层五个维度出发，构建了"数实融合"协调发展水平评价指标体系。根据上述构建的指标体系，测度了2012～2021 年中国 30 个省级行政区"数实融合"协调发展水平以及内部驱动因素（付岩岩，2024）。通过这一综合指标体系，我们能够很清晰地了解是哪一层面制约耦合协调性的发展。此外，灰色关联度模型也被用来分析影响数实融合的关键因素，进一步深化了对融合机制的理解（高培培，2024）。这一方法能够帮助研究者识别出影响数实融合的核心因素，并定量分析它们的作用机制，从而为政策优化提供指导。综合评价体系的建立，不仅有助于更加全面地、更准确地评估数实融合的发展水平和趋势，还能够为各级政府在推动数字化转型和产业升级时提供更为精准的决策依据。

部分研究还基于投入产出表和经济普查数据，构建了以技术经济联系为导向的产业网络，从数字经济的供给端和需求端进行测度，分析了产业融合的程度、路径和模式。这种方法通过构建产业间的技术经济联系，为评估数字经济与实体经济的融合提供了新的思路和框架（王梓琪等，2025）。在此基础上，研究者能够详细分析产业融合的路径和模式，揭示各个产业之间的互动与协同效应，为政策制定提供了更具针对性的依据。这些研究不仅有助于我们更好地理解数实融合的内在规律，也为未来的政策制定和产业发展战略提供了更为清晰的路线图。

展望未来，数实融合测度的发展方向将更加注重动态性、区域差异性以及方法创新性。随着数字经济的快速迭代与实体经济的持续转型，现有的测度方法首先需要能够动态反映二者之间相互作用与协同效应的变化趋势。其次，我们需考虑不同地区在数字基础设施、产业基础和政策环境等方面的差异。我们深刻感受到区域差异化的测度和评价体系变得越发重要（王玉珍等，2024；付岩岩，2024）。已有研究表明，我国数字经济已进入稳步增长阶段，但不同地区之间的数字经济发展存在显著差距，且呈现由东部地区向西部地区递减的趋势。从各区域差异化表现来看，地方政府需根据地方数实融合协调发展实际，制定差异化政策，降低区域、省际间数字经济与实体经济发展差距，以发达地区为辐射带动较落后地区的数字经济发展，为数实融合协调发展提供保障。最后，我们要积极引入先进的技术手段和科学的统计方法，如深度学习等前沿测算技术，以提升测度精度与可靠性，同时，我们还需紧密结合数字经济与实体经济融合发展的实际需求，不断完善指标体系，使其能够真实地反映数实融合的现状。数实融合测度理论经过不断地改进和持续更新，将为数字经济和实体经济的深度融合提供有力支持，并促进经济高质量发展（郭东等，2024）。

第四章

数字产业化

第一节　数字产业化内涵与功能

目前，我国法律和行政法规并未对"数字产业化"明确规定，关于"数字产业化"的界定主要见于地方性法规和政策文件中。如 2020 年 12 月，《浙江省数字经济促进条例》中明确"数字产业化"是指现代信息技术通过市场化应用，形成电子信息制造业、软件业和信息技术服务业、电信广播卫星传输服务业和工业互联网服务业等数字产业，但并不包括数据资源；2021 年 7 月，《广东省数字经济促进条例》中定义的"数字产业化"不包括数字技术的产业化和数据资源开发利用，或数据要素的产业化；2022 年 4 月，《广州市数字经济促进条例》认为"数字产业化"包括数字技术、数字技术产业、数字视听等数字创意产业的发展，但未将数据要素产业化囊括在数字产业化中；2021 年 12 月，《河南省数字经济促进条例》中对"数字产业化"仅涉及数字技术及应用，未涉及数字要素、数据资源的产业化发展；2022 年 5 月，《江苏省数字经济促进条例》也将数字技术和数据要素排除在"数字产业化"外；同样，2022 年 11 月，《北京市数字经济促进条例》中也将数据要素产业化排除在"数字产业化"外。

根据各产业在数字经济发展中所起的作用不同，2021 年 5 月，国家统计局发布的《数字经济及其核心产业统计分类（2021）》（国家统计局令第 33 号）将数字经济产业划分为数字经济核心产业和数字融合提升产业，其中，数字经济核心产业包括数字产品、服务、技术和数据要素四个方面的相关产业，可以在数字技术、数字产品和数字服务等方面为数字经济发展提供强有力的支撑。国家统计局还明确，"数字产业化"主要包括电子通信设备制造业和电信卫星传输服务业等数字经济发展的基础。此外，国家统计局将数字要素也纳入"数字产业化"范畴，并在具体产业统计分类中把数字资源与产权交易列入数字要素驱动业，明确数据要素的产业化应用属于"数字产业化"的范围。

综上所述，数字产业化，也称数字经济核心产业，具体业态包括电子信息制造业、信息通信业、互联网行业、软件服务业等（2017，中国数字经济发展白皮书），是数字经济发展的基础和先导产业。数字产业化是数字经济发展的根基和动力源泉，是将数字技术转化成为可规模化生产、可市场化交易的产品和服务过程。

现有对数字产业化的研究成果主要集中在国家政策对数字产业化的影响以及数字产业化对各产业的影响等。如王瑞良（2025）基于 2011～2021 年中国上市数字企业数据面板数据，发现政府补贴对数字产业化具有显著促进作用，政府补贴可通过提高企业研发投入和风险承担水平、缓解企业融资约束、推动企业数字化转型来促进数字产业化，但不同地区、不同性质和规模的企业存在异质性；邹玉友（2024）基于我国 30 个省份的截面板数据，指出相对比数字经济中的其他元素，数字产业化对中部、西部地区林业高质量发展具有更为显著的促进作用；马费成（2024）基于数字产业化的内涵和测度方式，分析了数字产业化的理论逻辑和实践路径；闵冬梅（2024）在对安徽省 16 个城市 2011～2021 年统计数据详细分析的基础上，通过构建固定效应模型并进行稳健性估计，得出数字产业化对实体经济的发展具有积极促进作用；张兆鹏（2024）构建包含数字产业规模、就业人数和企业人数三个核心因素的指标体系来测算我国数字产业化发展水平，从空间发展特征来看，我国数字产业化发展水平存在东部引领、中部提升、西部追赶、东北振兴的空间格局；张超（2024）基于我国 2013～2020 年 283 个地级市面板数据，发现数字产业化能显著提升城市产业韧性，且数字产业化对城市产业链应对外部冲击和干扰具有显著作用；唐要家（2023）对数字产业化的理论逻辑、国际经验以及中国政策作了详细的阐述；毛丰付（2023）结合我国219个城市2007～2020年面板数据，运用GMM方法得出数字产业化对绿色全要素生产率具有先促进后抑制作用；艾阳（2023）基于2005～2020年省级面板数据通过实证研究发现：数字产业化会提高工业部门生产力水平，促使劳动要素向服务业转移，最终推动产业结构转型；宋旭光（2022）依据《数字经济及其核心产业统计分类（2021）》分类标准和投入产出表构建数字产业化指标体系，证实数字产业化能显著提高我国工业企业全要素生产率，进而推动实体经济的发展等；冯素玲（2022）构建我国2010～2019年30个省份的数字产业化指数和产业结构升级指数，运用双向固定效应模型和空间杜宾模型；覃洁贞（2020）以广西南宁为例，指出其在数字产业化发展过程中，存在基础设施建设不完善、基础产业发展薄弱、产业集聚化发展缓慢、数字资源开发利用率不高等问题；杨大鹏（2019）首先指出数字产业化是产业数字化的技术基础，数字产业化是数字技术不断创新成熟并进行市场化应用的过程，其次以浙江数字产业化为例，从其技术层、产品层和产业层三个发展阶段总结对比，最后归纳得出数字产业化以研发机构、龙头企业和特色小镇为驱动主体，进而产生不同的发展路径和机理等。

第二节　我国数字产业化规模与结构

一、我国数字产业化规模

（一）数字产业化规模衡量意义

数字产业化规模是指在数字经济背景下，利用数字技术带来的产品和服务所产生的经济总量。衡量一个国家或地区数字产业化规模的意义主要体现在以下几个方面。

(1) 经济发展指标：数字产业化不仅是数字经济的重要组成部分，还是拉动现代经济增长的重要动力，对一国 GDP、就业、投资等宏观经济指标具有重要影响。

(2) 政策制定依据：政府和相关机构可以根据数字产业化规模和发展状况，制定更有针对性的产业政策和发展战略，以支持数字经济进一步发展。

(3) 行业发展评估：通过有效衡量指标和方法对数字产业规模价值进行准确评估，从而准确分析研究数字经济发展趋势。

(4) 资源配置优化：通过判断数字产业的规模和结构，运用市场或政策对资源进行有效优化配置，从而促进技术创新和产业升级，提升产业竞争力。

(5) 国际比较与合作：借助确切的数字产业价值规模，对各地的数字经济发展差距进行比较分析，并推动地区或国际的合作与交流。

(6) 公众认知：通过数字产业规模的量化信息，可提高公众对数字经济重要性的认识，促进整个社会支持数字化转型。

综上所述，对数字产业化规模进行测算，既能为经济政策提供量化依据，又能推动产业良性发展，促进社会各方面共同关注和参与数字经济发展。

(二) 我国数字产业化规模

我国数字产业化规模稳步提升，已从 2019 年的 7.1 万亿元增长至 2023 年的 10.09 万亿元，具体如图 4 - 1 所示。同时，2019 ~ 2023 年我国数字产业化规模占数字经济比重总体稳定，占比分别为 19.83%、19.13%、18.35%、18.33%、18.72%，具体如图 4 - 2 所示。

同时，数字产业化产值占 GDP 的比重也呈逐年递增趋势，由 2018 年的 7.14%，增加至 2023 年的 8.01%（见图 4 - 3）。

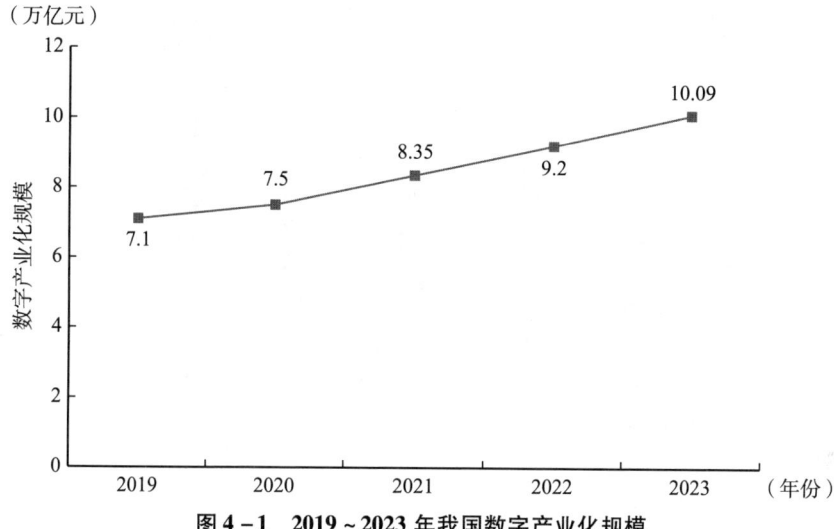

图4-1　2019~2023年我国数字产业化规模

资料来源：中国信息通信研究院：《2024年中国数字经济发展研究报告》。

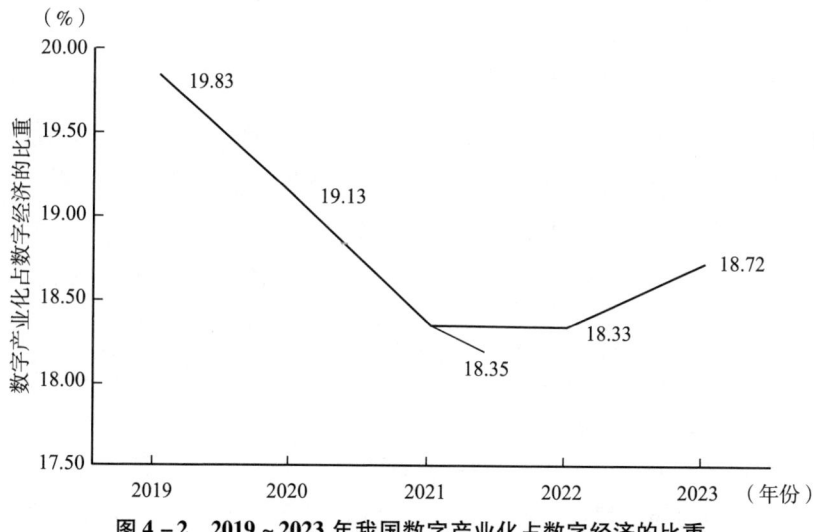

图4-2　2019~2023年我国数字产业化占数字经济的比重

资料来源：中国信息通信研究院。图中数据根据中国信息通信研究院报告中数字产业化规模和数字经济规模比值得到。

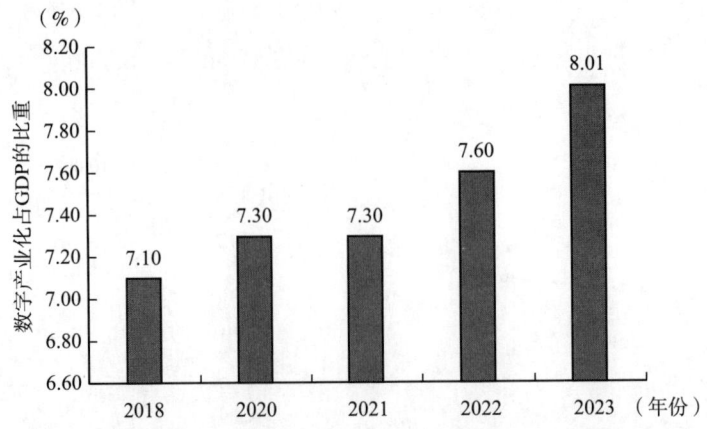

图 4 – 3　2018～2023 年我国数字产业化占 GDP 的比重

资料来源：笔者根据中国信息通信研究院、工业和信息化部、国家统计局公开数据绘制得到。

二、我国数字产业化结构

新中国成立 75 年来，我国从落后的农业国成长为工业大国、服务业大国，从需求失衡到"三驾马车"协同拉动，从沿海内地发展不平衡到东西南北纵横联动发展新格局逐步形成，从城乡分割到新型城镇化和乡村全面振兴统筹推进，经济结构发生历史性变革，发展的全面性、协调性和可持续性明显增强。随着经济的发展，我国产业结构明显优化，第一产业、第二产业、第三产业比重由 1952 年的 50.5%、20.8%、28.7%，变成了 2023 年的 7.1%、38.3%、54.6%[①]（见图 4 – 4），第一产业比重明显下降，第三产业比重明显上升，第二产业尤其制造业一直担当着中流砥柱的角色。进入高质量发展阶段后，推动产业结构升级的传统动力正逐渐减弱。

产业结构升级，是指产业结构从低级形态向高级形态转变的过程或趋势。德国经济学家霍夫曼认为产业结构升级的主要转变方向是由第二产业为主导转变成由第三产业为主导。刘易斯（Lewis，1954）认为产

———————————

① 资料来源：国家统计局网站历年报告。

业结构升级的过程其实是资源有效配置的过程；库兹涅茨（Kuznets，1966）分析美国30多个制造业的数据，认为新旧产业的不断更替造成产业结构升级，并且它的方向是新兴产业替代传统产业；格里菲（Gereffi，1999）认为产业结构升级是一个国家或一个行业不断提高获利能力的过程，是一个国家或行业向技术、资本密集型领域转变的过程；蓬（Poon，1998）和郑（Cheong，2014）认为产业结构升级是企业从产业链低附加值部门向高附加值部门转变的过程；姜泽华（2006）认为产业结构升级是逐步由低级形态转向高级形态的动态复杂过程；李小卷（2017）则认为产业升级主要是由劳动密集型产业向知识密集型和技术密集型产业转变；肖旭（2019）认为产业结构升级的核心内涵是企业生产力和市场竞争力的提升；冯素玲（2022）则从实证角度证明数字产业化能够推动传统产业结构转型和升级，且具有空间溢出效应。

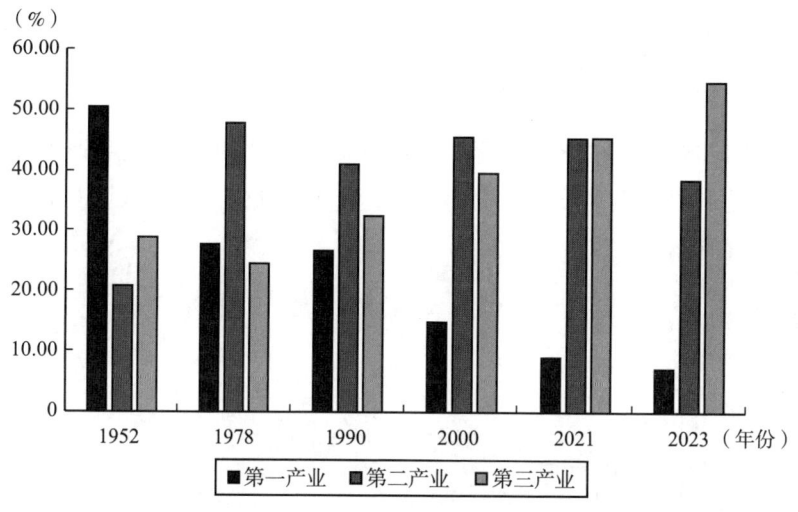

图 4 - 4　1952～2023 年三大产业结构变迁情况

资料来源：笔者根据国家统计局公告相关数据绘制而成。

随着经济的快速发展，数字经济正逐步渗透至经济社会产业发展的各个方面，借助信息网络和先进的通信技术，数字经济实现了生产效率的飞跃提升以及生产结构的持续优化，尤其数字产业化带动了一系列新兴产业，具体如表4-1所示。

表 4 – 1   数字产业化带动的新兴产业

新兴产业	具体领域列举
信息通信产业	电信、5G、光纤网络、云计算、大数据、互联网、物联网等
电子信息制造业	芯片、传感器、通信设备、5G 设备、光纤网络、云计算、大数据等
软件和信息技术服务业	操作系统、应用软件、嵌入式软件、系统集成、IT 咨询、数据处理等信息技术服务行业
新兴数字产业	自动驾驶、智能语音、图像识别,以及将虚拟现实(VR)和增强现实(AR)技术应用于游戏、教育、医疗等行业
数字内容产业	网络视频、数字出版、网络游戏、数字艺术、虚拟偶像
电子商务	阿里巴巴、京东、拼多多等 B2B/B2C/C2C 平台,以及亚马逊、速卖通、eBay 等跨境电商平台
数字金融	支付宝和微信支付等移动支付,P2P、众筹、数字货币等互联网金融
智慧城市与数字治理	智能交通管理系统、共享出行等智慧交通,以及电子政务、数字身份认证等数字政务

资料来源:笔者综合相关文献自行总结得到。

图 4 – 5 至图 4 – 8 展示了 2019 ~ 2023 年我国近 5 年数字产业化中电子信息制造业营业收入、电信业营业收入、软件业务收入、互联网行业收入的情况。

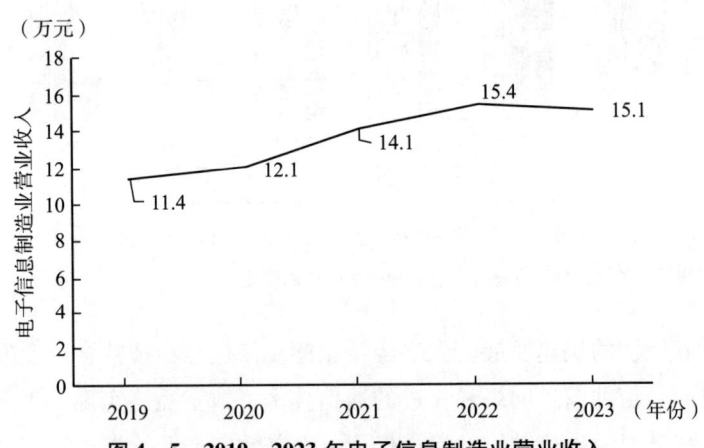

图 4 – 5   2019 ~ 2023 年电子信息制造业营业收入

资料来源:笔者根据国家统计局《2024 中国统计年鉴》绘制而成。

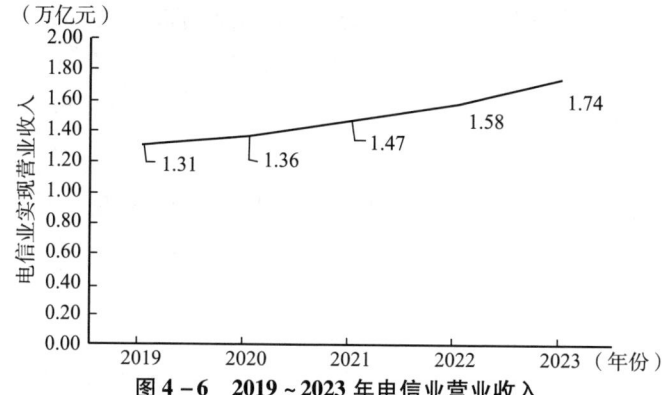

图 4-6 2019～2023 年电信业营业收入

资料来源：笔者根据国家统计局《2024 中国统计年鉴》绘制而成。

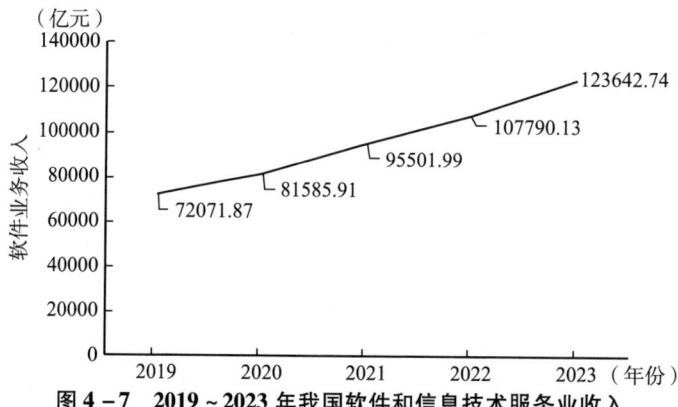

图 4-7 2019～2023 年我国软件和信息技术服务业收入

资料来源：笔者根据国家统计局《2024 中国统计年鉴》绘制而成。

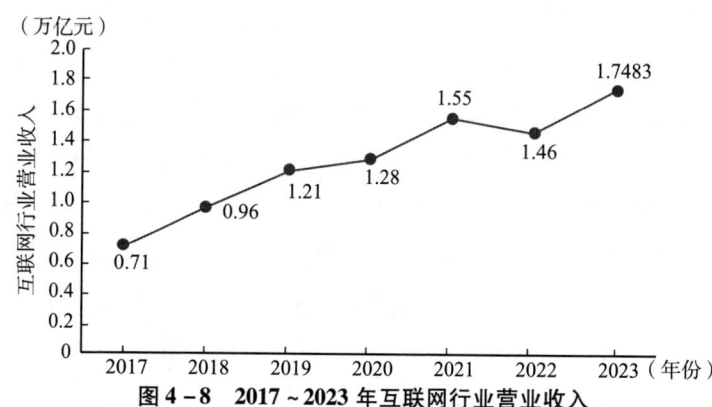

图 4-8 2017～2023 年互联网行业营业收入

资料来源：笔者根据国家统计局《2024 中国统计年鉴》绘制而成。

由图4-5至图4-8可知，我国电子信息制造业收入由2019年的11.4万亿元增长到15.1万亿元，增长率为24.5%；电信业营业收入由2019年的1.31万亿元增长至2023年的1.74万亿元，增长率为32.82%；软件和信息技术服务业由2019年的72071.87亿元增长至2023年的123642.74亿元，增长率为71.55%；互联网行业营业收入由2017年的0.71万亿元增长至2023年的1.7483万亿元，增长率为146.24%。

第三节　解决"卡脖子"问题和高技术产业自主创新能力

一、"卡脖子"问题主要表现

欧美等发达国家由于数字产业起步较早，拥有成熟的技术生态和创新体系。我国数字产业化起步相对较晚，近年来虽得到了长足发展，但与发达国家相比，仍存在一些"卡脖子"问题，具体如下：

（一）高端芯片主要依赖进口

在全球化背景下，芯片作为高科技领域的核心，其发展水平与数字产业化息息相关。据国家统计局及海关相关数据显示，2024年我国芯片产业呈现积极增长态势，出口芯片2981亿块、出口金额达到1595亿美元，同期进口芯片5492亿块，同比增长14.51%，进口金额达到3856亿美元，同比增长10.36%，进出口逆差依然高达2000多亿美元。[①] 这一现状表明，尽管我国芯片产业在自给自足方面取得了长足进步，但在通过深入分析我国芯片进口结构后发现，当前我国芯片生产主要集中在中低端领域，而诸如CPU、GPU、SoC（系统级芯片）、控制器和存储芯片等广泛应用于智能手机、服务器和数据中心的高端芯片依

----

① 资料来源：https://it.sohu.com/a/865639331_362225。

然高度依赖进口。

（二）人才储备和创新能力仍有较大进步空间

人才是数字产业化的核心驱动力，美国厂商拥有接近中国 5 倍的 AI 杰出人才储备，这种人才优势为美国保持数字化领先地位提供了有力支撑。而我国数字化人才缺口在 2500 万人至 3000 万人左右，尤其对人工智能、智能制造、半导体、大数据等相关领域人才的需求量在持续激增。[①]

（三）国际标准话语权不足

在数字化转型背景下，数字产业发展对标准的制定、使用方式有着迫切需求。数字世界中的规则不是由物理世界来界定的，而是由标准制定的，在未来数字经济发展中，如果不能成为标准的主持者，就只能被动执行别人制定的规则。近年来，我国在 5G 通信技术、物联网、人工智能、电网等领域取得了国际领先地位，但我国只占据国际标准制定权的 2%，欧美则制定了 90% 以上的国际标准[②]，这意味着中国在国际标准制定中缺乏话语权和影响力，限制了我国企业的市场竞争力。

（四）相关制度建设较为滞后

近几年，以大数据、云计算、物联网等产业为代表的数字经济发展迅猛，但我国相应的制度建设和治理体系却未能跟上，出现了制度建设与数字经济发展不相适应的情况。一方面，数据归属、采集、开发、使用、收益等在各相关主体之间的界限仍在探索之中，数据的评估、定价、交易等行为有时难以顺利进行，数据资源向数据资产的转化面临阻碍，数据作为新型生产要素的作用不能得到充分发挥。另一方面，虽然数字经济以新业态新模式融于国民经济的各主要领域，产业间的联系互动通过数据要素也在迅速增强，但同时用户隐私保护、数据安全、平台

[①] 2024 年 5 月 30《人民日报海外版》，https：//www.tjcac.gov.cn/xxh/zhcs/202406/t20240604_6642086.html。

[②] 2023 年 12 月 13 日《环球》杂志（第 25 期）。

反垄断等传统监管方式无法有效解决的负面问题也开始出现。

(五) 外部环境制约

随着数字产业化的发展, 世界经济格局正发生重大变化, 以美国为首的西方国家作为世界政治经济发展主导者的地位受到挑战。为了维护其自身政治经济利益, 必然会对我国进行打压和遏制, 如数字矛盾、数字冲突以及数字战争风险上升。具体表现为, 本国数字技术及其研究开发活动被外国或外部力量操纵与控制, 使得主权国家对本国行政管辖区域内的数字技术可能失去控制力, 甚至可能被外部势力入侵。

二、我国高新技术产业自主创新能力

解决 "卡脖子" 问题的根本在于提高我国高技术产业的自主创新能力。高新技术产业是指以高新技术为核心, 依托先进科学技术、创新能力和研发成果进行生产和服务的产业。高新技术产业涵盖的范围较广, 如信息技术、生物技术、新材料、新能源、航空航天、环保技术、半导体、软件开发、医疗器械、通信设备等行业都属于高新技术产业的重要组成部分。

(一) 高新技术产业特点

通常情况下, 高新技术产业具有如下特点。

(1) 技术含量高: 高新技术产业是以尖端技术研发和生产先进科技成果为依托的产业, 故具有技术含量高的特点。

(2) 创新能力强: 高新技术产业以创新为中心, 强调在促进技术进步和产品升级方面持续地进行高强度研发投入。

(3) 市场潜力大: 高新技术产业往往市场需求较大, 因而对经济增长具有促进作用。

(4) 附加值高: 高新技术产业与传统行业相比, 具有更高的生产附加价值, 给企业和国家带来的经济利益也更大。

（二）我国高新技术产业发展现状

近年来，我国高新技术产业自主创新能力有了显著提升。

1. 研发投入持续增长

我国研发经费投入逐年增加，2023 年研发经费投入总量超过 3 万亿元，占 GDP 比重超过 2.5%，2024 年超过了 3.6 万亿元[①]，比 2023 年增长 8.3%，投入总量稳居世界第二位。研发投入强度[②]上，2024 年我国研发投入强度达到 2.68%，比上年提高 0.1 个百分点，超过了欧盟国家 2.11% 的平均水平，进一步接近了经济合作与发展组织国家 2.73% 的平均水平。[③]

2. 关键技术领域取得突破

5G 技术上，我国在 5G 用户规模和标准制定、设备制造和应用场景开发方面处于全球领先地位。截至 2024 年底，我国累计建成 5G 基站达到 419.1 万个，占全球 5G 基站总数 60%，成为全球规模最大、技术领先的 5G 网络；同时，我国在 5G 关键领域，如大规模天线阵列、全息波束赋形、网络切片等方面取得突破，且这些技术已广泛融入工业、医疗、能源等重点领域，形成超过 1.5 万个"5G＋工业互联网"项目。[④]

人工智能方面。目前我国的人工智能发展已进入快车道，在计算机视觉、自然语言处理等关键领域达到世界领先水平，商汤科技、旷视科技等独角兽企业快速崛起，深度学习框架、类脑计算芯片、智能算法等核心技术正在快速迭代升级，百度飞桨、华为 MindSpore 等国产深度学习平台，以及 DeepSeek 等大语言模型都具备极强的国际竞争力。

量子计算方面，我国在量子通信和量子计算领域取得突破。其中量子密钥分发、量子纠缠源等关键技术达到国际领先水平，量子计算原型机"九章""祖冲之号"都是重大突破。

[①] 资料来源：中国政府网 https：//www.gov.cn/yaowen/shipin/202503/content_7010097.htm。

[②] 研发投入强度是研发经费和 GDP 之比，体现了一个国家对科技创新的重视程度。

[③] 《中华人民共和国 2024 年国民经济和社会发展统计公报》。

[④] 资料来源：中国互联网络信息中心（CNNIC）第 55 次《中国互联网络发展状况统计报告》。

航天科技领域，天宫空间站、嫦娥探月工程、神舟飞船系列、天问一号火星探测、长征系列运载火箭等标志性成果开始成批涌现。

3. 创新生态逐步形成

创新生态是指在一个区域或行业内，形成由企业、创业者、学术机构、政府等多方参与者构成的技术或产业生态系统，通过协同创新、资源共享、合作共赢等方式促进创新和经济发展。据 2024 世界地理大会发布的《全球科技创新中心 100 强》显示，我国有 21 个科技创新中心排名进入全球前 100，其中北京和上海分别位列全球第 4、第 10，稳居第一方阵。

同时，我国还不断完善战略性创新平台体系，加强科技基础能力建设，建设和投入运行了一批国家重大科技基础设施。中国"天眼"、全超导托卡马克核聚变实验装置、散裂中子源等一批设施处于国际领先水平，并不断提高开放共享水平。同时，面向集成电路、生物育种、先进高分子材料和智能制造等重点领域，布局建设了一批国家技术创新中心、国家产业创新中心、国家工程研究中心等产业创新平台，建设了一批概念验证中心、新型研发机构、产业创新研究院、众创空间、孵化器、加速器，扎实推动产学研协同创新、大中型企业融通创新，促进科技成果高效转移转化。

三、提升我国高新技术产业自主创新能力的路径

提升我国高新技术产业自主创新能力是一个系统工程，需要政府、企业、高等学校和科研院所等多方面的共同努力和协作，通过加大基础研究投入、突破关键核心技术、优化创新生态、培养高端人才、加强国际合作等方面，精心布局并实施。

（一）加大基础研究投入

世界已进入数字时代，为应对国际科技竞争、实现高水平科技自立自强，推动构建新发展格局、实现高质量发展，迫切需要加强基础研究，从源头和底层解决关键技术问题。基础研究是人类基于对自然界和

社会规律的认识而进行的科学探索和理论研究，处于创新体系的最底层、科研链条的起始端，具有奠基性和引领性。因此，加大基础研究投入，是推进中国式现代化进程的关键之举。同时，因基础研究难度大、周期长、风险高，就更需要长期、稳定、持续的人力、物力和财力投入。

（二）突破关键核心技术

要以国家战略需求为导向，瞄准全球数字技术基础前沿领域和关键核心技术重大问题，集聚力量进行原创性、引领性数字技术攻关。加大集成电路、新型显示、关键软件、人工智能、大数据、云计算等重点领域核心技术的创新力度；着力提升基础软硬件、核心电子元器件、关键基础材料和智能制造装备的供给水平、加快锻造长板、补齐短板。

（三）优化创新生态

支持建设一批数字经济创业载体、创业学院，支持数字人才在人工智能、信息技术、智能制造、电子商务等数字经济领域的创新创业活动。

（四）培养高端人才

为发挥数字人才支撑数字经济的基础性和关键性作用，加快推动形成新质生产力，为高质量发展赋能蓄力，需要长期制度激励和短期政策措施同时发力，以增加数字人才有效供给，形成数字人才集聚效应。

（1）重点围绕大数据、人工智能、智能制造、集成电路、数据安全等数字领域的新职业，制定颁布国家职业标准，开发培训教程，分职业、分专业、分等级开展规范化培训、社会化评价、取得专业技术等级证书可衔接认定相应职称。

（2）紧贴企业发展需求开设订单、定制、定向培训班，培养一批既懂产业技术又懂数字技术的复合型人才，不断提高从业人员数字素养和专业水平。

（3）加强数字领域博士后科研流动站、工作站建设，加大应用型数字博士后人才培养力度。

（4）优化人才引进政策，吸引全球更多高端数字人才。

（五）加强国际合作

在全球化背景下，以知识、技术、人才等为核心的创新要素在全球范围内快速流动，因而自主创新是开放环境下的创新，需要以全球视野谋划和推动创新，全方位加强国际科技创新合作。①聚焦关键技术领域，加强与相关国家的项目合作，开展合作研究，解决关键技术难题。②加强关键技术领域的科技人才交流与合作，打造国际创新资源开放平台合作平台，培育一批面向全球的技术转移服务中介，促进关键技术国际转移。③通过建立海外研发中心等方式，鼓励我国有条件的创新主体走出去，有效利用国际创新资源。

综上所述，我国高技术产业自主创新能力目前处于快速提升阶段，随着国家政策支持力度的加大以及创新生态的逐步形成，我国高新技术产业未来有望在全球科技竞争中占据更重要的位置。然而，我国仍需在基础研究、核心技术突破、人才培养等方面持续发力，以从根本上推进解决长期困扰我国高技术的"卡脖子"问题。

第四节　以数字产业化引领实体经济发展

党的二十届三中全会审议通过的《中共中央关于进一步全面深化改革、推进中国式现代化的决定》提出，"健全促进实体经济和数字经济深度融合制度"，"加快构建促进数字经济发展体制机制，完善促进数字产业化和产业数字化政策体系"。当前，我国数字经济发展迅猛，数字经济总量稳居世界第二位，数字技术已经渗透经济社会的方方面面，对经济社会发展具有重要推动作用。以数字产业化引领实体经济发展是我国经济高质量发展的重要战略方向。数字产业化通过将数字技术与数字核心产业深度融合，能够提升数字核心产业生产效率、优化资源配置、创新新业态新模式，从而推动实体经济转型升级。我国在已推出的数字经济法规和政策文件中，多处涉及了数字产业化引领实体经济发展方面的论述。

● 2015 年，国务院印发《制造强国建设纲要》，鼓励数字技术在制造领域的应用，以增强制造业的核心竞争力。

● 2015 年，国务院印发《关于积极推进"互联网"行动的指导意见》，鼓励互联网与各行业结合，促进传统产业的转型升级，推动实体经济的发展。

● 2016 年，《国家数字经济发展战略纲要》首次明确了数字经济的发展目标和战略，规划布局数字技术与实体经济深度融合。

● 2017 年，国务院印发《新一代人工智能发展规划》，重点强调了数字技术尤其是人工智能技术在推动传统产业升级和提升经济高质量发展方面的作用。

● 随后各省纷纷颁布《数字经济发展促进法》，这是专门针对数字经济的法律，旨在为各地数字技术与实体经济融合、数字经济发展提供法律保障。

一、数字产业化引领实体经济发展的路径

实体经济是指物质、精神产品和服务的生产、流通等经济活动，是社会经济活动的基础，涵盖农业、工业、交通通信业、商业服务业、建筑业等物质生产和服务部门，以及教育、文化、知识、信息、艺术、体育等精神产品的生产和服务部门。实体经济的特点在于其形性、主导性、载体性和基础性，是人类社会赖以生存和发展的根本（王儒奇，2025）。近年来实体经济特别是制造业发展依旧处于低迷状态，"去工业化""脱实向虚"等制约我国现代化产业体系建设的问题仍较突出。造成实体经济发展低迷的原因较多，如我国实体产业在国际市场竞争中面临高端打击、低端竞争的"两端挤压"态势；传统制造业和重工业占比仍然较大，高技术产业和现代服务业发展相对不足；全球产业链和供应链正在重构，我国企业面临新的竞争和挑战等。同时，由于实体产

业的国内外需求减弱，实体经济对生产要素的吸附能力降低。在数字经济高速发展的过程中，实体经济低迷还说明一个问题，即数字经济尚未有效发挥对实体经济的带动作用，数字经济和实体经济在发展中仍存在"两张皮"现象（郭克莎，2025）。总之，实体经济在发展过程中存在如下问题：

（1）融资难题。实体经济，特别是中小企业，常常面临融资难、融资贵的问题。数字经济的兴起为这一问题的解决提供了新的途径。

（2）管理模式落后。部分实体经济企业，特别是中小企业，仍采用传统的家族式管理模式，缺乏现代企业管理理念和制度。

（3）市场需求不足与竞争加剧。在全球化背景下，实体经济面临市场需求不足和竞争加剧的双重压力。

（4）创新能力不足。部分实体经济企业缺乏自主创新能力，难以适应市场变化和消费升级的需求。

（5）信息不对称与交易成本高。在实体经济中，信息不对称和交易成本高是制约企业发展的重要因素。

（一）数字产业化引领实体经济发展

数字经济在融资、管理模式、市场需求、创新能力和信息不对称等方面具有独特的优势，尤其数字产业化自带产业数字化所需的大部分新兴技术和新生生产要素，是驱动实体经济中传统产业数字化转型升级的重要动力之源泉，是实体经济发展的永动机。

数字产业化驱动实体经济发展仍是以数字经济和实体经济深度融合的方式进行的。从绝对规模来看，2023年我国一、二、三产业数字经济占行业增加值比重（以下简称"数字经济渗透率"）分别为10.78%、25.03%和45.63%，并且仍在持续深入。从相对规模来看，2023年，我国一、二、三产业数字经济渗透率同比分别提升0.32、1.03和0.91个百分点[①]，第二产业数字经济渗透率增幅首次超过第三产业，一产稳步推进、二产加速渗透、三产纵深拓展成为近年来数实融合的主要趋势

---

① 资料来源：中国信息通信研究院《2024年中国数字经济发展研究报告》。

特征（见图4-9）。

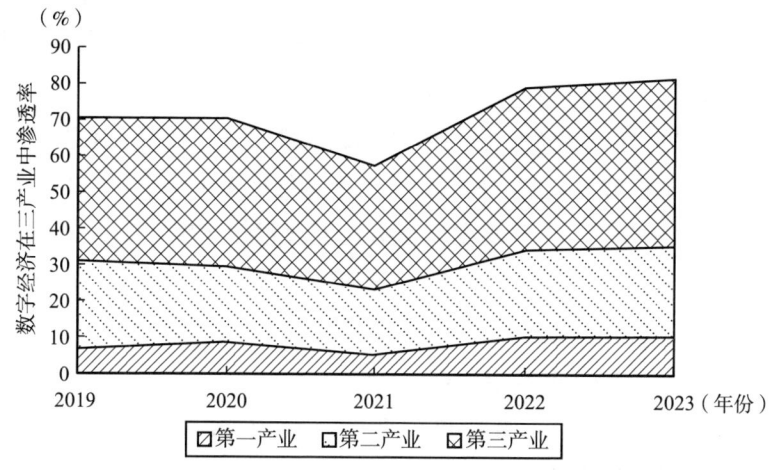

图4-9　我国数字经济在三次产业中渗透率

资料来源：根据中国信通院《2024中国数字经济发展研究报告》绘制。

（二）数字产业化引领实体经济发展的路径

数字产业化是数字经济和实体经济深度融合重要的技术来源和产业示范。在数字产业化进程中加快推动自主创新，有利于数字技术的迭代演进与创新扩散，为促进数字经济和实体经济深度融合夯实科技根基。数字产业化引领实体经济发展的路径如下。

1. 推动制造业数字化转型

智能制造领域，在生产环节引入人工智能、物联网、大数据等技术，实现自动化监控和控制，使得生产过程更加高效、准确、可靠；工业互联网方面，打造产业互联网平台，实现设备、生产线、工厂、供应链等全方位互联互通；个性化定制上，引入数字化技术推动制造业向服务型制造转型，进而使得数字化技术满足消费者个性化需求。

2. 促进农业数字化升级

智慧农业领域，利用传感器、无人机、卫星遥感等技术，实现数字技术精准赋能农业生产转型升级；农产品溯源上，通过区块链技术实现农产品全流程追溯，提升食品安全；农村电商发展上，推动农产品线上销售，拓宽农民增收渠道。

3. 赋能服务业创新发展

数字金融领域，发展普惠金融，将大数据、区块链等技术用于提升金融服务效率；智慧物流方面，在物流配送过程中引入数字化技术、智能算法优化物流配送路径，降低物流配送运输成本、制冷成本以及碳排放等各项成本；数字文旅方面，由于数字文化是文化产业和旅游业高质量发展"中国模式"的重要支撑，引入大数据、元宇宙、人工智能等新兴技术开展数字文博、云展览、云演播等服务，推动线上线下融合创新发展、激活文旅新业态。

4. 构建智慧城市与数字治理

智慧交通上，利用大数据和人工智能获取高峰时期交通流量，优化交通管理，缓解城市拥堵；数字政务方面，推动政务服务线上化、智能化，提升政府治理和管理能力；智慧能源上，通过数字化技术实现能源的高效利用和智能调度。

二、数字产业化引领实体经济发展的关键措施

（一）加强数字基础设施建设

加快新型基础设施建设，加强战略布局，加快建设高速泛在、天地一体、云网融合、智能敏捷、绿色低碳、安全可控的智能化综合性数字信息基础设施，打通经济社会发展的信息"大动脉"。同时，也要加快推动算力网络建设，为数字经济发展提供强大支撑。

（二）推动核心技术突破

以国家战略需求为导向，集中力量攻克数字技术基础前沿领域和关键核心技术，加大集成电路、新型显示、关键软件、人工智能、区块链、大数据、云计算等重点领域核心技术创新力度，着力提升基础软硬件、核心电子元器件、关键基础材料和智能制造装备的供给水平。

（三）促进数据要素市场化

为促进数据交易市场高质量发展，需要加快制度体系建设，完善数据交易规范，建立发展评估机制，优化交易机制，同时建立合规高效、场内外结合的数据要素流通和交易制度，统筹构建规范高效的数据交易市场和跨境数据交易平台，助力我国新型要素市场专业化和国际化发展。

（四）培育数字产业集群

数字产业集群是从事数字产品制造、提供数字产品服务、开展数字技术应用、通过数字要素驱动的相关主体组成的产业集群。数字产业集群具有数字化、智能化、融合性特征，更强调技术、算法等无形要素的集中，对传统意义上的土地、资本设备等有形要素的依赖下降，不拘泥于某个产业、某个产品，而是聚焦于某类应用和服务，扩大了传统产业集群对特定产业的限定。

（五）加强高级数字人才培养与引进

加大对高级数字人才倾斜力度，引进海内外高层次数字人才，并多举措支持海外数字人才回国创业。同时，重点围绕大数据、人工智能、智能制造、集成电路、数据安全等数字领域，制定颁发国家职业标准、开发培训教程，分职业、分专业、分等级开展规范化培训，加快数字人才培养。

（六）完善政策支持体系

数字产业化在推动传统产业融合发展上已取得长足发展，但仍存在发展不平衡不充分问题。各级政府可通过制定数字经济专项政策，以加大对数字产业化的支持力度，为数字产业化健康、有序、高质量发展提供全方位的指引和保障。

总而言之，将数字产业化与实体经济进行深度融合，将为我国经济高质量发展提供新的增长引擎。数字技术的广泛应用，可实现实体经济的效率提升、成本降低和模式创新，从而在全球竞争中占据更有利的地位。未来我国还须继续完善数字基础设施建设、加大数字技术研发投入、优化数字政策环境，推动数字产业化与实体经济协同发展，为经济高质量发展提供强大动力。同时，数字产业化引领实体经济发展还需政府、企业和社会等各方面共同推进，加强核心技术研发创新、促进实体经济数字化转型、加快数字产业化与实体经济融合发展、构建有利于数字产业化引领实体经济发展的政策和法律环境，不断提高数字产业化引领实体经济发展的质效。

第五章

产业数字化

第一节 产业数字化战略与产业数字化发展路径

一、我国产业数字化发展战略

产业数字化，即相关产业因使用数字技术而带来的产出增加和效率提升，也称数字经济融合部分，包括传统产业由于应用数字技术而带来的生产数量和生产效率提升，其新增产出构成数字经济的重要组成部分（2017，中国数字经济发展白皮书）。近年来，我国在推动产业数字化方面出台了一系列相关政策文件，提出通过信息化和工业化深度融合，推动制造业向智能化、绿色化、服务化方向转型，实现制造强国的战略目标；2017 年，国务院发布《新一代人工智能发展规划》，指出到 2030 年使我国成为世界主要人工智能创新中心，推动人工智能与实体经济深度融合；2017 年，国务院发布《关于深化"互联网 + 先进制造业"发展工业互联网的指导意见》，提出加快工业互联网发展，推动制造业与互联网深度融合，提升制造业数字化、网络化和智能化水平；2019 年，国家发展改革委、工业和信息化部等 15 部门联合发布《关于推动先进制造业和现代服务业深度融合发展的实施意见》，提出推动先进制造业和现代服务业深度融合，促进产业转型升级和高质量发展；2020 年国家改革委、中央网信办发布《关于推进"上云用数赋智"行动 培育新经济发展实施方案》，提出通过实施"上云用数赋智"行动，推动企业数字化转型、培育新经济业态；2020 年工业和信息化部发布《关于推动工业互联网加快发展的通知》，提出加快工业互联网基础设施建设，推动工业互联网在制造业中的应用；2021 年，工业和信息化部、中央网信办共同推出《关于加快推动区块链技术应用和产业发展的指导意见》，提出加快区块链技术在实体经济中的应用，推动区块链产业健康发展；2021 年，国务院发布《"十四五"数字经济发展规划》，提出到2025 年，数字经济核心产业增加值占 GDP 比重达到 10%，推动了数字经济和实体经济深度融合。

二、关于产业数字化研究

目前对产业数字化主要有如下研究成果。王锋正（2025）指出产业数字化能显著促进本地新质生产力发展，多样化虚拟集聚和专业化虚拟集聚是产业数字化驱动新质生产力发展的重要机制，且产业数字化对城市新质生产力的发展具有空间溢出效益；郭进（2024）从数字要素规模弹性视角，指出产业数字化能直接推动城市工资增长溢价，且更高水平的产业数字化会引领高技能劳动力向大城市聚集，从而间接推动工资偏向大城市的更高增长；黄和平（2024）从农业、工业和服务业三个维度构建指标体系评估产业数字化发展水平，得出如下结论：产业数字化具有显著的区域水平差异，呈现出东部＞中部＞西部的空间格局，省域产业数字化显著促进了绿色全要素生产率提升，且各省域产业数字化的发展通过降低资本与劳动力错配度和促进产业结构升级提升绿色全要素生产率；付雅梅（2024）基于数字技术－经济范式理论，深入分析了中国产业数字化的理论逻辑、特征事实及突破路径；马述忠（2024）基于 2015～2019 年区分内外资部门的国家间投入产出数据，构建基于附加值地理分布视角的全球价值链分工生产离岸化指标，研究得出产业数字化发展水平的提升能显著促进生产全球化，且对资本密集型行业、开放程度更高的行业影响更大；马晓君（2024）将产业数字化分析为数字要素的产业间价值溢出过程，运用投入产出技术定量测算数字要素溢出程度及驱动因素；田晖（2024）构建产业数字化水平指标体系，探讨产业数字化对碳生产力的影响和作用机制，研究表明产业数字化的发展能显著促进碳生产力的提升，但存在明显的地区差异；杨扬（2024）采用固定效应模型和两阶段最小二乘法，探讨产业数字化对国内国际双循环影响及作用机制，结果表明：产业数字化能推动国内国际双循环，而且通过促进全球价值链地位攀升、提高现代流通业以及提升居民消费水平；张洪胜（2024）测算分析了世界各国的产业数字化水平和国内大循环程度，并考察了产业数字化对国内大循环的影响效果和作用机制；赵雨涵（2024）以《数字经济及其核心产业统计分类》为标准，系统构建产业数字化增加值核算方法，测度了 2007～2021 年中国产业数字化规模和结构；陈闻君（2024）引入双固效应模型和中介效应模型探讨产业数字化对制造业韧性影响，得出产业数字化能推动制造业韧性提升，且具有显著的地区和时间异质性；王娟娟（2024）引入熵权法和主成分分析法对 2011～2021 我国 30 个省份的产业数字化水平进行测度，发现数字化仍以传统生产要素为主，随着数字技术发展进步，数字类要素贡献度不断增大，且由于经济发达地区的辐射能力强，产业数字化拉大了南北差距；柳江（2024）通过实证分析得出产业数字化对国内国际双循环具有促进作用，且具有空间溢出效应，对数字经济发展水平和人力资源水平高的省份赋能效应更显著；徐学柳（2024）基于实证研究证明产业数字化对制造业就业数量和女性就业占比存在显著正向作用，而对制造业技术人员占比起抑制作用；郑江淮（2024）认为产业数字化的根本动力就在于要素互补，多样化的要素互补方式为经济增长提供了更多可能性；汪彬（2024）通过实证研究发现产业数字化对区域经济韧性的提升作用更为直接和显著。

三、我国产业数字化总体发展情况

自 2019 年以来，我国产业数字化规模由 28.8 万亿元增长至 2023

年的 43.84 万亿元，增长幅度超过 1.5 倍（见图 5 – 1）；同时，我国产业数字化占数字经济比重由 2019 年的 80.45%，增长至 2023 年的 81.3%，具体如图 5 – 2 所示。

图 5 – 1　2019～2023 年我国产业数字化规模

资料来源：根据中国信息通信研究院《2024 年中国数字经济发展研究报告》绘制。

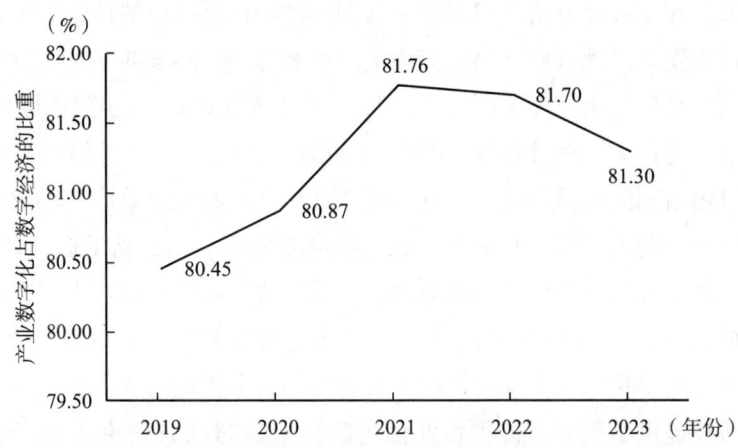

图 5 – 2　2019～2023 年我国产业数字化占数字经济的比重

资料来源：根据中国信通院《2024 中国数字经济发展研究报告》，经笔者重新整理绘制。

产业数字化的最终目的，是所有非数字产业化的实体产业能够借助云计算、大数据、人工智能等数字技术进行数字化升级、转型与再造，实现降本增效，增强企业产能与市场竞争力，脱胎换骨为新质生产力。

中国信息通信研究院将产业数字化水平划分为数字化 1.0 到 4.0 四个阶段，分别对应基础建设、单项应用、综合集成和协同创新。按传统产业分类方式，产业数字化包括农业数字化、工业数字化和服务业数字化。

四、产业数字化发展路径

（一）农业数字化

农业数字化是指在农业发展过程中进行农业要素、过程、管理的数字化，把数字化技术应用于农业的改造和提升，是信息技术在农业应用中的高级阶段。农业数字化渗透率是指农业领域中数字化技术的应用程度，通常以数字化技术融合的农业产值在农业总产值中的占比来表示。图 5-3 给出了 2019～2023 年农业数字化渗透率，由图 5-3 可知，我国农业数字化渗透率历年分别为 8.2%、8.9%、9.7%、10.5%、11.2%，呈逐年递增趋势。与 2019 年相比，2023 年的农业数字化渗透率增加了 3%。

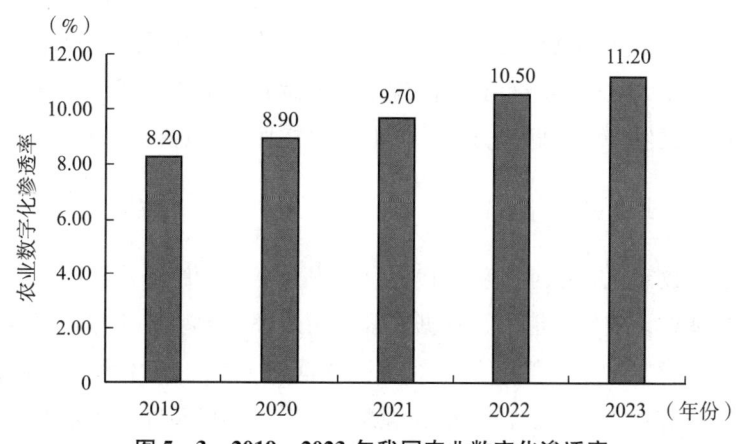

图 5-3　2019～2023 年我国农业数字化渗透率

资料来源：根据《2024 年中国农业数字化行业全景图谱》，经笔者重新整理绘制。

近年来，我国数字农业技术得到快速发展，开发出一批实用的数字农业技术产品并建立了数字农业技术平台专用网络。数字农业是农业现代化的高级阶段，是创新推动农业农村信息化发展的有效手段，也是我国由农业大国迈向农业强国的必经之路。

1. 物联网技术的应用让农业生产更高效

物联网技术的应用，可以使管理信息系统的数据由人工采集、输入，变为传感器采集、实时传送到系统，这样可以及时获取数据，以及提高数据的准确性，避免人为错误。物联网技术在现代农业生产设施和设备中的应用极大地提高了现代农业生产设施和设备的数字化、智能化水平，真正实现整个农业生产过程的数字化控制和智能化生产管理。

2. 精准农业促进资源合理利用

精准农业包括施肥、植物保护、精量播种等环节。通过及时对农作物进行管理，并对作物苗情、病虫害等发生的趋势进行分析、模拟，为资源有效利用提供必要的空间信息。在获取上述信息的基础上，利用智能化专家系统，准确地进行灌溉、施肥、喷洒农药，最大限度地优化农业投入，在保质保量的同时，保护土地资源和生态环境。

3. 智慧农业成为新型农业发展模式

智慧农业是能够打破传统农业落后面貌的新型农业发展模式，是建立在经验模型基础上的专家决策系统。智慧农业强调智能化的决策系统，配之以专业的硬件设施。智慧农业的决策模型和系统可以在农业物联网和农业大数据领域得到广泛应用。智慧农业依托于现代科学技术为现代农业提供一整套解决方案，同时可以按照需要进行拆分。

（二）工业数字化

工业数字化是指通过新一代信息技术与工业生产经营深度融合，不断提升基础设施供给能力、数据要素使用效率、数字技术融合深度、组织与人力资本水平，推动技术经济范式演进升级、技术和组织协同革新、技术要素集成创新、资源禀赋多元发展，最终实现产业发展综合绩效水平提升和经济增长的过程。工业企业通过数字化转型，将信息技术全面融入核心作业系统，如管理运营支撑系统、研发系统和核心生产系统，实现产品对象数字化、产品作业过程数字化以及产品运行数字化。全球工业数字化转型正在加速推进，数实融合和制造业数字化转型已成为数字经济发展的核心驱动力。

工业数字经济渗透率是指工业领域中数字经济所占的比例，反映了数字经济在工业中的应用程度和影响范围。图5－4给出了我国2019～2023年工业数字经济渗透率变化柱状图，可以看出，2019～2023年工业数字化渗透率分别为19.5%、21%、22.80%、24%、25.03%，五年平均增长率为5.53%。[①]

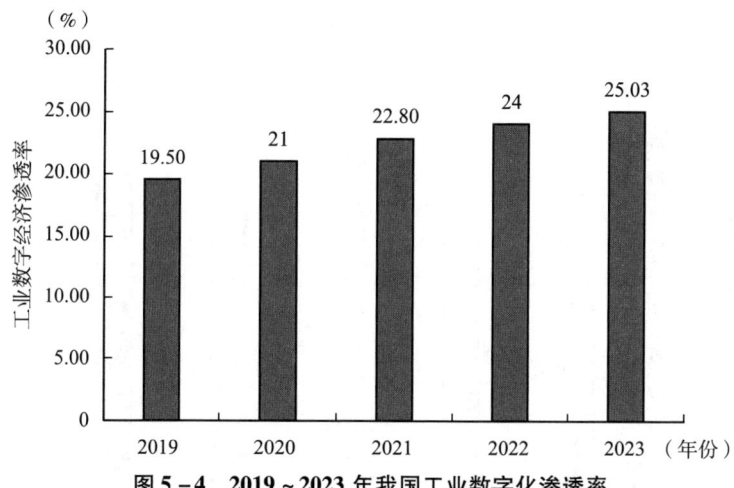

图5－4　2019～2023年我国工业数字化渗透率

资料来源：根据中国信息通信研究院历年《中国数字经济发展研究报告》，经作者重新整理绘制。

（三）服务业数字化

服务业数字化是指数字技术推动数字化向服务业全链条覆盖，进而推动服务业质量变革、效率变革和动力变革，形成数字服务业新业态和新模式的过程。

近年来，服务业数字化进程逐步加快，在线展会、远程办公、电子签约日益普及，在线餐饮、智慧家居、共享出行便利了居民生活。尤其是新冠疫情发生以来，远程医疗、在线教育、协同办公、数字娱乐等行

---

① 资料来源：2020年和2021年《中国数字经济发展白皮书》，2022年《中国数字经济发展报告》，2023年和2024年《中国数字经济发展研究报告》。

业持续火热。后疫情时代，全社会的线上服务需求将继续推动服务业的数字化转型，而具有场景化消费需求的消费者会更加重视一站式获得感，进一步要求服务业通过数字技术打破跨行业壁垒，连接多个产业，优化组合多种生产要素，形成服务行业的产业生态圈。

服务业数字经济渗透率是指服务业数字化产值占行业整体增加值的比重。图5-5给出了2019～2023年我国服务业数字经济渗透率变化趋势。由图5-5可知，我国服务业数字经济渗透率也呈逐年递增趋势，到2023年已达到45.63%，比2019年增加7.83%。[①]

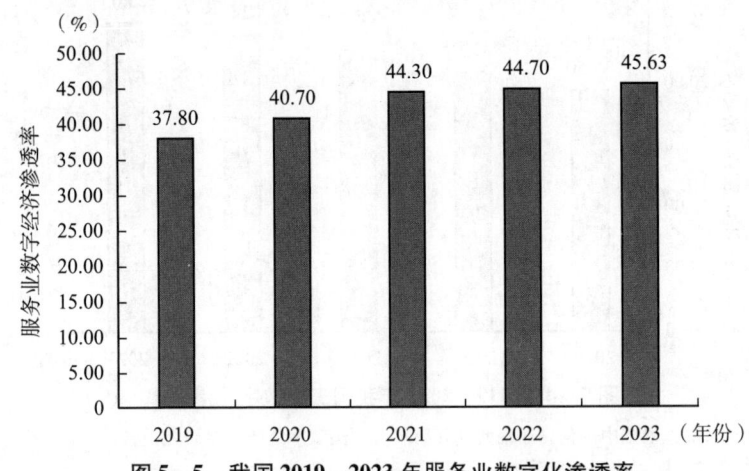

图5-5　我国2019～2023年服务业数字化渗透率

资料来源：根据中国信息通信研究院历年《中国数字经济发展研究报告》，经笔者重新整理绘制。

近年来，在服务业数字化领域中，我国电子商务已逐渐迈向高质量发展阶段，其中全国电子商务交易总额在2019～2023年分别为34.81万亿元、37.21万亿元、42.3万亿元、43.83万亿元、46.83万亿元，年均增长率为6%（见图5-6），而全国网上零售额总额由2019年的10.63万亿元增长到2023年的15.43万亿元，年均增长率约为11.3%

---

① 资料来源：2020年和2021年《中国数字经济发展白皮书》，2022年《中国数字经济发展报告》，2023年和2024年《中国数字经济发展研究报告》。

（见图 5 - 7）。①

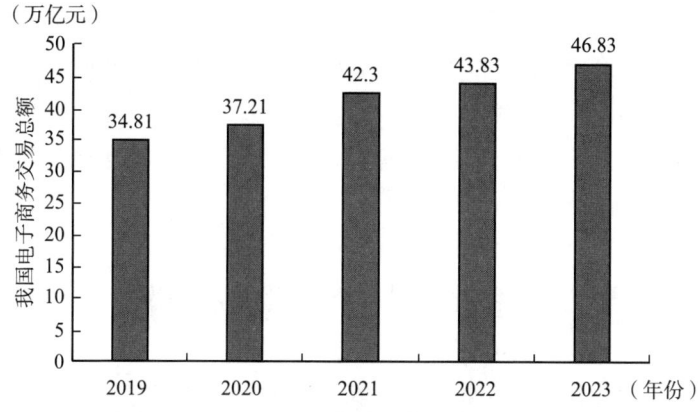

图 5 - 6　2019 ~ 2023 年我国电子商务交易总额

资料来源：根据国家统计局《2024 中国统计年鉴》，笔者重新整理绘制。

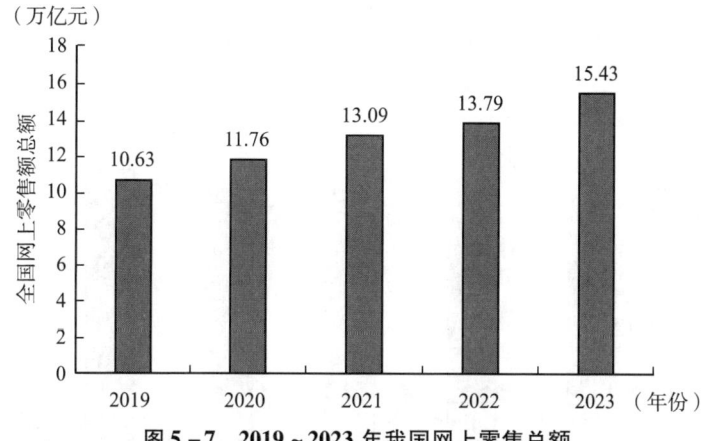

图 5 - 7　2019 ~ 2023 年我国网上零售总额

资料来源：根据国家统计局《2024 中国统计年鉴》，笔者重新整理绘制。

　　由此可见，我国服务业中的典型代表电子商务和网上零售规模持续增大，数字经济的渗透率最为显著。综合图 5 - 3 至图 5 - 5 可知，我国

---

　　①　资料来源：国家统计局《2024 中国统计年鉴》。

农业数字经渗透率近5年虽呈逐年上升趋势，但上升幅度有限，总体渗透率偏低；工业作为第二产业，数字经济渗透率处于中等水平，增速相比农业较快；而服务业作为第三产业，近5年保持较快速度增长，渗透率不断提高，在三次产业中增长幅度最大。这是由于新冠疫情暴发以来，服务业数字化转型愈加升级，互联网医疗、在线教育、协同办公需求持续火热。数字技术丰富了服务业的场景，数字化将推动服务业向纵深发展。

五、我国产业数字化与数字产业化发展情况

数字产业化和产业数字化作为数字经济生产力的两个最重要构成部分，我国数字产业化与产业数字化的比重由2012年的约3∶7发展为2023年的约2∶8，数字产业化、产业数字化占数字经济的比重分别为18.7%和81.3%，数字经济的赋能作用、融合能力得到进一步发挥。图5-8给出了2019~2023年数字经济中数字产业化和产业数字化的比值。

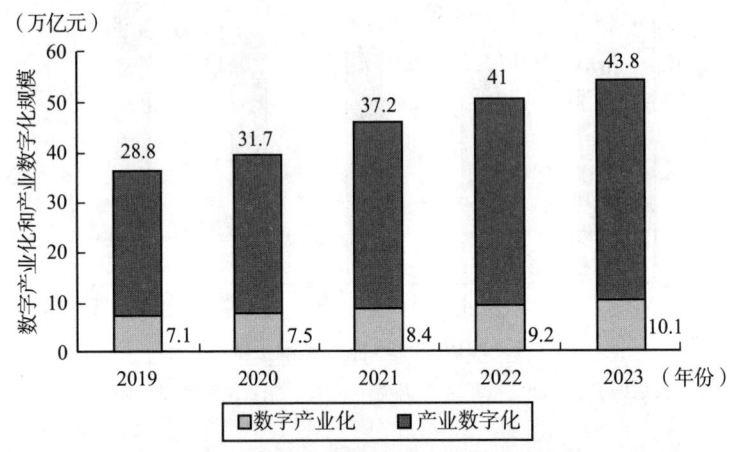

图5-8　2019~2023年我国数字产业化和产业数字化规模

资料来源：根据中国信息通信研究院《2024年中国数字经济发展研究报告》，经笔者重新整理绘制。

具体来看，2023年我国数字产业化规模为10.09万亿元，同比名义增长9.57%，高于同期数字经济名义增速，表明数字产业化为数字

经济持续高质量发展积累强大的技术产业支撑能力。数字产业化占 GDP 的比重达到 8.01%，数字产业化支撑数字经济核心产业进一步逼近"十四五"发展目标。2023 年，我国产业数字化规模为 43.84 万亿元，同比名义增长 6.90%，略低于同期数字经济名义增速，产业数字化占 GDP 的比重超过三成，为 34.77%，表明产业数字化发展正步入高质量发展的攻坚期。

第二节　数字技术与传统产业融合发展

传统产业仍是我国实体经济的基本盘，同时也是建设现代化产业体系的基础。相较于新兴产业，传统产业在国民经济中长期占据基础地位，许多传统产业事关百姓衣食住行，是人民安居乐业的根本保证。传统产业提供的农产品、能源、矿产等初级产品，是整个经济最为基础的部分，确保初级产品供给，保证了我国持续稳定发展的需要。石化化工、钢铁、建材、机械、汽车、轻工、纺织等传统制造业增加值，占全部制造业的比重近 80%，是支撑国民经济运转和满足人民生活需要的重要基础。当前，我国传统产业仍具有较强国际竞争力，在现代化产业体系建设全局中将继续扮演至关重要的角色。

随着新质生产力的发展，传统产业因数字技术的发展不断催生新产业、不断拓展新发展空间。数字技术与传统产业的融合是推动产业升级和经济转型的重要途径。数字经济与传统产业的融合是推动经济转型升级、实现高质量发展的重要路径。这种融合不仅通过技术赋能提升传统产业效率，还通过模式创新催生新业态、新模式，形成"数字 + 产业"的协同效应。

一、数字技术与第一产业融合

将传统产业中的第一产业与数字技术融合，有着非常广阔的应用空间。

（一）数字技术与农业融合

习近平总书记强调，强国必先强农，农强方能国强。当前我国农产品加工业产值与农业总产值之比为2.59∶1，与发达国家4∶1左右的水平还有较大差距①。同时，我国居民食物消费总量和消费结构都在升级，资源环境压力日益增加，农业转型升级迫在眉睫。近年来，我国数字农业逐渐形成了数字化转型新模式。①政府示范型。地方政府通过兴建数字农业示范区、数字乡村建设示范区、农业农村大数据建设试点等方式对农村数字化转型进行积极探索，有效带动周边地区、相关关联主体和项目的数字化转型。②技术驱动型。引入互联网、物联网、5G、区块链、全球定位系统等数字技术驱动农业数字化转型升级。③产业链融合型。将农产品产前、产中、产后等多个环节进行整合，压缩产供销中间冗余环节，有效缩减了整体成本。

综上所述，数字技术与农业全方位、深层次融合，催生了农业经济形态变革。从微观层面来说，本质在于农业生产要素的优化配置与数字化重构（杨秀成，2025），而数字初创企业则是农业数字化渗透的主要推动者（姚恺桢，2025）。关付新（2025）通过实证研究证实，数字技术主要通过提升农户数字素养，进而提高农户生产效率；张红丽（2025）则基于Tobit模型、中介效应模型、调节效应模型和门槛效应模型证实，农户数字技术应用通过促进土地流转、劳动力要素配置、技术投资等来提高农业生产效率。

（二）数字技术与林业融合

将互联网技术、大数据、物联网、人工智能等新兴技术与林业发展相融合，可全面提升林业产业高质量发展。①数字"监督"森林健康。引入数字技术对森林植物生长状态进行追踪，实现数字化管理，以数字"跑腿"代替人工分析，极大提高了防治、监管效率。②数字"护航"森林平安。在森林区域建立多个林火视频监控摄像头，建设森林防火智

---

① 资料来源：http：//www.xqj.moa.gov.cn/cyrh/202503/t20250321_6472156.htm。

能监测平台,结合卫星遥感监测、无人机侦察等手段,实现 24 小时不断在线监测,并引入 5G、无人机、大数据技术实时呈现火灾破坏场景、火情发展态势、扑火力量分布等情况,为火灾救援提供科学决策依据。③数字监测生物多样性。引入红外相机或相关遥感技术动态监测区域内野生动物活动规律,掌握野生动物动态变化,从而实现对生物多样性的保护。孔凡斌(2024)基于回归分析对 2011～2022 年浙江 26 个县面板数据进行分析,发现数字技术通过生产要素优化配置、林业人力资本积累和技术创新等路径提升了林业高质量发展;方世巧(2024)基于回归和中介效用模型发现数字技术还能促进林业和旅游业融合。

二、数字技术与第二产业融合

数字技术与第二产业的深度融合,即工业领域的数字化转型,重塑全球制造业、建筑业等传统产业的运行模式,推动产业升级、效率提升和可持续发展。

(一)数字技术与制造业融合

数字技术与制造业的融合较为复杂,涉及的环节众多。①研发设计环节的融合;②生产制造环节的融合;③供应链管理环节的融合;④产品服务环节的融合;⑤可持续发展环节的融合;⑥组织管理环节的融合。数字技术与制造业的融合已进入"深水区",其本质是通过数据 - 知识 - 决策的闭环重构制造体系。这种融合不仅带来效率量级的提升,更催生出制造服务化、生态化、可持续化的新型制造范式。朱兰(2025)基于 2010～2020 年城市制造业人工智能专利数量和企业存活数量,分析指出数字技术通过推动第二产业发展和扩大劳动就业,促进地区经济高质量增长;郭亮(2025)采用文本挖掘方法发现数字技术通过债权融资和股权融资对制造业上市公司的突破性创新存在正向促进作用;王磊(2025)基于 2012～2023 年沪深 A 股上市公司数据,证实企业引入数字技术通过提升 ESG 表现,从而促进制造业高质量发展;张慧(2025)指出在制造企业中,数字技术赋能水平每提高 1%,企业生存概率增加

53.71%，且在东部和高科技创新区域效应更显著；周明生（2024）基于 2013~2021 年全国省级面板数据，证实人口老龄化能够刺激数字水平提升，进而推动制造业结构升级。

（二）数字技术与建筑业融合

数字技术与建筑业的融合正在向智能化、绿色化和全生命周期管理方向转型。具体融合过程包括：①设计阶段的融合；②施工阶段的融合；③运营维护阶段的融合；④全产业链协同；⑤可持续发展融合。数字技术与建筑业的融合已从"工具辅助"升级为"核心生产力"，通过数据贯通、智能决策、资源重构实现全生命周期价值跃迁。李蓉（2023）以北京市建筑业为例，指出将建筑业和数字技术相结合可以有效克服北京建筑业面临的困境，同时建筑核心产业数字化、建筑业相关产业数字化和建筑产业网络数字化是二者融合的三个层次；杨英楠（2022）则指出数字技术推动建筑业的工作方式、组织形态以及商业模式发生改变。

三、数字技术与第三产业融合

数字技术与服务业的融合深刻改变了传统服务模式，推动了效率提升及商业模式创新。融合方式主要有：①基础技术支撑融合。即将云计算、大数据分析技术、物联网技术引入到服务业中，从而改变传统服务模式。②交互体验升级融合。将 AR/VR/MR 技术或自然语言处理工具引入服务业中，提升服务效率，改善用户体验。③流程重构型融合。引入区块链技术和人工智能技术，重构服务业结构和流程。④商业模式创新融合。引入平台经济模式、数字孪生技术以及元宇宙生态创新商业模式。数字技术是服务业转型升级的核心动力，不仅改变了服务业既有特征，提升了服务效率，还催生了新的服务模式和服务业态。段明广（2025）基于实证分析指出数字技术能促进了服务业全球价值链地位提升；燕连福（2024）基于 271 个城市经验数据证实数字技术能促进经济发达地区服务业效率提升，对经济欠发达地区的服务行业则促进其结构升级；赵茂（2024）基于 2009~2021 年 176 个经济体的跨国面板数据，指出数字技术能显著提升高收入经济体生产率，而对中低收入经济体的作用不显著。

总之，数字技术与传统产业的深度融合，为传统产业转型升级插上数字翅膀，不仅提升了效率和质量，还催生了新的商业模式和经济增长点。企业应根据自身特点和差异化需求，选择合适的融合路径和模式，主动拥抱数字化转型。

第三节 新兴技术赋能传统产业的平台、模式、渠道

新兴技术是指那些处于快速发展阶段、具有潜在颠覆性影响力或广泛应用的技术。它们通常代表了科技前沿的创新，可能在未来重塑行业、社会或生活方式。

一、新兴技术特征及其产业赋能价值

（一）新兴技术核心特征

（1）创新性。新兴技术突破传统技术框架，带来全新解决方案（如基因编辑 CRISPR）。但在初期阶段，由于尚处于早期研发或早期应用阶段，因此技术成熟度较低（如量子计算）。

（2）高潜力。新兴技术可能引发行业变革（如 AI 对制造业的改造）。

（3）不确定性。新兴技术应用效果、伦理或法规风险尚不明确（如脑机接口）。

（二）新兴技术对传统产业赋能意义

新兴技术赋能传统产业的意义和价值主要体现在以下几个方面。

首先，新兴技术可以推动传统产业高质量发展。我国传统产业体量较大，在我国制造业中的占比超过 80%，而传统制造业又是我国产业

体系的基底，是经济的"压舱石"。以新兴技术赋能传统产业，可加快传统产业转型升级，是推动经济新动能产生的重要引擎。

其次，提升产业发展的效率和效益。传统产业在改造升级过程中需要在技术、工艺、装备、产品等方面加大投入，达到增效、提质、调优的目的。高端、智能、环保技术的创新和引入，将使得传统产业能够满足产品高端化、品质化、差异化的市场需求，可提升产业整体的效率和效益。

再次，促进新质生产力的形成。作为技术演进的高级形态，云计算、大数据、人工智能等新兴技术的创新与应用，极大推动了传统产业的数字化、网络化以及智能化转型。同时，这些信息技术以数据为核心驱动，深度融合信息技术于实体产业，实现了生产要素的优化配置和生产流程的智能化重组，大幅推动了新质生产力的形成。

最后，增强产业自主可控能力。新兴技术在重大装备、核心材料等方面的科技创新攻关，较大程度缩小了与发达国家的技术差距，有效推进了我国产业发展的自主可控。

二、新兴技术赋能传统产业的平台

新兴技术赋能传统产业的平台是指利用人工智能、大数据、物联网、区块链等前沿技术，帮助传统产业实现数字化转型、提升效率、降低成本、创新商业模式的服务平台。以下是几种常见的平台类型。

（一）工业互联网平台

工业互联网平台通过物联技术连接设备、生产线和工厂，实现数据采集、分析和优化。

在制造业领域引入工业互联网技术，企业能够实现生产设备的智能化、生产过程的可视化以及产品质量的可追溯化。如在汽车零部件生产中，工业互联网可对生产线进行实时监控，及时发现并处理生产过程中的问题，确保产品质量，并且通过数据分析，企业还能够优化生产流程，提高生产效率。同时，工业互联网在能源管理领域也发挥着极为重要的作用，通过实时采集和分析能源使用数据，工业互联网能够帮助企业高效利用和节约能源。在智能电网建设中，工业互联网技术可以实现对电网运行状态的实时监测和调控，确保电力供应的稳定和安全等。

（二）智能制造平台

智能制造平台利用人工智能（AI）、机器学习和自动化技术，优化生产流程，实现智能排产、质量检测和设备维护，广泛应用于汽车制造、电子制造、纺织等领域。如华为 FusionPlant 平台构建从数字化诊断、评估、解决方案提供、实施等全流程工业数字化转型服务体系，助力制造业高质量发展。

（三）农业数据平台

农业数据平台依托云计算、物联网及人工智能等前沿技术，为农业生产、经营、管理、服务全过程提供数据采集、整合、分析与应用，致力于打造"管理数字化、作业自动化、生产智能化、产品绿色化、经营信息化、服务现代化"的物联网农业新典范，以科技赋能农业，实现准确高效的现代化农业生产与服务。农业科技平台如同农业领域的"智慧大脑"，实时监测土壤湿度、温度、光照等环境参数，准确指导农作物种植；同时，通过对农产品市场供需等数据深度挖掘，实现农产品从田间到餐桌全程可追溯，有效提升农业产业链的运行效率和服务质量。如阿里云 ET 农业大脑目前已成功应用于生猪养殖、苹果及甜瓜种植，已具备数字档案生成、全生命周期管理、智能农事分析、全链路溯源等功能。

（四）供应链金融平台

供应链金融平台利用区块链和大数据技术，解决传统供应链金融中的信任问题，提高资金流转效率。如蚂蚁区块链在共识机制、网络扩容、可验证存储、智能合约、高并发交易处理、隐私保护、链外数据交互、跨链交互、多方安全计算、区块链治理、网络和基础实现、安全机制等领域取得重大突破。蚂蚁区块链提高了价值流转和多方协同效率，降低不信任所造成的成本，在赋能实体经济的同时，成为推动我国数字经济发展的一大动力。

(五) 智慧医疗平台

智慧医疗平台将现代科技与医疗深度融合,利用大数据、人工智能、物联网等先进技术,实现医疗资源的智能化管理以及医疗服务的智能化提供,打破了传统医疗的时间和空间限制,让医疗变得更加智能、高效、精准。大数据作为智慧医疗的核心驱动力之一,通过收集和分析海量患者健康数据、疾病数据、医疗资源分布数据等,透彻了解患者健康状况,提前预测疾病风险,以及实现医疗服务的个性化和精准化。同时,智慧医疗中的人工智能技术,如采用机器学习算法对大量医疗数据进行深度分析和挖掘,辅助医生作出更准确的诊断和制定更优化的医疗方案。

(六) 智慧城市平台

智慧城市平台是集合物联网、大数据、人工智能等现代科技的一种创新型城市服务管理平台,旨在提升城市智能化服务水平、优化城市治理能力。智慧城市平台是以基础设施、公共服务、公共安全、环境保护和产业发展为主要支撑,通过智慧城市平台(如伏锂码云平台,Fulima Cloud)的数据分析和处理等技术手段,为城市发展和居民生活提供智能化、高效化服务的综合性管理平台。它充分利用云计算、物联网、大数据、移动互联网、AI 等新一代技术手段,实现智慧运营、智慧建设及智慧规划为一体的综合型运营管理。

(七) 教育科技平台

教育科技平台是新兴技术助力的又一个例证。首先,教育科技平台经由互联网将优质教育资源传播到世界各地,不仅突破了传统课堂的时间和空间限制,还为学生和教师提供了丰富的学习和教学资源,极大提高了教育灵活性和可及性。其次,虚拟现实(VR)和增强现实(AR)技术正在改变教学方式。VR 和 AR 技术打造了沉浸式学习环境,学生不仅能在虚拟世界中进行探索和互动,还能在虚拟环境中进行实验操作、参观历史遗迹、探索地理地貌,大幅提升了学习的趣味性和学习效果。最后，新兴技术尤其是人工智能（AI）技术在教育领域的应用也在不断扩大。引入 AI 技术获取和分析学生学习行为和数据，为学生提供个性化学习建议和资源，极大提高了学生学习热情。

（八）共享经济平台

新兴技术为共享经济提供了基础设施。如新兴技术促进了集成电路、平板显示等电子信息制造业的改造提升，丰富拓展了共享经济的应用设备和硬件能力。同时，云计算、大数据技术提高了共享经济平台海量数据的处理和分析能力，推动平台快速决策，提升了产品服务质量，已成为共享经济发展的核心驱动技术。

三、新兴技术赋能传统产业的模式和渠道

新兴技术作为新一轮科技革命的核心驱动力，在广阔的应用市场中保持先进性和引领性，而传统产业要在发展中保持持续竞争力和生命力，必须引入人工智能等新兴技术实现数字化、智能化和高端化升级。然而，学术和产业界对新兴技术的认识还存在一定的偏差：①过分强调新兴技术直接催生新兴产业和未来产业，但忽视了新兴技术也能衍生新经济增长点。新兴技术的作用远不止于改变传统产业形态，更在于其能深入传统产业，并催生出新兴业态和商业模式；②仅关注新兴技术改造传统产业，而忽略新兴技术可以改变传统产业的运营模式和发展路径。由此，叮将新兴技术赋能传统产业的模式和渠道列示如下。

（一）新兴技术渗透到传统产业各个环节

新兴技术如人工智能技术不断成熟和普及，使其能够逐渐渗透到传统产业的各个环节。通过与传统产业的技术融合，AI 大模型能够通过深度学习算法、优化生产线布局、预测设备故障、自动调整参数、升级生产流程，提升生产效率和产品质量。

（二）新兴技术以算力驱动传统产品和服务创新

新兴技术尤其是人工智能技术的发展离不开大数据和算力的支持。

传统产业在转型升级过程中，积累了大量的生产数据、运营数据和市场数据。通过整合算力资源，能够挖掘和揭示出隐藏的市场趋势、消费者偏好和运营效率提升空间，作出更精准的风险评估。然后基于这些数据精准分析，传统产业可以开发出新的产品和服务，满足市场多元化需求。

（三）新兴技术以高效组织协同重构传统产业链

人工智能技术的引入将改变传统产业的链条组织结构。一方面，人工智能能够打破传统产业链中的信息壁垒，实现上下游无缝对接和协作，形成智能联动经济网络组织，供应链上的节点企业不再是孤立的个体，供应链上企业价值逐渐由内部创造转移到由企业内外部共同创造。另一方面，人工智能还能够推动传统企业通过建立供应链平台"智慧大脑"，打通从生产到消费各环节的数据链条，打破产业链时空限制，形成扁平式、集成式的"虚拟＋现实"生产和服务模式。

（四）新兴技术以体系再造重构创新产业生态

新兴技术赋能传统产业将促进创新生态的再造。传统产业在人工智能等新兴技术加持下，其技术、结构、布局、模式都会实现系统性"换血"，关联企业、科研机构、投资机构等各方主体都将跟进新赛道，进而引发传统产业发生簇群式裂变，形成新兴产业生态。例如，在人工智能技术的迭代赋能下，传统电子信息产业可能裂变衍生出未来材料、人形机器人等产业新生态。此外，还将推动相关部门改变以往的监管模式，动态调整相关政策、提供公共服务，形成与产业新生态发展相适配的政策安排。

四、新兴技术赋能传统产业存在的问题

新兴技术赋能传统产业是推动产业升级的重要路径，但其融合过程中面临诸多挑战，涉及技术适配性、组织变革、社会伦理、经济成本等多方面问题。

（一）技术适配性问题

（1）技术成熟度不足。许多新兴技术（如量子计算、脑机接口）仍处于实验室阶段，难以直接应用于传统产业的复杂场景。例如量子计算理论上可优化物流调度，但实际算法和硬件尚未达到工业级应用标准。

（2）场景匹配困难。传统产业需求碎片化，技术供应商难以提供标准化解决方案。例如，农业中 AI 病虫害的识别需适配不同气候、作物品种，这方面通用模型的效果较差。

（3）技术"过度包装"。部分技术炒作掩盖实际效用（如元宇宙概念滥用），导致企业盲目投资但收益甚微。

（二）成本与投入风险

（1）高昂的前期投入。硬件改造（如工业机器人部署）、数据基础设施（如 5G 专网）成本高，中小企业难以负担。例如，钢铁厂部署数字孪生系统需投入数亿元，回报周期长达 5~10 年，投资成本高企的同时未来收益却面临着巨大不确定性。

（2）隐性成本被低估。例如，技术维护（如 AI 模型持续训练）、兼容性调整（新旧系统对接）等长期投入成本常被忽视。

（三）组织与人才鸿沟

（1）传统企业思维固化。管理层缺乏技术认知，员工抵触数字化流程（如用 AR 巡检替代纸质记录）。例如，制造业工人对 AI 质检系统的不信任导致落地效果打折。

（2）复合型人才短缺。既懂产业逻辑又掌握新技术的人才稀缺，技术团队与业务部门沟通低效。例如，区块链在供应链金融中的应用需要同时贯通金融风控和分布式账本技术的人才。

（四）数据与标准化难题

（1）数据孤岛与质量低下。传统产业数据分散在多个部门或系统中，格式不统一且存在大量噪声。例如医院电子病历数据因隐私保护无法开放，制约了 AI 医疗模型的训练。

（2）标准与协议缺失。技术接口、数据格式缺乏统一标准，跨平台协作困难。例如不同品牌的工业物联网设备协议互不兼容，导致智能工厂集成成本高。

（五）市场与用户接受度

（1）需求与供给错配。技术供应商一般追求"炫技"，却往往忽视实际的业务痛点，如用区块链技术去解决无须去中心化的问题。

（2）用户习惯难以改变。碍于惯性，消费者或企业用户往往对新技术应用持观望态度。例如，老年人对 AI 健康监测设备的使用抵触，导致智慧养老项目推广受阻。

（六）政策与伦理风险

（1）监管滞后。新兴技术的发展经常快于法规的制定，企业面临合规风险，如自动驾驶汽车事故责任认定尚无明确法律框架。

（2）伦理与社会争议。新技术的应用可能引发隐私侵犯（如 AI 监控）、就业替代（如机器人取代工人）等问题。

（七）技术与业务的长期协同

（1）短期试水与长期战略脱节。企业很可能仅仅将新技术使用视为"短期项目"，缺乏系统性规划，导致资源浪费。例如，零售企业跟风部署元宇宙门店，但未与供应链、用户运营形成联动。

（2）技术迭代速度与产业周期不匹配。传统产业升级周期长（如能源、建筑），新兴技术投入的效果短期内往往难以显现。

第四节　发挥产业数字化推动数实融合主渠道作用

数实融合的实质是数字生产力的两类主要构成——数字产业化、产业数字化的扩量、提质、增效。两者之中，产业数字化又是数实融合的主渠道，不仅因为产业数字化贡献了数字生产力总值的80%左右（另20%为数字产业化所贡献，在数字价值化核算方式方法结论尚未明确的前提下），还因为产业数字化通过将传统实体经济持续纳入数实融合进程从而成为数实融合事实上的最主要通道。产业数字化的本义就是应用数字技术和数据资源赋能传统实体产业而带来的产出增加和效率提升，因而是数字经济与实体经济融合的主体部分。

一、产业数字化推动数实融合意义

产业数字化推动数实融合的意义重大且深远，主要体现在以下几个方面。

（1）产业数字化推动数实深度融合可促进经济高质量发展。将数字技术赋能于实体经济，使得传统实体经济借助数字技术的力量实现转型升级，有效提高生产效率、降低运营成本、增强市场竞争力。反过来，数字经济也能在实体经济的滋养下不断发展壮大，催生出一批新兴产业和业态，形成新的经济增长点。因而，数实融合不仅有助于推动经济向更高质量、更可持续的方向发展，也为经济发展注入新的活力。

（2）产业数字化推动数实深度融合可创造新的就业机会。产业数字化助力实体经济，导致新兴业态和模式不断涌现，为就业市场创造了大量新岗位，涉及技术、管理、运营等多个领域。这为不同技能和背景的人才提供了广阔的发展空间，不仅能在一定程度上缓解就业压力，还提高了社会的整体就业水平。

（3）产业数字化推动数实融合能够显著提升产业的竞争力。一方面，在实体经济中引入数字技术可以推动产业创新，提高产品的技术含量和附加值；另一方面，数字技术还可以促进产业间协作，形成产业链上下游紧密联动，不仅提高整个产业链的竞争力，还有助于提升我国在全球产业体系中的地位和影响力。

二、产业数字化推动数实融合路径

数字技术渗透至实体经济，推动传统产业改造升级已成为不可逆转的大趋势。实体经济是数字经济发展的基石，为数字经济提供丰富应用场景和数据资源，而数字经济推动了新兴技术和新商业模式的出现，数字技术采用数字化和智能化手段为实体经济发展注入新活力。因此，基于产业数字化推动数实融合的践行路径也是需要着重解决的问题。

1. 建设新型数字基础设施体系，筑牢"融"的基础底座

新型数字基础设施建设是支撑数实融合推动经济高质量发展的基础保障。一方面，要促进新型基础设施智能化创新发展，依托大数据、人工智能、云计算、区块链等新一代新兴技术，实现智能控制、运营优化和生产变革，推动实体经济智能化转型和创新发展，激发新业态、新模式的蓬勃涌现。依托移动物联网和工业互联网，加快构建综合智能化新型基础设施体系，促进实体经济产业链、供应链、价值链加速整合优化，推动实体产业网络化、数字化、智能化、绿色化发展。另一方面，着力加强算力基础设施建设和普及应用，合理布局"通用算力＋智能算力＋超算算力"全覆盖、多维度、高质量的算力体系，打造多层次算力供给能力，构建算力资源高效调度与供给的网络体系，大力拓展算力的应用场景与产业化路径，加大对医疗、教育、交通等关乎国计民生关键领域应用的算力扶持力度，为深入推进数实融合提供多层次算力支撑。

2. 加强核心数字技术攻关研发，激发"融"的创新源泉

数字技术发展创新不仅是促进数字经济升级迭变的助推器，也是增强数实融合发展韧性的核心驱动力。应坚持自主创新道路，将数字技术的原创性、引领性作为第一要务，加强核心技术攻关。促进产学研用深度合作，联合高校、科研院所和大型科技企业等科研力量，组建技术攻关核心团队，加大研发创新力度和步伐，集中优质资源开展 5G/6G、高端芯片、工业软件、关键元器件等核心技术的攻关，形成重大科学研究成果，牢牢掌握数字技术发展自主权，从根本上提升产业链、供应链的安全水平，打造数字经济竞争新优势，推动数实融合向更高质量发展；

充分发挥政府引导作用，以应用为牵引，加强分类指导、分业施策，坚持以制度建设为主线，激发企业作为数字技术创新主体的活力与潜力，加速培育一批具有国际竞争力的数字技术服务领军企业，打造一批引领行业潮流的数字经济创新平台，创建一批数实融合的新型载体，推进互联网、大数据、云计算、区块链等数字技术在千行百业的深度渗透与广泛应用；围绕诸如碳基芯片、量子计算、量子通信等可能出现颠覆性创新的细分领域，加强大数据技术的分析预测和决策支持功能，弥补数实融合发展中的技术缺口，抢占数字经济发展先机。

3. 促进数据要素安全高效流通，提升"融"的广度深度

数据的深度挖掘、广泛应用与合理流通，不仅是释放数据要素潜在价值、加速数实深度融合的关键路径，也是优化经济结构、赋能数字经济高质量发展的核心引擎。积极提升公共数据的开放和开发利用水平，提高政府的数据供给能力，促进政府与各类经济组织的数据协同共享，建立统一规范的数据共享管理制度，充分挖掘公共数据的潜在价值；畅通数据要素市场化配置渠道，制定统一的行业技术标准、市场规则、交易制度和利益分配机制，促进数据要素在更大范围内高效流通；深入实施"数据要素×"行动，强化各个领域的场景需求牵引，促进数据要素高效合规供给、流通和开发利用，推动多源数据融合、数据多场景应用和多主体复用，充分释放数据要素价值；推动数据要素市场化，形成数据要素生产、分配、流通和消费的循环链条，整合数据要素的供给方、需求方、交易平台与中介咨询服务商，打造数据要素赋能实体经济的服务体系，最大限度发挥市场的资源配置作用；推动数据要素和其他生产要素深度融合，提升整体生产效率与服务品质，以数据要素推动价值链、创新链、供应链和产业链的融合发展，释放数据要素赋能实体经济的乘数效应和倍增效应。

三、深入推动传统产业数字化转型措施

充分发挥数字经济效率和技术优势，以"技术－产业－社会"三位一体的系统性思维，推动传统产业转型升级。

（1）实施产业数字化转型主体突破计划。对传统产业进行全方位、全角度、全链条的改造，推动制造业、服务业、农业等产业数字化，面向不同的行业、产业和企业，分别在投资资助、贷款贴息、研发补助、绩效奖励、产业基金等诸多方面给予支持。鼓励数字科技企业利用自身数字化技术和资源建立产业互联网平台，赋能实体产业，帮助产业实现业务模式升级。加快交通、能源、民生、文化、环境等领域基础设施数字化改造。统筹布局绿色智能的数据与算力基础设施，建设完善的、全国一体化的大数据中心体系。

（2）实施智能制造标准体系和共享平台建设计划。制造业的升级转型是实体经济升级发展最主要的部分。制定高质量国家、行业和地区的智能制造标准体系，支持工业互联网赋能行动。建设基于工业互联网的共享制造平台，为中小企业提供数字化评估咨询、培训与实施方案。推动制造业与行业级平台对接，进行生产过程的数字化、智能化改造，加快培育一批专精特新中小企业和制造业"单项冠军"企业。深入实施智能制造工程，推动全链条生产智能化，着力提升制造业的创新能力、抗风险能力和软硬件实力。

（3）实施提升服务业数字化应用计划。截至2021年底，我国市场主体超过1.5亿，其中九成集中在服务业，服务业在三次产业中数字化水平最高、转型速度最快。以价值增值为导向，提高生产性服务业数字化水平；以消费升级为导向，提升生活性服务业数字化质量；以城市数字化转型为导向，壮大服务业数字化新业态。大力发展数字商务，全面加快商贸、物流、金融等服务业数字化转型，提高服务业的品质与效益。鼓励出行、餐饮、住宿、文化、旅游、体育、物流、家政等领域智能化升级和商业模式创新，发展并规范智慧养老、智能教育、直播带货等新型业态。推动数字合作平台、线上推介会的发展，加快建设跨行业、跨区域的物流信息服务平台。

（4）实施农业智能化发展计划。通过专业机构（平台）或科技创新型企业打造农业数字化应用全产业链示范基地，建立完善的政策补助机制，提供专门支持数字农业农村发展的金融服务，加快推进种植业、畜牧业、渔业等领域数字化转型。围绕地理标志农产品等细分领域，打造一批具有高数字附加值的农产品生产和流通体系。建立健全农村电商服务体系,以信息化引领驱动农业农村现代化,吸引更多年轻人加入农村数字经济建设。

第五节　一个数实融合案例——浙江数字经济时空演化研究

一、2017～2021 年浙江数字经济总体发展情况

浙江作为国家数字经济发展创新实验区、先行地,以及经济高质量发展"金名片",早在 2003 年就发布《数字浙江建设规划纲要(2003—2007 年)》,开启了数字浙江建设新征程,此后又推出一系列促进数字经济建设政策,如数字经济"一号工程"、国家数字经济示范省建设方案、数字经济五年倍增计划、数字经济"十四五"规划和数字经济"一号工程"升级版实施意见等。2021 年浙江数字经济增加值占GDP 的比重达48.6%,居全国各省(区)第一,预计2025 年达到60%左右。由此可见,浙江已成为各地发展数字经济的"样板"。这里以浙江数字经济发展指数为基础,讨论 2017～2021 年浙江数字经济总体发展情况。目前关于浙江数字经济测算方法以及指标体系较多,本书选取浙江经济和信息化厅权威发布的《浙江省数字经济发展综合评价报告》(2022 年改为发布《浙江省数字经济白皮书》)给出的数字经济发展指数为基础,该报告中数字经济测算指标体系主要包含 5 个一级指标、10个二级指标、30 个三级指标,从基础设施、数字产业化、产业数字化、新业态新模式、政府和社会数字化五个方面测度浙江省各县市数字经济发展水平,同时《浙江省数字经济发展综合评价办法(试行)》中也明确给出各指标权重,并对各指标进行详尽解释,这里不再赘述。

图 5－9 给出了浙江 2017～2021 年数字经济整体情况。浙江全省年均增长率为－0.5249%,呈负增长态势,即 2018～2019 年数字经济发

展水平虽有稍微下降，但从 2020 年开始稳步提升，到 2021 年数字经济发展指数达到 112.8。但数字经济总量占 GDP 的比重呈逐年递增趋势，由 2017 年的 39.9% 上升至 2021 年的 48.6%，具体如图 5 - 10 所示。

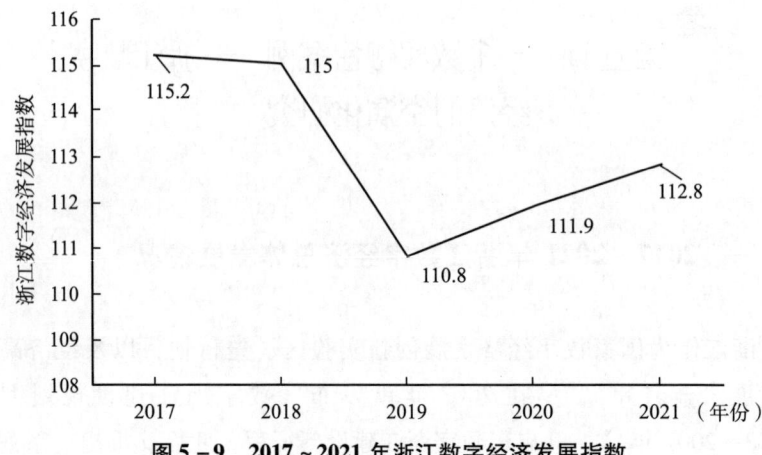

图 5 - 9　2017 ~ 2021 年浙江数字经济发展指数

资料来源：根据 2018 ~ 2021 年《浙江省数字经济发展综合评价报告》和 2022 年《浙江省数字经济发展白皮书》，经笔者重新整理绘制。

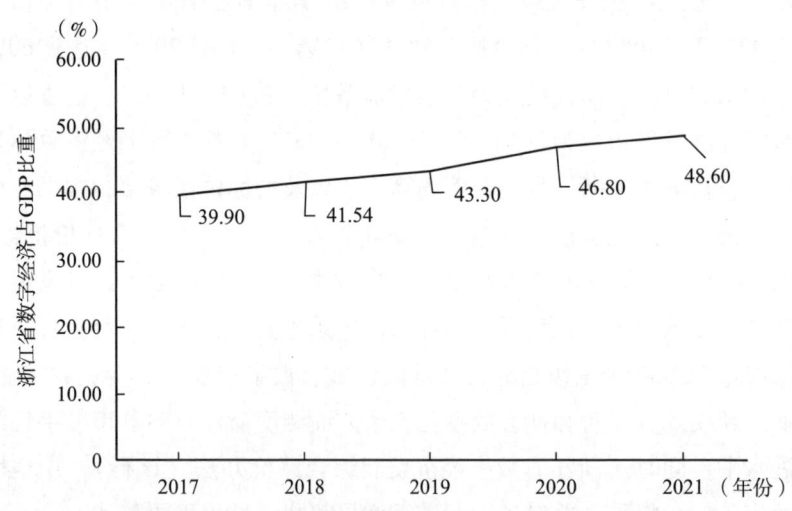

图 5 - 10　2017 ~ 2021 年浙江省数字经济总量占 GDP 比重

资料来源：根据 2018 ~ 2021 年《浙江省数字经济发展综合评价报告》和 2022 年《浙江省数字经济发展白皮书》，经笔者重新整理绘制。

　　继续以 2017～2021 年为观测点，引入 spssau 绘制高斯核密度二维分布图，通过分布位置、形态、延展性及极化现象分析近 5 年来浙江数字经济时序演变特征，具体如图 5-11 所示。

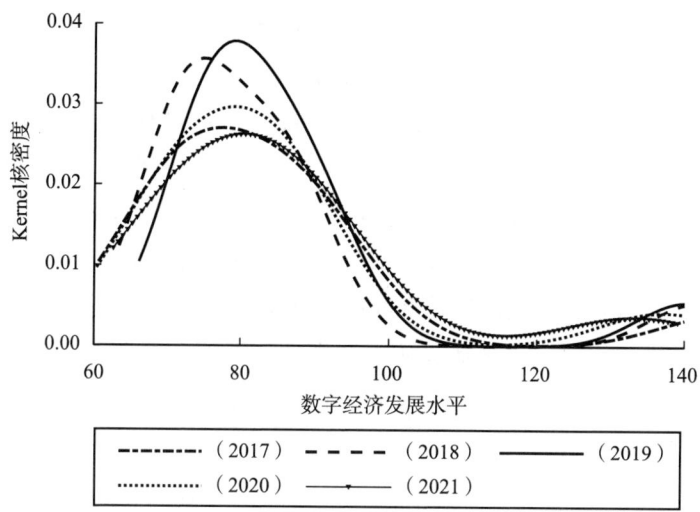

图 5-11　浙江全省整体数字经济发展水平时序演变特征

　　由图 5-11 可知：从总体来看，浙江全省 2017～2021 年数字经济发展水平分布动态具有如下特征：（1）从分布位置看，全省数字经济发展水平分布曲线整体向右偏移，这表明浙江数字经济发展水平不断提高；（2）2017～2021 这 5 年考察期间，主峰高度由"上升"转为"下降"，宽度也呈现"先变窄后变宽"趋势，同时右拖尾延展拓宽并存在凸起，这说明浙江数字经济发展水平的绝对差异持续扩大；（3）主峰数量只有 1 个，尽管向右延展也存在侧峰，但不明显，可以推断浙江省内数字经济发展水平高的城市数量在逐渐增加，数字经济发展水平较低的城市在向水平较高的城市转变。

二、浙江数字域内经济时空演变和区际差异关联

　　目前，对浙江数字经济的研究一直停留在全省或地市级层面，且只

针对某一具体年份进行分析，而从长时间尺度上分析其发展趋势，或从区域层面考虑浙江区际数字经济发展水平差异等相关研究却鲜见报道。这里根据地理位置特点和区域间合作，将浙江分为浙北（杭州、嘉兴、湖州）、浙南（温州、台州、丽水）、浙中（金华）、浙西（衢州）和浙东（绍兴、宁波、舟山）五个区域，由于只有一个城市的地区不存在区域差异，将金华和衢州合并为浙西。

　　数字经济发展存在的区域差异，在经济发展过程中是一种普遍现象。深层次挖掘差异原因，对后期区际协同发展，缩小数字鸿沟具有重要指导意义。图 5 - 12 继续采用描述性统计给出浙江全省及浙北、浙南、浙西、浙东四大区域 2017 ~ 2021 年数字经济发展水平演化趋势。由图 5 - 12 可知：四大区域数字经济发展水平均低于全省平均水平，浙北地区数字经济发展水平遥遥领先于浙南、浙西和浙东，浙东、浙南、浙西这三大区域数字经济发展水平均值基本相当。

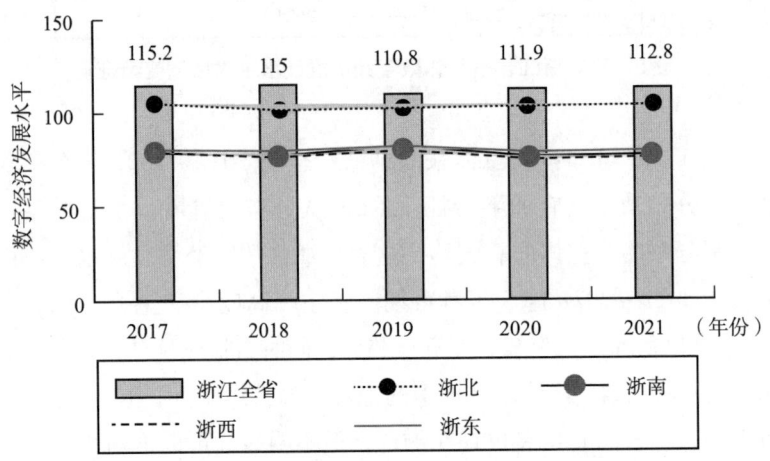

图 5 - 12　2017 ~ 2021 年浙江全省及四大区域数字经济发展水平演化趋势

（一）基于 Kernel 核密度的浙江区域数字经济时序演变特征

以 2017 ~ 2021 年为观测点，引入 spssau 绘制高斯核密度二维分布图，通过分布位置、形态、延展性及极化现象分析近 5 年来浙江及四大区域数字经济时序演变特征，具体如图 5 - 13 和图 5 - 14 所示。

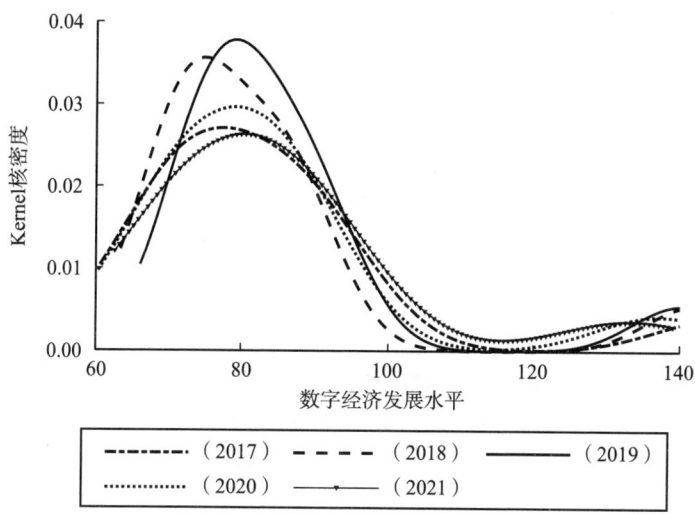

图 5 - 13　浙江全省整体数字经济发展水平时序演变特征

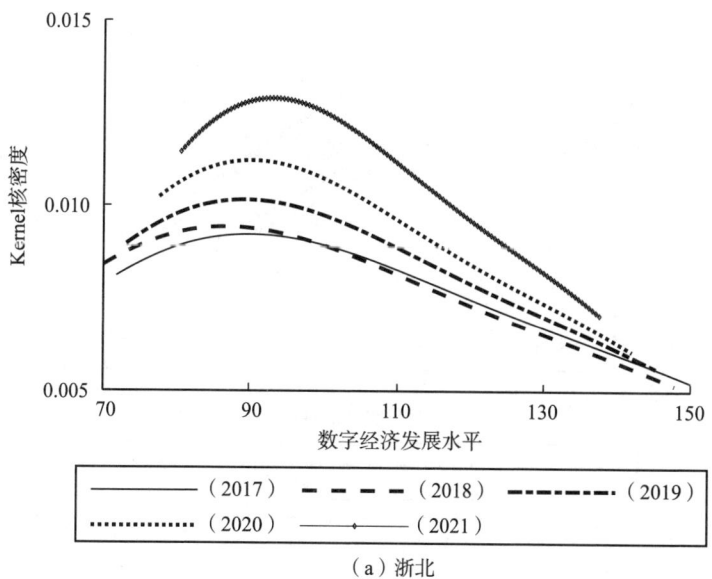

（a）浙北

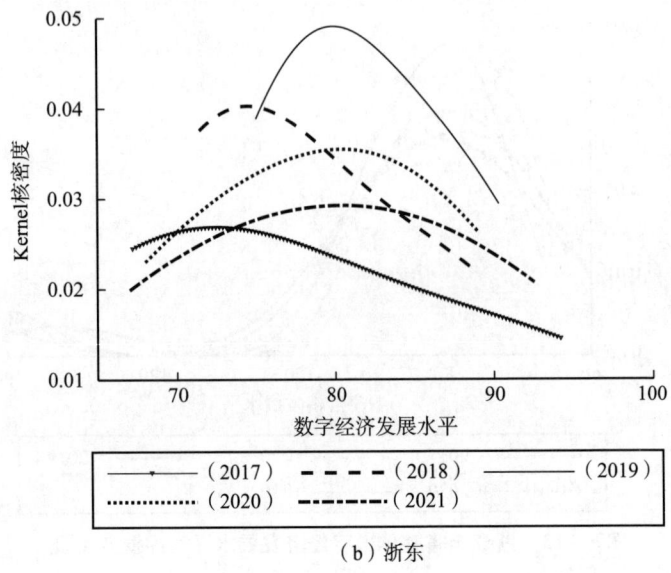

（b）浙东

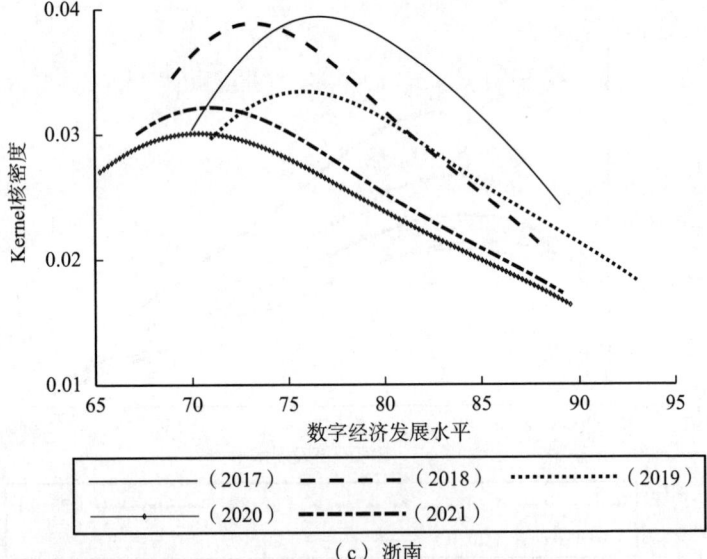

（c）浙南

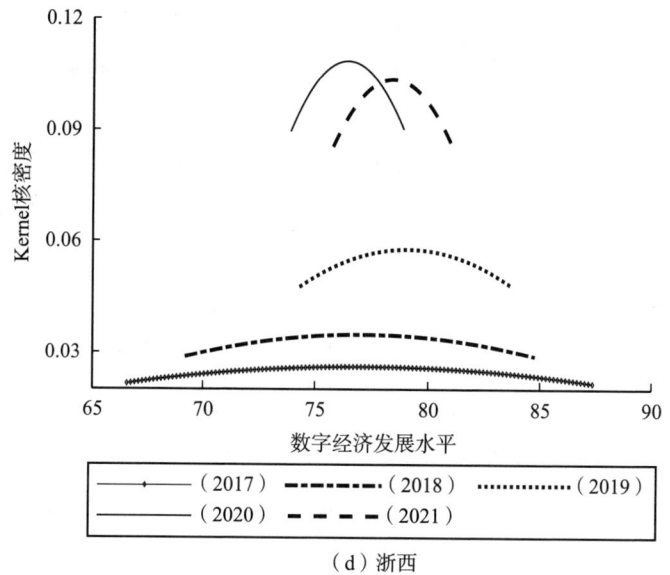

（d）浙西

图5-14 浙北、浙东、浙南、浙西数字经济发展水平时序演变特征

由图5-13可知：从总体来看，浙江全省2017~2021年数字经济发展水平分布动态存在如下特征：（1）从分布位置看，全省数字经济发展水平分布曲线整体向右移动，这表明浙江数字经济发展水平不断提高；（2）2017~2021这5年考察期间，主峰高度由"上升"转为"下降"，宽度也呈现"先变窄后变宽"趋势，同时右拖尾延展拓宽并存在凸起，这说明浙江数字经济发展水平绝对差异持续扩大；（3）主峰数量只有1个，尽管向右延展也存在侧峰，但不明显，可以推断浙江省内数字经济发展水平高的城市数量在逐渐增加，数字经济发展水平较低的城市在向水平较高的城市转变。

图5-14展示的浙北、浙东、浙南、浙西地区数字经济发展水平核密度曲线也均为单峰分布，具体分布动态特征如下：（1）从分布位置来看，浙北、浙东、浙南、浙西地区分布曲线均呈现右移趋势，其中浙北地区曲线中心位置变化幅度较小，浙东、浙南、浙西地区曲线中心位置移动幅度较大，这表明2017~2021年浙东、浙南、浙西地区数字经济发展水平都有不同程度的提升，而浙北地区数字经济发展水平提升幅

度不大。（2）从分布形态来看，浙北地区主峰高度持续攀升，主峰宽度略微变窄；浙东地区主峰高度呈"先上升再下降"趋势，主峰宽度"先变窄再变宽"；浙南地区主峰高度呈"先下降后上升"趋势，主峰宽度由"窄变宽"；浙西地区主峰高度基本呈上升态势，主峰宽度逐步变窄。这表明浙东和浙南地区的城市数字经济发展水平绝对差异变大，浙北和浙西地区城市数字经济发展水平整体降低，内部城市数字经济发展水平差距缩小。（3）从分布延展性来看，浙北、浙东和浙南具有明显右拖尾现象，这说明上述区域内部数字经济由低水平向高水平发展的城市数量增加；而浙西地区略微收敛，无明显拖尾，这说明浙西地区数字经济发展水平较高的城市数量较少，整体数字经济发展水平不高。

（二）浙江数字经济发展水平区域内和区域间差异分析

采用 Dagum 基尼系数及其分解方法，求得 5 年考察期浙江全省及四大区域数字经济发展水平区域内、区域间差异及演化趋势如表 5 - 1 所示。

表 5 -1　　　　　　　　Dagum 基尼系数差异分解结果

| 年份 | 总体 | 浙江区域内差异 | | | | 浙江区域间差异 | | | | | | 贡献率（%） | | |
		浙东	浙北	浙南	浙西	东北	东南	东西	南北	西北	西南	区域内	区域间	超变密度
2017	0.111	0.065	0.143	0.045	0.057	0.167	0.063	0.07	0.152	0.166	0.06	19.99	58.24	21.77
2018	0.099	0.042	0.143	0.046	0.043	0.146	0.047	0.051	0.152	0.151	0.049	20.44	59.91	19.65
2019	0.09	0.035	0.132	0.051	0.025	0.127	0.051	0.037	0.143	0.138	0.047	20.41	61.34	18.25
2020	0.1	0.05	0.117	0.05	0.014	0.137	0.064	0.045	0.163	0.148	0.059	18.54	67.47	13.99
2021	0.098	0.059	0.103	0.054	0.014	0.136	0.067	0.05	0.161	0.14	0.058	17.79	68.25	13.96

基于表 5 - 1，图 5 - 15 展示了 2017～2021 年浙江全省及四大区域内数字经济发展水平总体及区域内基尼系数演化趋势。在考察期内全省总体基尼系数在 0.1 左右，整体基尼系数由 2017 年的 0.111 下降至 2019 年的 0.09，2020 年后有小幅度上升，2021 年为 0.098，这说明 5

年考察期内浙江总体数字经济发展水平差异不大。

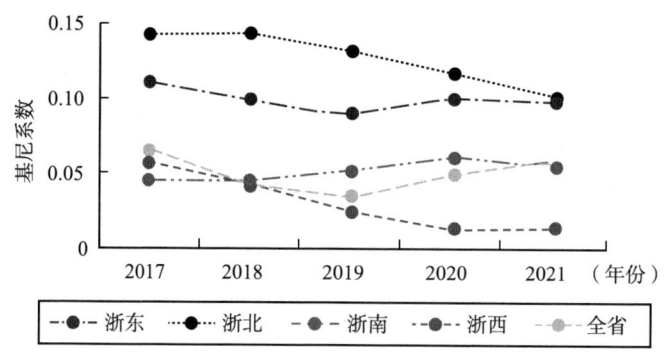

图 5 - 15　2017 ~ 2021 年浙江全省及四大区域内数字经济发展水平差异

从浙东、浙北、浙南、浙西这四大区域来看，浙东地区数字经济发展水平基尼系数呈"V"型趋势，2017 ~ 2019 年虽大幅下降，降幅46.13%，但从 2020 年开始持续攀升，到 2021 年数字经济发展水平基尼系数又达到 0.059。浙北和浙西地区数字经济发展水平基尼系数持续下降，而浙南地区基尼系数由 2017 年的 0.045 上升至 2021 年的 0.054，涨幅 20%。这说明浙北地区内部各城市数字经济发展水平差异较大，而浙东、浙南和浙西地区内部城市数字经济发展水平差异较小。

（三）浙江不同区域间数字经济发展水平差异

图 5 - 16 呈现了 2017 ~ 2021 年浙江全省及四大区域内基尼系数演化特征。整体来看，浙南北、浙西北、浙东北差异基本趋同，而浙东南、浙西南、浙东西差异幅度也基本相似。其中，浙东北、浙东南、浙东西、浙南北、浙西北、浙西南这些地区间基尼系数平均值分别为0.1426、0.0584、0.0506、0.1542、0.1486、0.0546，存在"南北 > 西北 > 东北 > 东南 > 西南 > 东西"现象。

图 5 - 17 刻画了 2017 ~ 2021 年浙江数字经济发展差异来源及贡献。由图 5 - 17 可知，主要来源为组间 Gb，近 5 年组间贡献率超过 60%，而组内贡献率大约在 20%，这说明浙江区域数字经济发展不均衡的主

要原因是区域之间发展不均，而区域内部数字经济发展不均的贡献相对较小。

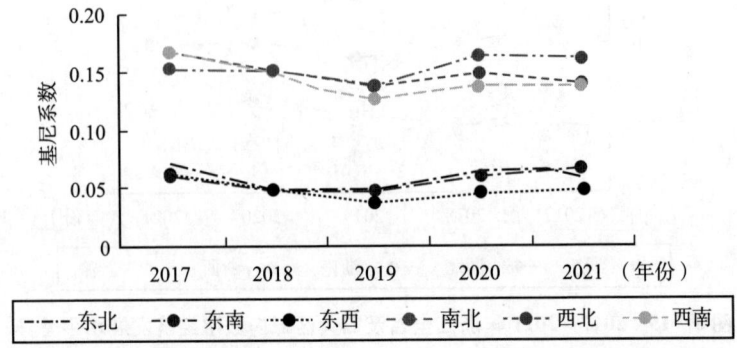

图 5 - 16　2017～2021 年浙江全省及四大区域内数字经济发展水平差异

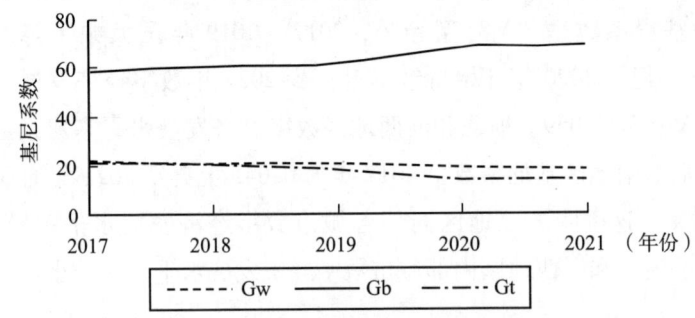

图 5 - 17　2017～2021 年浙江数字经济发展水平差异来源及贡献

三、2017～2021 年浙江数字产业化和产业数字化分析

继续对 2017～2021 年浙江的数字产业化和产业数字化进行分析，如图 5 -18 所示。由图 5 - 18 （a）可知：浙江在 2017～2021 年数字产业化发展指数呈 "U" 形状态，2017 年数字产业化发展指数最高为 107.6，随后在 2018 年和 2019 年有稍许下降，2020 年开始上升，2021 年达到 107.2。而由图 5 - 18 （b）可知，在 2017～2021 年产业数字化发展指数呈 "倒 U" 形状态，2017～2018 年呈下降态势，2019～2020 年开始上升至 107.5，2021 年又有稍许下降。

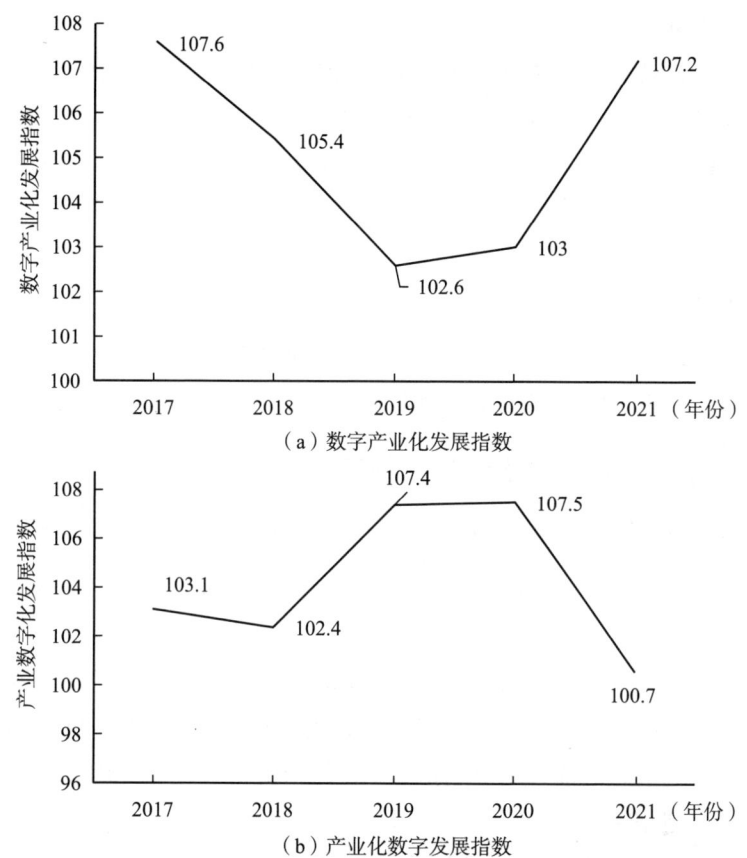

图 5 - 18   2017 ~ 2021 年浙江数字产业化和产业数字化发展指数

资料来源：根据 2018 ~ 2021 年《浙江省数字经济发展综合评价报告》和 2022 年《浙江省数字经济发展白皮书》，经笔者重新整理绘制。

浙江近几年在数字经济发展领域虽已取得令人瞩目的成绩，但仍存在如下问题。

（一）数字产业化领域存在的问题

（1）数字化基础薄弱。浙江制造企业数字化发展不平衡、不充分问题依然突出。广大中小企业仍处于 2.0 阶段。工业网络标准、技术、产业基本被外商掌控，且标准众多、互通性差，高端工业传感器、工业控制系统、关键工业软件等基本被国外垄断。全球工业现场总线、工业以太网标准协议全部由少数国外企业掌握，95% 以上的工业以太网网络设备市场由国外垄断。

（2）高质量人才稀缺。人才是产业发展的核心竞争力，尤其是在数字创意产业，需要拥有高技术水平、熟知人们社会文化需求、能够有效利用资本市场融资等方面的复合型高端人才，而相关人才的培养需要更长时间的积淀。

（3）标准化建设不够健全仍是"数字经济与实体经济深度融合"过程中亟待解决的问题。特别是对于广大中小企业而言，长期以来，由于缺乏行业标准指导，中小企业即使有了好的数字化工具，也用不深、用不好，严重阻碍了数字化转型的效率。

（二）产业数字化领域存在的问题

浙江产业数字化发展相对薄弱，处于以局部应用为主的阶段，主要成效体现在一些产业基础良好，竞争力强的龙头示范企业，大面积推广存在一定难度。

（1）存在"三化"发展不均衡问题。浙江数字经济在全国虽处于领先地位，但基础环境和工业应用方面优势不明显，另外信息化水平指数中网络就信息通信技术应用指数、应用效益指数等也不均衡，制造业数字化转型相对滞后。

（2）各地级市数字化发展水平不均衡，产业数字化布局不合理。杭州和宁波数字经济处于龙头地位，在全省数字经济的比重中呈增加态势，而衢州和丽水等城市传统产业比重较大，且数字经济发展水平相对落后。

（3）中小企业动力不足。省内排名前10的龙头企业数字经济发展处于领头羊地位，而中小企业数字产品、数字工序、数字车间的建立水平参差不齐，普遍存在数字化转型决策难、数字化技改合力难、技改投入能力弱、技改后数字化生产线维护难等问题。

（4）政府体制机制存在梗阻现象。政府需要在技术开发、产品制造、标准制定、政府采购、市场准入等方面提高协作效率，尤其需要加强数据共享、开放，行业大数据平台也严重缺失。

第六章

数据价值化

第一节 作为新质生产要素的数据及数据价值化内涵

继农业经济、工业经济之后，数字经济已成为各国把握新一轮科技革命和产业变革的新机遇的战略选择，而数据在推动产业升级和千行百业的数字化转型过程中发挥着不可替代的作用。激发数据资产价值转化，已经成为未来数字中国建设的关键引擎。党的十八大以来，以习近平同志为核心的党中央高度重视数字经济发展，并指出"在互联网经济时代，数据是新的生产要素，是基础性资源和战略性资源，也是重要生产力，要构建以数据为关键要素的数字经济"①。之后，党的十九届四中全会首次明确数据可作为生产要素按贡献参与分配，党的十九届五中、六中全会等历次重要会议也将数据要素主题作为重要内容。2025年1月，国家发展改革委、国家数据局、中央网信办、工业和信息化部、公安部、市场监督总局又联合发布《关于完善数据流通安全治理更好促进数据要素市场化价值化的实施方案》，提出到2027年底，构建规则明晰、产业繁荣、多方协同的数据流通安全治理体系，完善数据合规高效流通机制，显著提升治理效能；鼓励企事业单位设立首席数据

---

① 习近平12月8日主持中共中央政治局第二次集体学习关于实施国家大数据战略讲话（2017年12月9日），https：//www.gov.cn/xinwen/2017 - 12/09/content_5245520.htm。

官，加强数据治理和数据开发利用；强调数据流通安全治理规则，包括数据分类分级保护、安全技术应用、权益保护和责任界定等；明确数据提供方和接收方的安全管理责任，加强公共数据和个人数据流通的安全管理；鼓励数据脱敏等研究，对经脱敏处理后的数据可按一般数据开展流通交易；对于重要数据，在保护国家安全、个人隐私和公共安全的前提下，鼓励通过特定方式实现数据价值开发。上述政策文件，为推动我国数字经济健康发展、激活数据要素价值提供了根本遵循和行动指南。

一、数据的定义及数据价值

数据是对客观事物或现象的记录和描述，通常以数字、文本、图片、音频、视频等形式存在。数据的分类方式较多，如数据可以分为结构化数据（如数据库中的表格数据）、半结构化数据（如 XML、JSON 格式）和非结构化数据（如文档、图像、视频等）。也可根据数据的不同阶段状态进行分类，如原始数据（未经处理和分析的基础数据，通常来源于传感器、用户输入等）、加工数据（经过数据清洗、转换、整合和分析后的数据，能够提供更直接的价值）、实时数据（即时生成和更新的数据，如实时交易记录、在线用户行为等）、历史数据（已经存储下来用于后续分析的数据，通常用于趋势分析和预测模型）。

数据作为一种新型资源，具有直接经济价值、间接增长价值、社会价值和市场价值。

（一）直接经济价值

作为新型资源，数据要素突破了传统生产要素（如土地、劳动力、资本和技术）有限供给的制约，具有价值共享、批量复制、即时传输、无限供给等特点。

作为资产，个人、企业和国家在生产、经营、管理等过程中形成的数据，如客户信息、市场分析、产品设计等，都能为经济发展带来后续的经济利益。

作为资本，通过数据资产化过程，数据要素可以实现可控制、可量化、可变现、可交易，进一步释放其经济价值。

（二）间接增长价值

数据要素通过资源化、资产化、资本化，购买方可以利用所购买的数据产品或数据服务对原有业务进行赋能，从而产生增长价值。这种价值是数据要素价值化的间接体现，例如，电商平台企业通过大数据分析，向消费者精准推送商品信息，提升了平台的交易额。

（三）社会价值

助力诚信社会建设：商业查询平台等通过结构化、体系化、可视化的数据收集与加工，可以减少商业交易中的"信息不对称"，降低社会运行中的"信用成本"。

提升公共服务水平：政府等公共部门通过开放和共享数据要素，可以提升公共服务的效率和质量，满足人民群众的需求。

（四）市场价值

数据要素市场价值是将数据作为一种要素资源，通过市场机制进行交易、流通和配置。数据要素市场化的实现可以促进数据资源的最大化利用和价值实现。

综上所述，数据要素的价值是多方面的、深层次的，不仅体现在直接的经济价值上，还体现在对经济社会发展的推动作用、社会价值的提升以及市场价值的实现上。随着数字经济的不断发展，数据要素的价值将会得到更加充分的挖掘和利用。

二、数据要素特征及与传统生产要素的区别

数据作为一种新型生产要素，具有如下特征。

1. 虚拟性

数据是无形的，是以电子形式存在的，没有物理形态。数据可以在计算机系统中生成、存储、传输和处理，这使数据的存储和传输成本相

对较低，且易于复制和传播。

2. 非消耗性

数据的使用不会导致数据本身的减少或消失。相反，数据在使用过程中可以被反复利用，甚至通过共享和交换产生更大的价值。这一特性使数据成为一种可以持续利用的资源。

3. 非稀缺性

与传统的物理资源相比，数据通常不是稀缺的。随着技术的发展和普及，数据的生成速度越来越快，数据量呈指数级增长。这意味着数据资源的获取变得越来越容易，为数据的广泛应用提供了基础。

4. 非均质性

数据的质量和价值因来源不同、类型多样、结构各异和处理方法的不同而有所差异。即使是相同类型的数据，在不同的情境下也可能具有不同的价值。这一特性要求在处理和分析数据时，需要采用灵活多样的方法和工具。

5. 排他性

数据可以通过加密、访问控制等手段实现排他性使用，确保数据的安全和隐私。然而，随着数据共享和交换的增多，如何在保护隐私和确保数据安全的同时实现数据的有效利用成为一个挑战。

6. 强外部性

数据的使用和共享往往会产生正外部效应，如提高生产效率、推动创新等。同时，数据的滥用也可能导致隐私泄露、安全风险等负外部效应。因此，在利用数据时，需要权衡其正负外部效应，以实现数据资源的有效利用和配置。

7. 规模价值递增

随着数据量的增长，数据的价值往往呈递增的规模报酬趋势。大数据分析和挖掘技术的应用可以从海量数据中提取更多有价值的信息，实现价值的最大化。这一特性使数据成为一种具有巨大潜力的资源。

8. 产权模糊性

数据的产权界定相对模糊，数据的所有权、使用权、经营权等权力关系复杂。这在一定程度上限制了数据的流通和利用，也增加了数据管理和监管的难度。为了解决这个问题,需要建立清晰的数据产权制度,以明确数据的归属和使用权限。

9. 衍生性

数据可以通过加工、分析和挖掘产生新的数据,进而产生新的价值。这种衍生性使数据具有更强的创新潜力和增长潜力。通过不断挖掘和利用数据的衍生价值,可以推动数据为持续的价值增值服务。

10. 多样性与复杂性

多样性是数据要素的一个关键特征,如以固定格式存储的结构化数据,以 XML、JSON 形式的半结构化数据,以文本、图像、音频、视频等形式没有固定存储形式的非结构化数据。复杂性是数据要素的另一个关键特征,是指数据之间存在多种多样的关联关系,这些关系可能是显性的,也可能是隐性的;同时,数据要素的复杂性还体现在处理数据要素的算法和过程较为复杂,需要消耗大量计算资源以及复杂算法的支持。

综上所述,数据要素具有虚拟性、非消耗性、非稀缺性、非均质性、排他性、强外部性、规模价值递增、产权模糊性、衍生性、多样性与复杂性等多种特征。这些特征共同构成了数据要素的独特属性和价值基础。

三、数据要素与传统生产要素的区别

数据要素与传统生产要素(如劳动力、土地、资本、技术)之间存在诸多区别,主要体现在以下几个方面。

1. 基本属性

数据要素具有非物质性,虽然需要附着在物质载体上,但其价值主要体现为信息内容。数据可以被重复使用而不损耗,多个主体可同时使用同一数据而无须竞争,且数据的流动速度快、程度高、领域广。

传统生产要素如土地、劳动力、资本和技术等,它们通常是物质性的或虚实兼有。传统生产要素的使用会导致其数量的减少或损耗,在经济学意义上其边际成本一般大于零,且其流动性相对较低,受到地理、政策、法律和技术等因素的限制。

2. 稀缺性与可复制性

数据要素通常被认为是非稀缺的，因为数据可以被无限复制和重复使用。数据的价值不在于其数量，而在于其质量和信息内容。

传统生产要素一般是稀缺的，因为它们的数量是相对有限的，且在使用过程中会逐渐减少或损耗。

3. 价值创造机制

对于数据要素，其价值主要体现在数据信息的获取、分析和利用上。通过对获取的数据进行分析，可以发现新的商业机会、优化生产流程、提高管理效率等，从而创造经济价值。此外，数据要素存在潜在增值价值，通过相关算法挖掘数据要素，能够衍生出新的数据产品和服务。而传统生产要素其价值主要体现在其直接参与生产过程的能力上。例如，土地提供了生产活动所需的空间和物质基础；劳动力直接参与到生产过程中，通过人的体力劳动和智力劳动创造价值；资本通过参与生产过程，使得劳动和其他生产要素能够更有效地发挥作用，从而间接地创造了价值。

4. 市场配置与流动性

对于数据要素，随着数字经济的发展，数据要素的市场配置机制逐渐完善。数据的流动性高，可以在不同地域、不同领域和不同层级之间快速流通，这有助于实现数据的高效利用和价值最大化。而传统生产要素的市场配置机制相对成熟，但流动性较低，其流动受到多种因素的限制，如地理位置、政策法规、技术条件等。

5. 异质性与同质性

对数据要素而言，因其来源、类型、格式、质量和用途具有多样化和复杂性，因而数据要素具有异质性特征。传统生产要素上，不仅新古典经济学在完全竞争模型架构下定义了各类传统生产要素和产品的同质性，现实中这类要素如劳动者的知识储备、技术水平、操作技能、劳动热情、工作积极性等各方面都可能趋同，先投入的生产要素和后投入的生产要素并没有很大的质的区别，只有量的变化，因而具有相对同质性。

6. 外部性

数据要素而言，其使用和共享往往会产生正外部效应，如提高生产效率、推动创新等。同时，数据要素的滥用也可能导致隐私数据泄露、安全风险等负外部效应。

传统生产要素则多在竞争性市场中流动和利用，市场约束机制和资源利用的等边际条件适用传统生产要素的多数情形，主要影响其自身的价值和贡献，对外部环境的影响较小，故其外部性相对较弱。

综上所述，数据要素的非物质性、稀缺性、价值创造性、较为完善的市场机制和流动性、异质性以及外部性等与传统生产要素相比均有很大的不同，研究和探索其全新的经济规律和发展趋势具有重要意义和价值。

第二节　数据价值估算

一、数据价值评估准备

作为数字经济生产力"三化"之一，数据价值化是指以数据资源化为起点，经历数据资产化、数据资本化，实现数据价值化的过程（中国信息通信研究院，2021）。有效评估数据价值，对激发数据要素活力、加速数据要素市场构建、提升现代企业竞争力、推动数据资产化等相关政策设计和完善具有重要意义。

作为一种新型生产要素，数据价值变化呈非线性变化趋势，这也为数据价值测算带来了诸多困难。一般来说，数据价值评估前需要做如下准备。

1. 明确评估目的和范围

确定为何要进行数据价值评估，以及需要评估的数据资产的具体范围，这包括数据库、数据仓库、数据挖掘模型等。

2. 收集数据资产信息

详细收集需要评估的数据资产的各类信息，如数据名称、数据来源、数据规模、产生时间、更新时间、数据类型、呈现形式、时效性、应用范围等。

3. 制定评估方案

根据数据资产的特点和评估目的，制定详细的评估方案和计划，包括评估方法的选择、评估流程的设计等。

二、传统数据价值评估方法

目前，关于数据价值估算大多基于如下两个步骤：首先考虑影响数据价值的相关因素进而构建评估数据价值指标体系，其次根据各指标设计相应数据估算法方法。

（一）数据价值指标体系构建

数据要素是指参与社会经济活动、为使用者或所有者带来经济效益、以电子方式记录的信息资源。数据价值难以评估，主要在于影响数据价值的因素众多，且存在形式和应用方式多种多样，需要构建多维度数据价值评估框架、模型或指标体系，并结合具体案例展开数据价值的实证研究。①通用数据价值评估指标体系。如中国信息通信研究院发布的《数据价值与数据要素市场发展报告（2021 年)》指出数据价值是其补偿价值、增值价值、异质性价值、风险溢价的结合；尹西明（2022）构建包括数据整合、数据融通、数据洞察、数据赋能、数据复用五个反映数据价值的一级指标；王笑笑（2019）认为影响数据价值的关键因素为数据成本、数据质量、数据使用情况；李永红（2018）将数据价值影响因素分为数据量和数据质量、数据分析能力两部分；高昂（2020）基于 GB/T 37550—2019 电子商务数据资产评价指标体系，将数据价值分为数据资产成本价值和数据资产标的价值。②针对某一具体领域构建多指标综合评价体系。如黄如花（2017）和易明（2022）通过梳理国内外政策文献，构建包含政治价值、社会价值、经济价值、社会价值四个一级指标的政府开放数据价值评估指标体系；吴江（2022）针对铁路数据资产特征，构建包含数据成本、数据固有价值、数据应用价值的 3 个一级指标 8 个二级指标 21 个三级指标体系，并引入 AHP – FCE 模型进行指标权重分配与价值评价；胥婷（2022）引入德菲尔咨询法和层次分析法等，从内在价值和应用价值两个方面构建健康医疗数据价值评估指标体系；柴国荣（2022）构建了包含机构价值、社会价值、战略价值三个一级指标评估医疗健康大数据价值；王静（2019）利用层次分析法构建互联网金融企业数据资产评价指标体系，并借助这些指标对互联网金融企业拥有的标的数据进行评估；宋杰鲲（2021）构建包含数据成本、表现价值和服务价值 3 方面 11 个指标的企业数据资产价值评价指标体系，并对某油田企业下属六家研究院进行实证分析等。

（二）数据价值估算方法

作为一种新型要素，数据要素与传统土地、劳动力、资本、技术等生产要素相比，具有非排他性、规模经济性、可再生性、强渗透性、多样性等新特征（戴双兴，2020），这就使数据价值测度具有相当大的难度和复杂性。当前学术界对数据价值估算方法主要包括：传统资产评估方法、经济学方法和人工智能方法，上述三种方法的特征、优点和缺点具体如表 6-1 所示。

表 6-1　　　　　　　　　　数据价值估算方法对比

数据价值估算方法	特征	优点	缺点
传统资产评估方法	借鉴无形资产价值评估方法	操作简单，易于实现	主观性较强、误差较大，因数据资产重置成本难以确定、数据使用寿命无法估计、市场交易规模小等原因，传统定价方式不适用于目前不完全市场
经济学方法	以相关经济学理论或模型为基础，借由数据价格反映其价值	较为客观，数据价值评估较为完全和精准	参数较多，且很难找到实证数据进行佐证
人工智能方法	引入人工智能技术确定指标权重或预测数据价值	主观性较弱，评估结果客观性较强	相关研究处于萌芽阶段、尚不丰富，缺乏实证检验

（1）传统资产评估方法（即借鉴无形资产价值评估方法）。如成本

价值法、市场价值法、经济价值法、利益相关者方法，然而成本价值法虽容易执行，但主观性较强；市场价值法操作简单，但无法估算没有交易的数据价值；经济价值法虽能很好地计算数据附加价值，但主观性较强，且较大程度上依赖于假设；利益相关者方法需要大量资源，且具有较强的时效性。

（2）经济学方法（即以相关经济学理论或模型为基础，借由数据价格反映其价值）。刘朝阳（2016）基于效用价格论确定数据最高价格，然后利用拍卖或协商策略进行数据价格细化和优化；刘洪玉（2015）基于讨价还价博弈模型确定大数据交易均衡价格；Fang Y（2018）利用基于前景理论的实物期权评估模型对大数据资产价值进行评估分析。

（3）人工智能方法（即引入人工智能技术确定指标权重或预测数据价值）。随着人工智能技术普及及广泛应用，部分学者将当下新型技术形态引入数据价值评估中，代表性成果为：王笑笑（2019）引入人工神经网络优化数据价值评估指标权重，建立基于人工神经网络的大数据价值模糊评价模型；倪渊（2020）引入自适应遗传算法优化人工神经网络，提出 AGA - BP 数据价值估算模型预测武汉东湖大数据中心 10 类数据资源价值；李建立（2021）利用一种考虑主观权重约束的高斯混合模型来确定电网科技成果价值评估指标权重；张驰（2018）基于深度学习模型优化反映数据价值的颗粒度、多维度、活性度、规模度、关联度等参数。

综上所述，目前，数据价值估算指标体系尚处于混乱无序状态，且数据价值估算方法尚未完全统一。现有文献大多从会计计量角度评估数据价值，尤其从成本法或收益法评估数据价值，但未考虑数据资产的风险、特征等因素；传统经济学方法，如生产函数模型、实物期权法虽能较准确评估数据价值，但较难找到实证数据进行验证；引入人工智能技术确定指标权重或预测数据价值虽主观性较弱，评估结果客观性较强，但相关研究处于萌芽阶段，尚不丰富，缺乏实证检验。

三、基于"三化"的数据价值评估方法

2021 年 5 月，中国信息通信研究院政策与经济研究所发布《数据

价值化和数据要素市场发展报告》，明确指出数据价值化概念内涵，数据价值化是以数据资源化为起点，经历数据资产化、数据资本化阶段，实现数据价值化的经济过程。本书以上述 3 个数据价值增值过程为基础，构建包含数据资源化、数据资产化、数据资本化三个一级指标的数据价值评估体系。其中数据资源化是使无序、混乱的原始数据成为有序、有使用价值的数据资源，包含数据采集、整理、聚合、分析 4 个二级指标；数据资产化分为数据使用价值和数据应用价值 2 个二级指标；数据资本化包含数据信贷融资与数据证券化两个 2 级指标，具体如图 6 - 1 所示。

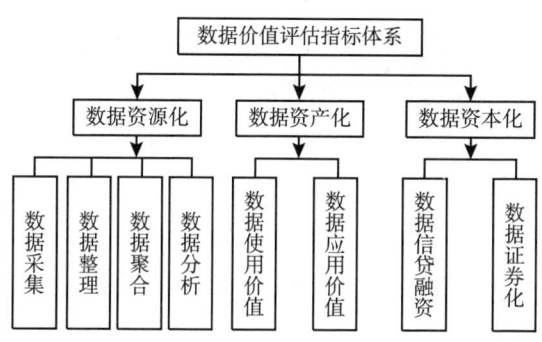

图 6 - 1 基于"三化"的数据价值估算指标体系

以上述数据价值估算指标体系为基础，分别针对各二级指标制定的数据估算方法。其中数据资源化三级指标及其数据价值增值过程如表 6 - 2 所示。

表 6 - 2　　　　　　　　　数据资源化各阶段产生的价值

数据资源化阶段	数据价值增值过程	数据价值估算方法
数据采集	指数据的获取成本，包括通过调查、移动设备定位、传感器捕获、提供免费服务、补贴或折扣等方式获取的成本	成本直接加总
数据整理	包括数据标注、清洗、脱敏、标准化四个阶段	成本直接加总

续表

数据资源化阶段	数据价值增值过程	数据价值估算方法
数据聚合	包括数据传输、数据存储、数据汇聚三个阶段	成本直接加总
数据分析	为各种决策提供支撑而对数据加以详细研究和概况总结过程	成本直接加总

（一）数据采集阶段价值估算

数据采集通常分为设备采集和人工采集两类，数据采集（Data AcQuisition，DAQ）价值是指购买数据采集设备费用（如移动设备、采集器、传感器、机床、机器人等采集设备或智能设备）和聘请相关人员采集数据的成本。设共需购买 N 项数据采集设备，购买第 i 个数据采集或智能设备费用为 e_i，聘请 M 个人员花费 D 天采集数据，每人每天产生费用为 p，则数据采集阶段价值估算函数如下式所示：

$$DAQ = \sum_{i=1}^{N} e_i + \sum_{k=1}^{D} \sum_{j=1}^{M} p_j \qquad (6-1)$$

（二）数据整理阶段价值估算

1. 数据标注价值估算

数据整理（Data Processing，DP）阶段主要包括数据标注（Data Annotation，DA）、数据清洗（Data Clearing，DC）、数据脱敏（Data Masking，DM）、数据标准化（Data Normalization，DN）四个阶段。现有数据标注模式主要分为自建模式、众包模式、组合模式三种。

自建模式价值（DA_1）包含：自建标注工厂或基地费用（DA_11）、聘请人工标注员费用（DA_12），以及数据标注产生的业务费用（DA_13），则

$$DA\_1 = DA\_11 + DA\_12 + DA\_13 \qquad (6-2)$$

众包模式价值（DA_2）包含：搭建数据标注平台费用（DA_21）、聘请数据标注人员费用（DA_22）、开发数据标注机器学习算法费用（DA_23）、数据标注中介费用（DA_24），则

$$DA\_2 = DA\_21 + DA\_22 + DA\_23 + DA\_24 \qquad (6-3)$$

组合模式价值（DA_3）包含：将自建模式和众包模式相结合，这里取自建模式价值和众包模式价值的极大值，则

$$DA\_3 = \max\{DA\_1, \ DA\_2\} \tag{6-4}$$

综上所述，数据标注价值 $DA = \max\{DA\_1, \ DA\_2, \ DA\_3\} = DA\_3$。

2. 数据清洗、脱敏、标准化阶段价值估算

数据清洗（DC）指采用相关技术将采集所得数据中的脏数据转化成满足质量要求的数据；数据脱敏（DM）是对敏感信息进行变形，实现隐私数据保护；而数据标准化（DN）是指将不同规格数据转换到统一规格，或不同分布的数据转换到某个特定范围，以减少规模、特征、分布差异等对模型的影响。数据清洗、脱敏和标准化一般由计算机完成，假设上述三个阶段完成过程相互独立，分别雇用 DC_n1、DM_n2、DN_n3 个员工，花费 DC_d1、DM_d2、DN_d3 天完成上述三个过程，则数据清洗价值 DC、数据脱敏价值 DM、数据标准化价值分别为：

$$DC = DC\_n1 \times DC\_d1 \tag{6-5}$$

$$DM = DM\_n2 \times DM\_d2 \tag{6-6}$$

$$DN = DN\_n3 \times DN\_d3 \tag{6-7}$$

综上所述，数据整理阶段价值 $DP = DA + DC + DM + DN$。

3. 数据聚合阶段价值估算

数据聚合（Data Aggregation，DAG）指合并不同来源但主题高度相关的数据，包括数据传输（Data Transmission，DT）、数据存储（Data Storage，DS）、数据汇聚（Data Collection，DCN）三个阶段。

其中，数据传输（DT）是指通过多条链路将数据从源域传输到数据终端，其价值包括购买终端设备费用 DT_td、购买数据传输设备费用 DT_te，聘请相关人员操作数据传输费用 DT_p，则数据传输价值为：

$$DT = DT\_td + DT\_te + DT\_p \tag{6-8}$$

数据存储（DS）是指将数据以某种格式记录在计算机内部或外部存储介质上，其价值主要包含购买存储设备费用 DS_se 和管理存储设备费用 DS_sm，则

$$DS = DS\_se + DS\_sm \tag{6-9}$$

数据汇聚（DAN）是指将不同的业务系统的数据加载到数据仓库

中，包括开发汇聚工具（DAN_t）、设计数据汇聚算法（DAN_a）、数据汇聚管理（DAN_m）三个部分，则

$$DAN = DAN\_t + DAN\_a + DAN\_m \qquad (6-10)$$

综上所述，数据聚合阶段价值 $DAG = DT + DS + DAN$。

4. 数据分析阶段价值估算

数据分析（Data Analysis，DAS）指对数据进行详细研究和概括总结，以提取有用信息和形成结论的过程，包括开发数据分析工具（DAS_t）、设计数据分析算法（DAS_a）、聘请相关数据分析人员（DAS_p）三个部分，则

$$DAS = DAS\_t + DAS\_a + DAS\_p \qquad (6-11)$$

（三）数据资产化价值估算

数据资产化是数据通过流通交易给使用者或所有者带来经济利益的过程，包含数据使用价值和应用价值两部分。数据资产化是实现数据价值的核心，其本质是形成数据交换价值。影子价格由詹恩·丁伯根和康托罗维奇共同提出，以资源稀缺性和有限性为出发点，通过测算单位资源在总量限制条件下产生的边际收益来估算其内在价值。因数据也具有稀缺性特征，故本章引入影子价格有效估算数据价值，可为企业生产经营活动提供参考依据。

1. 基于生产函数的数据影子价格估算

数据影子价格估算方法根据数据特征可分为两种：一种是体现数据非期望产出特征，将投入、期望产出、非期望产出等指标代入生产函数模型；另一种是将数据与土地、劳动力、资本、技术等传统要素并列，引入道格拉斯生产函数模型估算数据影子价格。《中共中央、国务院关于构建更加完善的要素市场化配置的体制机制的意见》中已将"数据"与土地、劳动力、资本、技术等并列为要素之一写入文件，故本章采用第 2 种方法，引入超越对数生产函数测算数据影子价格。

假设本章解释变量包含资本存量 K，劳动投入量 L，数据量 E，被解释变量 Y 为企业实际 GDP，建立超越对数生产函数如公式（6-12）所示：

$$\ln Y_t = \varepsilon + a_K \ln K_t + a_L \ln L_t + a_E \ln E_t + a_{KL} \ln K_t \ln L_t + a_{KE} \ln K_t \ln E_t + a_{LE} \ln L_t \ln E_t$$
$$+ a_{KK} (\ln K_t)^2 + a_{LL} (\ln L_t)^2 + a_{EE} (\ln E_t)^2 \qquad (6-12)$$

其中，$\ln Y_t$、$\ln K_t$、$\ln L_t$、$\ln E_t$ 分别为 t 年该企业 GDP 对数、资本存量对数、劳动投入量对数、数据量对数，ε 为随机误差项。对上式求偏导，得到公式（6-13）：

$$\frac{\mathrm{d}Y/Y}{\mathrm{d}E/E} = a_E + a_{KE} \ln K_t + a_{LE} \ln L_t + 2 a_{EE} \ln E_t \qquad (6-13)$$

将式（6-13）移项后，得到数据影子价格如公式（6-14）所示：

$$P_t = \frac{\mathrm{d}Y}{\mathrm{d}E} = \frac{Y_t}{E_t} \times (a_E + a_{KE} \ln K_t + a_{LE} \ln L_t + 2 a_{EE} \ln E_t) \qquad (6-14)$$

针对不同数据集求出影子价格，然后进行加权平均，得出数据影子价格，具体如公式（6-15）所示：

$$P = \frac{\sum_{i=1}^{n} P_i}{n} \qquad (6-15)$$

2. 数据资产价值修正

数据资产价值除与数据量有关外，还与数据有效性（v）、数据完整性（c）、数据稀缺性（s）、数据时间观（t）紧密相关。其中数据有效性指数据记录被认为正确的百分比，数据完整性指总记录与潜在或假设记录的百分比，数据稀缺性指市场或竞争对手可能有相同数据的百分比，数据时间观指数据价值随时间流逝而逐步减少。数据价值 W 随有效性（v）和完整性（c）呈递增趋势，随数据稀缺性（s）和时间观呈递减趋势，这里以 1 年（12 月）为一个数据周期，得出数据资产价值如公式（6-16）所示：

$$W = P \cdot v \cdot c \cdot (1-s) \cdot \frac{12-t}{t} \qquad (6-16)$$

第三节　数据价值化推动产出增长的经济机理

一、数据价值化驱动产出增长机理的学术史梳理

数据价值化推动产出增长是指通过有效利用数据资源，提升生产效

率、优化决策、创新商业模式，从而推动经济增长和产出提升。

徐翔（2021）指出数据要素与经济增长的关系可通过知识生产建立联系：大数据分析技术的进步有效提升了算法预测有用信息的准确率，进而提高了新知识发现率，新知识的不断发现又提高了全社会的生产效率，最终促进了经济增长速度的提升；杨俊（2022）揭示了大数据作为一种新型生产要素对经济增长的内生影响，并从理论上刻画了大数据驱动技术进步和经济增长的路径和机制；辰昕（2023）基于刘易斯二元经济模型范式，将数据要素引入生产函数，证实数据要素能显著影响经济社会发展；王胜利（2020）指出数据生产要素的贡献在于缩短生产时间和流通时间，降低生产成本和流通成本，进而在相同成本下创造更多价值；于柳箐（2024）基于 2012～2019 年中国省际层面 30 种投入要素，引入因果森林和随机森林法证实数据要素的投入能显著促进中国制造业增长；郑健壮（2024）基于 2011～2020 年我国 28 个省份面板数据，证实数据要素对地区经济增长具有显著促进作用，且存在明显的地区差异性，中部地区数据要素对经济增长无明显促进作用；袁健（2024）通过相关研究指出将人工智能技术与数据要素相结合，并引入专业化人工智能服务商对数据进行专业训练，结果表明数据专业度越高，对经济增长的贡献度越高；贺娅萍（2024）通过构建嵌入数据要素的广义生产函数模型，探究数据要素对全球价值链重构效应，研究表明数据要素不仅能推动实体经济数字化转型，还能加速全球价值链体系的调整；谭洪波（2023）基于数据要素特征，梳理出数据要素推动经济增长的理论逻辑为：数据要素在微观层面上用于生产和消费决策，中观层面上促进产业发展，宏观层面上提高资源配置效率；等等。

二、数据价值化驱动产出增长的机理

综合上述文献分析，本书研究归纳出数据价值化推动产出增长的直接经济机理主要体现在以下几个方面。

（一）提高生产效率与优化资源配置

通过收集及整合并对大量数据进行分析，能够深刻揭示生产过程中的关键信息和潜在规律，从而帮助企业优化生产流程、提高生产效率。同时，数据还可以作为相关主体资源配置的重要参考，引导资源向更高效的、更有价值的领域流动，实现资源的优化配置。这种优化能够直接提升企业的产出水平，进而推动整体经济增长。

（二）促进创新与技术升级

数据价值化推进了新兴技术（如大数据分析技术、人工智能技术、机器学习技术等）的快速发展和应用。这些新兴技术的应用不仅提高了数据处理和分析的效率，还催生了新的商业模式和服务形态。企业通过数据分析市场需求和趋势，进行产品和服务的创新，以满足消费者日益多样化和个性化需求。除此之外，数据技术还可以帮助企业实现智能化生产和管理，提高生产效率和产品质量，进而推动产出增长。

（三）精准营销与市场拓展

通过数据分析能够帮助企业精准把握市场需求和消费者行为，精准制定营销策略；企业通过挖掘数据还能发现目标消费群体，开展个性化推荐、定制化服务，实现营销效果、转化率的提升；同时也帮助企业发现新的市场机会和拓展空间，不断开拓新的市场业务领域，实现产出的持续增长。

（四）优化决策与风险管理

数据是企业、政府提高决策效率、科学性的重要工具。基于数据驱动的决策能够精准反映市场变化和消费者需求，助力企业制定符合实际情况的发展战略和经营计划。此外，数据还能够用于风险管理和预警，帮助企业在第一时间发现和应对市场风险和业务挑战，保障企业稳健运营及持续健康发展。

综上所述，通过有效分析所获取的数据，能够提高生产效率、优化资源配置、促进创新和技术开发升级、精准营销和拓展市场、优化决策和风险管控等，因而数据能直接推动经济产出增加。

第四节　以数据价值化驱动数实深度融合

"十四五"时期，我国开启全面建设社会主义现代化国家新征程，数字技术成为新发展引擎，数字经济浪潮势不可当。2019 年 10 月，党的十九届四中全会首次正式将数据列为生产要素。2022 年 12 月，《中共中央、国务院关于构建数据基础制度更好发挥数据要素作用的意见》（数据二十条）是首个从生产要素高度部署数据要素价值的国家专项政策文件，其中明确了"一条主线""三权分置""四大制度"的总体安排。"数据二十条"的出台，为构建适应数据特征、符合数字经济发展规律、保障国家数据安全、彰显创新引领的数据基础制度，充分释放数据要素价值、促进全体人民共享数字经济发展红利，为深化创新驱动、推动高质量发展、推进国家治理体系和治理能力现代化提供了强有力战略支撑。

在数字经济时代，数据已成为核心生产要素，推动实体经济与数字经济的深度融合（数实融合）是实现高质量发展的关键路径。数据价值化作为数实融合的核心驱动力，能够通过释放数据潜力，优化资源配置，提升生产效率，推动产业升级。

必须积极推动以数据要素价值释放重构实体经济业态。作为一种新型生产要素，数据要素是网络化、数字化、智能化的基础，在数字经济与实体经济融合过程中，数据要素发挥着"融合剂"的作用。数据积累和价值释放贯穿着产业数字化的全过程，促进固有业态与数字业态跨界融合，进而催生出一批新兴业态，如智能制造、智慧物流、数字商贸、智慧农业等，具有重要现实意义。此外，数据要素还能加快线上线下、生产生活、国内国际市场全面顺畅联结，推动精准供给，激发新兴需求，重塑经济模式。

一、数据价值化驱动数实融合的方式

数据价值化驱动数实深度融合的方式多种多样，主要包括以下几个

方面。

（一）提升数据治理能力

企业首先需要明确数据治理在企业战略中的定位，将数据治理作为提升企业核心竞争力、优化资源配置、驱动创新发展的核心引擎。要制定数据治理战略规划，明确短期目标和长期目标，确保数据治理工作能够与企业总体发展方向一致，需要企业对市场有着敏锐的洞察力和强大的数据分析能力，要能够找准数据治理的重点难点，提出定制化的数据治理解决方案，加强内部沟通协作，鼓励员工参与数据治理工作，共同解决数据治理中的问题。

（二）加强数据技术应用

加大云计算、大数据、人工智能等先进技术对传统产业的支撑力度，打造安全、高效、可扩展的数据平台，为数据治理提供技术支持。具体而言，通过统一数据标准、数据模型、数据仓库，实现数据集中管理和共享，打破数据孤岛或部门之间的数据壁垒，提高数据资源的利用率；通过引入先进的数据治理工具与平台，如数据目录、数据质量管理系统、数据安全防护体系等，实现数据全生命周期管理，提高数据处理效率和质量。

（三）挖掘数据价值，开发智能应用场景

采用机器学习、深度学习等新兴技术挖掘数据价值，开发预测分析、精准营销、智能决策支持等智能应用场景，助力传统产业精细化、智能化升级。同时，引入先进的大数据分析算法，精准地把握市场及客户，优化产品结构并调整营销策略，达到提高经营效率和盈利能力的目的。

（四）推动数据要素市场体制机制完善

完善数据要素市场配套的体制机制，为数据开发利用和流通交易建立基本标准和规范。高质量数据要素供给是推动企业数字化转型的关键条件，只有在高质量生产数据、消费数据供给下，企业才能根据自身生

产需求和消费者的偏好调整机器参数，提升资源利用效率，提高供需匹配程度，从而实现降本增效和供需协同。

（五）构建智能强韧的新型基础设施

建设覆盖关键生产过程的物联感知设备，完善数据采集体系。同时，推进千兆光纤网络和高速无线网络基础设施建设，加快企业内外网改造；推进云网协同发展，加强面向特定场景的边缘计算能力建设。还要推动智能计算中心有序发展，提供通用智能算力服务。

（六）推进数字产业化和产业数字化

数字产业化强调依托数字技术、数据要素开展各类经济活动，提供数字化的新产品和新服务，带动软件和信息技术服务业、互联网及相关服务业等的快速发展。产业数字化是利用数字技术对传统产业开展全方位、全链条的改造和赋能，进而有效提升生产效率和质量效益。这两个领域和过程均与数据价值化的进程和范围密切关联，互补互促，推动这"三化"的协同和深度融合将推动数实深度融合走深走实。

综上所述，数据价值化驱动数实深度融合需要从提升数据治理能力、加强数据技术应用、挖掘数据价值并开发智能应用场景、完善数据要素市场体制机制、构建新型基础设施以及推进数据价值化在内的"三化"协同和深度融合等方面入手。这些措施的有机结合将有效推动数字经济和实体经济的深度融合发展。

二、数据价值化存在的困难和挑战

数据价值化在推动数实深度融合的过程中，虽然潜力巨大，但也面临着诸多困难和挑战。这些挑战涉及技术、制度、市场、安全等多个方面。

（一）数据质量与标准化问题

数据质量可能参差不齐。因获取的数据来源多样，数据可能存在不完整、不准确、不一致等问题，这样会导致数据分析结果的可靠性变差，如传感器数据可能因设备故障或环境干扰而产生噪声。

缺乏统一标准。因不同来源的数据格式、接口、协议等缺乏统一标准，这将导致数据之间难以互通共享，如不同企业的数据系统可能采用不同的数据存储和处理方式等。

（二）数据安全与隐私保护

数据泄露风险。数据在采集、传输、存储和使用过程中，可能面临黑客攻击、内部泄露等风险，如金融行业因涉及大量资金流转和敏感信息（客户信息、交易数据、投资策略、研发计划等），成为数据泄露的重灾区。

隐私保护难题。数据价值化可能需要收集大量个人数据，但如何在利用数据的同时保护用户隐私是一个目前尚未解决的难题。例如，用户行为数据的分析可能涉及个人隐私，引发伦理和法律问题。

合规性挑战。不同国家和地区对数据安全和隐私保护的法律法规不尽相同，因此，企业需要满足多重合规要求。例如，欧盟的《通用数据保护条例》对数据使用提出了严格限制。

（三）数据孤岛与共享难题

数据孤岛现象指数据之间缺乏关联性。数据孤岛又分为物理性和逻辑性两种。物理性数据孤岛指的是数据在不同部门相互独立存储，独立维护，彼此间相互孤立，形成了物理上的孤岛。逻辑性数据孤岛指的是不同部门站在自己的角度对数据进行理解和定义，使一些相同的数据被赋予不同的含义，无形中加大了跨部门数据合作的沟通成本。

数据共享动力不足。一方面，数据拥有者可能担心数据共享会削弱自身的竞争优势，导致数据流通不畅，如企业可能不愿意向竞争对手或第三方开放核心数据。另一方面，数据共享的合规成本和治理成本太高，部分数据持有人出于降低风险、避免麻烦而不愿意共享数据。

利益分配问题。当前数据共享和交易中的利益分配机制尚不够完善，这可能导致数据拥有者的积极性不足，如数据交易平台如何公平定价和分配收益仍是目前尚未解决的一个难题。

(四) 技术与成本挑战

一是技术门槛高。数据价值化需要依托大数据、人工智能、区块链等新兴技术，而中小企业技术实力较弱，无法在短时间内完成数据定价及后续工作。例如，AI 模型训练优化需要大量的计算资源和专业人才。

二是成本压力。数据采集、存储、分析和安全保护往往需要投入大量人力和物力，企业可能面临成本压力。例如，建设数据中心和购买云计算服务需要大量的初期投入。

三是技术更新快。与数据相关的新兴技术更新迭代速度极快，企业若不及时跟进则可能很快被市场淘汰。例如，AI 算法的快速演进可能使现有的数据分析模型迅速过时。

(五) 市场与生态不成熟

首先是数据交易市场不完善。在数据交易过程中，由于无法有效核实数据的真实性，交易信任机制缺乏，或者缺乏成熟的定价机制、交易规则和监管体系，导致数据交易市场缺乏公平竞争而无法健康发展。例如，数据定价难以量化，导致交易双方难以达成一致。

其次是数据产权不清晰。数据要素由于其非竞争性、非排他性等独有属性，使得界定其资产权属成为目前尚未解决的难题之一，这在一定程度上影响了数据的流通和价值化。例如，用户生成数据的归属问题仍存在争议。

最后是生态协同不足。数据价值化需要多方协同共同完成，但产业链上下游之间缺乏有效的合作机制，导致数据价值化过程困难重重。例如，数据提供方、技术方和应用方之间的利益分配和协作模式尚未成熟。

(六) 政策与监管滞后

一是政策支持不足。数据价值化需要政府相关部门制定有效政策予以支持，但相关政策的制定和落实可能滞后。例如，数据开放和共享的政策可能缺乏具体的实施细则。

二是数据市场监管机制不健全。目前数据监管机制不够健全，难以对数据流通中的违法违规行为进行及时有效的监管和处罚，这可能导致市场乱象。例如，数据交易中的欺诈行为可能难以有效遏制。

三、数据价值化驱动数实融合存在的困难和挑战

数据价值化驱动数实融合的困境主要体现在以下几个方面。

（一）数据要素流动壁垒

数据本身并无任何价值，只有在与其他传统生产要素的互动和协作中，才能体现其价值。然而，当下频繁出现的数据"孤岛"、数据垄断等问题，甚至在数据流通层面，存在着"有数据的单位不愿开放、有需要的单位拿不到数据"的现象，严重制约着数据要素在实体经济生产过程中发挥的作用。

（二）核心数字技术缺乏自主创新能力

我国在数字技术创新方面，仍存在科技创新能力不足、高新技术人才稀缺、知识产权保护体系相对薄弱等问题。数字技术主要是以数据形式储存的，基于数字技术的这一代码特性，其极易被复制、模仿，后来者可以迅速跟进，以较低的成本获取先进技术，使研究开发或创新的收益大打折扣。在此背景下，一些本该积极参与创新的企业往往出于自身利益的考虑，一般就会选择"搭便车"，通过模仿或复制他人成果来获取数字技术红利，这无疑会使创新的动机和行为蒙受损失。

（三）数据驱动数实融合的制度性激励不足

随着数字经济与实体经济不断深度融合，原有制度环境越来越难以满足新兴技术大量涌现下实体产业发展对相容性制度安排的需求。制度设计缺乏针对性、制度与现实脱节、制度落实过程缺乏宣传和及时更新修正、政策执行缺乏奖惩制度的激励和引导，这都可能导致以数据驱动数实融合的传递机制和过程受阻甚至中断。要有效解决政策激励不足乃

至不适应的问题，还需要政府组织相关部门、产业领导者和相关企业深入调研、摸排问题，针对性制定落地实施细则或实施方案。

(四) 数据安全问题

数字化带来了新的安全威胁，如网络攻击、数据泄露、个人信息泄露、恶意软件等，这些问题严重威胁着数字生态系统的安全和稳定。同时，数据隐私保护也是一大挑战，如何在利用数据价值的同时保障个人隐私，是数实融合过程中必须解决的问题。

(五) 中小企业实现数据驱动的数实融合难度更大

实体经济数字化转型前期需要投入大量资本，而大部分中小企业融资难，企业数字化转型成本高，导致占企业绝大部分的中小企业参与数实融合的积极性不足，不论是数据驱动的还是其他数字技术融合的转型，在中小企业中的数字化转型梗阻都较大。

综上所述，数据价值化驱动数实融合面临诸多困境和挑战。为克服这些困难，需要政府、企业和社会共同努力，加强数据基础设施建设、推动核心数字技术自主创新、完善数据融合政策体系、加强数据安全保护以及支持中小企业数实融合转型。

四、数据价值化驱动数实融合对策

数据价值化驱动数实融合的对策主要包括以下几个方面。

(一) 加强数据要素市场化配置

(1) 加强数据要素流通。建立高效的数据流通机制，打破数据孤岛和壁垒，促进数据在实体经济中的广泛应用，这包括加强数据共享平台建设，促进政府、企业、社会组织之间的数据互联互通。

(2) 健全数据交易制度。为保障数据交易合法安全，须建立健全数据交易规则和监管机制，同时培育数据交易市场以促进数据资源有效配置。

（二）提升数字技术创新能力

（1）加大研发投入。增加对数字技术研发的各方投入，包括中央层面、各地政府层面、各类机构和企业组织的不同形式投入，鼓励企业、高校和科研机构开展数字技术创新，尤其是提升自主创新能力。

（2）培养创新人才。加强数字技术领域的人才培养，建立多层次、多类型的人才培养体系，为数据价值化驱动的数实融合发展提供人才保障。

（三）优化数字经济政策环境

（1）完善政策体系。制定和完善包括税收优惠、资金支持、市场准入等多方面在内的促进数字经济发展的政策措施，为数字经济发展提供良好的政策环境。

（2）加强政策宣传。加大数字经济发展政策的宣传力度，提高企业对政策的知晓率和使用率，激发企业参与数字经济发展的热情。

（四）强化数据安全保护

（1）加强数据安全管理。建立健全数据安全管理制度和标准体系，加强数据全生命周期的安全管理，防止数据泄露、滥用和非法窃取。

（2）提升数据安全技术。采用先进的数据安全技术手段，如加密技术、访问控制技术等，提升数据安全防护能力。

（五）支持中小企业数字化转型

（1）提供融资支持。加大对中小企业数字化转型的融资支持力度，降低企业数字化转型的融资成本。

（2）推广数字化解决方案。鼓励和支持数字化解决方案提供商为中小企业提供定制化、专业化的数字化解决方案，帮助企业实现数字化转型。

（六）数实深度融合应用场景创新

（1）聚焦重点行业。聚焦工业制造、数字政府、医疗、教育、能源、农业等重点行业和领域，推动数字技术与生产核心环节的深度融合。

（2）创新应用场景。以创新融合应用场景为核心，实现数字技术与生产工艺、制造技术的有效融合，打造以行业数字化平台为核心的一体化解决方案。

综上所述，数据价值化驱动数实融合的对策需要从多方面入手，包括加强数据要素市场化配置、提升数字技术创新能力、优化数字经济政策环境、强化数据安全保护、支持中小企业数字化转型以及推动数实深度融合应用场景创新等。这些对策的实施将有助于推动数字经济与实体经济的深度融合发展，为经济社会发展注入新的动力。

第七章

数字化治理——一种新型生产关系

数字经济与实体经济深度融合的关键一环是数字化治理。数字化治理的本质是数字化治理手段在全社会应用场景的普及和深化。数字化治理指利用数字化手段完善经济社会治理体系,创新治理模式,提升治理能力。

第一节　数字化治理与数字化手段 契合形式、机理、路径

作为数字经济时代新型生产关系的数字化治理,正全面重塑生产、流通、分配和消费的各个阶段,其核心是采用数字化手段推动治理体系及治理能力实现现代化,依靠多样化技术工具和机制创新实现资源高效配置与社会可持续发展,本节从契合形式、机理以及路径三个层面着手,系统阐释数字化治理与数字化手段之间深度契合的相关内容。

一、契合形式:数字化治理与数字化手段的结构性匹配

数字化治理的契合形式主要体现是治理目标的数字化映射、治理主体的多元联合以及技术工具跟应用场景的适配状态,这些方面的恰当组合,搭建起一个动态且高效的治理框架,为增强治理效率以及社会可持

续发展提供了结构性保障。

（一）治理目标的数字化映射

实现精准治理的核心环节是治理目标的数字化映射，这要求从传统的依靠经验决策转变为数据驱动决策，依靠大数据、人工智能等技术手段，让治理目标更清晰明确、更精准无误，还能动态地调整，以适应社会经济环境的快速变化，数字化治理借助数据采集、分析及反馈机制，以实现治理目标的动态优化。在环境治理范畴内，传感器网络针对空气质量、水质等关键指标实施持续监测，可实时把握污染现状，为政策制定提供科学支撑（何欣如，2024），数字化映射增进了目标执行的可操作性，让治理变得更透明、更高效，依托卫星遥感、无人机巡查等技术，环境管理部门可得到高精度的污染数据，进而结合人工智能算法进行污染源头追溯，从而拟定针对性的治理办法（张波，2023）。

数字化映射提升了治理目标的适应能力，在社会治理范畴内，智能交通系统可以依据实时监测到的交通流量去调整信号灯配时，降低交通拥堵压力，提高道路通行的效率，大数据分析加上人工智能预测模型可以挖掘历史数据，预先判定潜在的治理困境，从而增进政府应对突发事件的本事。智慧城市系统有本事整合多源数据，如人口流动的状况、能耗数据及交通流量，实时对城市资源配置做优化，推动公共服务高效开展，各种公共管理系统也依托数字化映射实现精准施策，保证资源的合理分配，同时，借助机器学习技术不断提升治理水平。

（二）治理主体的多元协同

数字化治理冲破了传统治理模式下政府起主导作用的单一治理框架，构建了政府、企业、社会组织及公众多方共同参与的协同治理体系，依靠数字化平台，各主体之间的信息共享、资源整合与决策协同成功实现，形成更有效率的、更灵活的治理模式，政府机关借助数字化方式跟企业建立紧密合作同盟，促进数据的互联互通，增强治理成效，数字政务系统建设让政府可与企业共享行政审批、信用评价等数据，去除冗余流程，增进行政效率，企业凭借政府所开放的数据资源优化自身商业决策，同时拿出创新的公共服务应对方案，如智慧医疗、智慧教育这类。

社会组织与公众同样可以借助开放数据平台、在线参与系统等方式，更直接地加入治理过程里，监督政策执行的进展，公众凭借政务App、在线意见征集系统等数字化途径，可以迅速把治理问题反馈，提升政府决策的科学性与透明度。数字化治理借助多元协同模式提升了治理体系响应速度，让政府得以及时调整现有的政策，提高治理的适应水平，社会化协同治理模式同样体现在公共安全管理、社区治理等方面上，在智慧社区建设的阶段中，居民可经由社区治理平台参与公共事务的研讨，提出改良办法，也能监督社区管理执行情况的好坏，多元协同强调各主体之间的互动与平等属性，使治理模式更朝着扁平化、透明化迈进，开放性数字化治理体系激励社会各界携手参与，达成多方互利共赢，增强治理体系的公信力与执行力（李佳轩，2025）。

（三）技术工具与应用场景的适配性

数字化治理要依据具体场景挑选恰当的技术工具，以促使治理目标有效落地实施，各类治理场景对技术手段的需求各有千秋，需精准开展匹配，保证技术实现最大功效，信息技术不断拓展，让政府有机会利用人工智能、大数据、云计算等技术，调整治理模式，增强治理成效。在人口治理、城市布局规划等范畴中，大数据分析可实现精准预测，优化管理手段，政府凭借大数据对城市人口流动趋势进行分析，提前对公共服务设施布局进行规划，优化交通网络结构，增进居民生活质量，城市管理部门运用无人机巡查、图像识别等技术，实现城市违建的自动识别，增强治理成效。

在供应链追踪溯源、数据安全管理等情形，区块链技术借助其去中心化以及不可篡改的特质，担保数据的真实可靠（杜鹏，2025），政府可凭借区块链技术创建食品药品监管系统，实现全链条的可追踪性，增进食品药品安全治理水平，数字货币应用同样依赖区块链技术，政府可经由数字货币的监管机制，提升金融治理水平，防范金融隐患，技术适配是否合理直接影响治理效果好坏。

数字化治理的恰当方式借助治理目标的数字化映射、多元主体的协同合作和技术工具与场景的契合，搭建起一个动态且高效的治理架构，该框架为治理效率的提升以及社会可持续发展提供了结构性保障，且为数字化治理的后续实践奠定了基础。

二、契合机理：数字化治理与数字化手段互动的内在逻辑

数字化治理和数字化手段的契合机理表明了技术应用与治理需求的深度交融，其内在逻辑有以下三个方面的内容：数据循环往复、动态适宜匹配与协同并存，这种逻辑深度揭示了技术和治理在功能、结构及反馈机制上怎样相互发生作用，共同推动治理效能上扬。

（一）数据循环：由数据采集到决策优化的循环体系

数据循环是达成数字化治理跟技术手段契合的核心要素，呈现出治理需求与技术供给间的动态联系，这一机制含有数据采集、数据处理、决策优化以及反馈调整四个关键环节。

数据采集是闭环机制的发端（林书兵，2024 年），依靠物联网、传感器网络和智能终端设施，政府和企业可对环境、社会经济活动及公共服务实施全方位实时监测，在智慧城市实施治理之际，借助交通监控摄像头、空气质量传感器、社交媒体文本挖掘等多种技术手段收集城市运行数据，保证治理基础信息既完整又能及时更新。

数据处理为闭环机制的关键一环，对原始数据要实施清洗、归类和分析操作，用以去除冗余内容并提取关键治理指标，人工智能、机器学习与大数据分析技术在这一环节起到了核心作用，依靠历史交通数据与实时监测数据的结合，智能交通系统可精准预估道路拥堵情形，并调整红绿灯的时间顺序优化路网格局。

决策优化是闭环机制的目标。做完数据分析以后，治理主体可以凭借数据洞察制定精准的政策及治理手段。在新冠疫情防控期间，政府借助大数据分析人员流动的走向，精准圈出高风险区域，同时实现医疗资源配置的优化，增强应急响应水平。

反馈调整推动闭环实现自我优化。治理行为产生的新数据将回哺到数据分析过程中，让治理模式不断革新，顺应持续变动的社会环境。如智能垃圾分类系统凭借记录居民的垃圾投放表现，更新分类规则并给出针对性提议，提升垃圾分类的实施效率。

（二）动态适配：治理需求与技术的双向调节机制

动态适配揭示了数字化治理与数字化手段的双向互动逻辑机理，也就是治理需求催化技术创新，技术进步带动治理效果优化，该机制让治理体系可以紧跟社会发展的演进，并充分利用技术革新产生的新机遇（王树斌，2024）。

治理需求直接拉动技术成长，响应突发公共卫生事件的应急诉求，技术创新快速响应并推出疫情追踪应用、资源调度平台及远程医疗系统，在新冠疫情肆虐期间，多个国家的政府凭借移动数据分析技术追踪确诊病例的行动轨迹，及时察觉密切接触者，切实阻止新冠疫情扩散。

技术的进步使治理创新有了前所未有的机会，人工智能跟区块链技术的发展，让复杂社会问题获得突破，政务数据共享、供应链管理以及电子政务平台，都普遍应用了区块链技术的去中心化和不可篡改特性，增进了治理透明度以及数据安全性。动态适配机制囊括治理流程的敏捷化与技术反馈的持续性，数字化方式让治理主体可以迅速应对社会环境的改变，智能城市管理平台能实时监测城市公共服务运行情形，像供水、供电、交通这类，而且在突发状况出现后迅速调整方案，技术应用推进阶段所产生的数据反馈将促进技术优化，让技术更贴合治理的实际要求，智能问政系统对用户咨询内容加以分析以优化政务服务，增强政府回应效率。

（三）协同共生：技术生态和社会系统的互动式反馈

协同共生是数字化治理长期推进的内在逻辑，体现为技术系统与社会系统间的积极交互，数字技术的采纳不仅提升了治理功效，还带动了社会结构的变革，以及公众参与模式的转型。

数字化治理借助赋予社会主体能力，推进多方协同创举，政府借助开放数据平台，鼓励企业、社会组织和科研机构依托公共数据开展创新应用开发，形成数据驱动的协同治理模式格局，城市交通数据对外公开促使科技企业开发出精准的交通导航系统，提升市民的出行效率。

社会反馈对技术发展起着关键的塑造作用，公众凭借行为适应和需求表达影响技术的发展走向，对隐私保护的关切推动数据安全技术不断创新，助力区块链加密存储、多方安全计算等隐私保护技术的广泛采用，企业于市场竞争当中同样要响应消费者诉求，金融科技企业利用大数据分析去优化信用评分模型，以提高贷款服务的公平水平。

协同共生的内在逻辑是将多样性与包容性结合起来，治理场景的繁杂特性要求技术应用可适应多样的需求（陈春花，2022）。例如在处于智慧城市建设的阶段中，既需具备精准治理用的高效数据分析能力，也得有保障社会公平的政策执行能力，社会系统的开放性为技术创新赋予了广阔空间，开放政府数据推动人工智能算法训练实现优化，助力决策智能化水平的增强。

这三个方面共同构成了数字化治理跟数字化手段相互配合的契合机理，凸显了治理需求、技术进步和社会反馈之间的紧密关联，此内在逻辑为数字化治理的深入探索给予了理论支撑，还为实践层面的应用方式指明了方向。

三、契合路径：数字化治理和数字化手段的深度融合

数字化治理与数字化手段相契合的路径乃是动态演进的过程，既需要在实践层面稳步推进，也得在理论层面不断深入挖掘，此过程牵扯到技术体系搭建、制度设计完善、能力建设与人才培养以及试点与推广四个核心方面，各方面相互配合，构建起一个完整的路径体系。

（一）技术体系建设：夯实数字化治理基础

1. 数字基础设施升级

数字基础设施是数字化治理实施的技术基础，加速5G网络、云计算平台和物联网设备部署的步伐，搭建覆盖全面且高效的技术网络，为

数据的采集、传输、处理及存储提供有力支撑，分布式云计算与边缘计算的融合，利于优化数据处理的相关路径，提升响应速度，以契合复杂治理场景的实时性诉求，量子计算与下一代网络技术的进步，也为更高水平的数字化治理筑牢了技术根基。

在城市管理、工业管控、医疗健康等范畴，数字基础设施的升级已然是提升治理能力的核心动力，伴随 5G 网络的普及，智慧城市能高效地运作，政府借助智能传感器能实时监测城市的运转状态，加大应急响应力度，云计算平台的搭建不仅优化了数据存储与计算能力，还推动了各级政府跟企业的数据相互打通和连接，为精准治理及智能决策提供了技术支撑力。

2. 技术集成与操作性提升

鉴于数字化治理的复杂性，不同技术要实现无缝衔接与协同工作，大数据分析必须结合人工智能算法，以从海量数据当中提取有效的治理认知，物联网和区块链技术融合在一起可构建数据全生命周期管理体系，保障数据的透明度与可信度，采用数字孪生技术，让城市治理、公共安全、应急响应等领域可借助虚拟模拟达成精准决策。

各国政府在开展数字化治理相关工作时，越发看重技术的集成与互操作性，一个合格的数字治理生态系统离不开各类数字技术协同生效，如人工智能赋予能力的数据分析、区块链保证可靠的可信数据存储、物联网带来的实时数据监测等，诸多技术之间的无缝组合，不仅可以提升政府部门间的数据协同能力，还可以提升决策的精准度以及执行的高效性。

3. 技术标准与规范的制定

在实施技术体系建设过程中，标准化是保障各类技术手段协调配合的重要基础。制定一致的数据接口标准及隐私保护规范，可去除数据共享的技术壁垒，增强技术配合效果，构建全球彼此认同的数字身份体系，让跨区域、跨行业的数据交换更为顺畅，数据治理框架得以完善，也可保障数据使用合法合规，带动数字化治理的可持续成长。

数字化治理若要发展，得建立在稳定又统一的标准之上（胡铭，2025），全球的多个国家及组织已开始制定相关技术标准，例如，ISO 组织针对数据安全、隐私保护、网络互通等方面的标准体系框架，使各国在技术协作时兼容性进一步提高。各国政府还需制定数据治理相关的法律法规，使数据在共享及交易阶段符合伦理和法律条件。

(二) 制度设计优化：提高数字化治理的协同水平

制度设计优化是确保数字化治理与数字化手段高效契合的重要支撑。具体表现为：

1. 政策法规的制定与更新

数字化治理需借助灵活的法律框架支持。数据保护法、人工智能治理准则等法令的出台实施，为技术应用明确边界并给予操作指南，正视持续变迁的数字环境。制定法律法规需要有前瞻性，借助动态调节机制维持其适应性，确立数据开放与隐私保护共同推进的法规体系，促使政府数据开放与个人隐私保护的动态平衡。

伴随数字经济迅猛发展，各国政府面临着越来越多的新型治理挑战，譬如数据隐私发生泄露、人工智能的伦理状况、网络安全的潜在威胁等。解决此类问题需开展制度创新，让数字治理的法律法规可跟上科技发展的步调，政府应按周期评估现有法律法规的适用性，并利用政策调整去适应新兴技术应用。

2. 治理结构的调整与创新

数字化治理要求治理结构有灵活性以及协同性。依靠引入扁平化管理模式与跨部门协同机制，数字化治理可更高效地应对复杂的状况。在城市治理方面，构建智慧城市管理平台，有利于打破部门相互的壁垒，做到信息共享然后联合决策，提升治理成效。政府、企业与社会组织联合的治理模式，为公共治理设立了更开放且透明的决策机制。

(三) 能力建设与人才培养：构建数字化治理的核心动力引擎

1. 数字化素养提升

数字化素养体现为个人和组织对数字技术的理解、掌握及应用能力，它囊括了从基本的计算机操作本领到对大数据、人工智能、物联网等尖端技术的深刻认知。若想顺利推动数字化治理，治理主体须具备一定的数字化素养，这绝不仅是对技术进行学习，更是对数字时代社会变革的认知和适应能力。政府官员、企业管理者以及社会公众构成了数字化治理的主要参与主体，必须增进他们对数字技术的认知层次，掌握相关工具，实现在实际治理中的灵活运用。

为了增进数字化素养，政府与相关组织可开展一系列制度化的培训项目，保证各级政府官员及企业领导具备基础的数字技术知识，且能在日常工作期间有效运用数字化工具。采用定期举办在线教育课程、线下培训班、行业论坛等方式，助力管理者了解数字化工具的运用途径，借助在线平台开展远程教育与在线互动，也能为社会公众开展广泛的数字化素养相关教育。

在提升政府官员与企业管理者数字化素养的同时，更应重点聚焦于通过分析实践案例，让他们真正理解数字技术怎样改变治理与管理模式。可凭借设立数字化治理实验室、虚拟仿真环境等方式达成，使治理主体在模拟场景中体验技术应用的全进程，进一步强化对技术实际操作及其潜力的认知水平。数字化治理实验室及仿真环境不单单是技术技能的训练场，也可充当创新思维沟通的空间，带动治理方案的创新及完善。

2. 跨学科人才培养

数字化治理的成功实施，离不开复合型人才的支撑，这些人才既需要具备扎实的技术能力，还得有良好的政策解读能力和治理需求理念。在现今快步发展的数字时代，单一学科背景难以契合数字化治理对综合能力的要求，培养跨学科人才成了推动数字化治理的关键任务。

造就跨学科复合型人才，必须在教育体系中达成技术与治理的深度融合。高校与企业应借助产学研合作模式，搭建兼具实践性与创新性的培养平台，政府可倡导高校开设和数字经济、数字化治理相关联的课程，如数据科学、人工智能伦理、数字平台管理等相关的课程，促进学生学术、技术能力的全面进步；企业可搭建实践的平台，让学生于实际的数字化项目内锻炼技艺；学术界、企业界跟政府部门的紧密协作，也可为跨学科人才培养创造更宽广的视野以及更多契机。

结合数字化治理的特殊要求，政府跟高校还可以共同设立数字治理专项研究院，聚焦解决数字经济、人工智能、数据安全、数字伦理等领域的前沿困境，这些研究院可集中力量开展跨学科的深度探究，而且为政策制定给予智力支撑，还能为数字治理的实践活动提供创新的理论指导及技术支持。采用这种模式，跨学科人才可在研究到实践的全流程中得到锻炼与成长，进而为数字化治理提供稳固的人才根基和技术支撑。

（四）试点与推广：积累实践所得，优化前行路径

1. 试点项目的实施

试点项目是数字化治理迈向大规模推广的关键，经由在小范围开展试点项目，可以及时察觉问题并更改方案，以保证在更大规模推广时的实际成效。这些试点项目可涉及社会治理、公共服务、企业管理等不同范畴，智慧城市、智慧社区等项目的实施开展，而且协助地方政府探究怎样凭借数字技术提高治理能力，还为后续的数字化治理实践提供了验证性的数据支持。

智慧社区试点项目可谓其中的典型范例。凭借将物联网、人工智能、大数据等技术应用到基层治理方面，智慧社区项目可切实提升公共服务的效率，优化资源的分配格局，且增强居民参与的主动性与获得感；依靠智能监控、数据分析等举措，社区管理者能实时知晓居民的需求及问题，并迅速做出回应。这些试点项目依靠持续的反馈及优化，积累了大量有价值的经验，为数字化治理模式走向成熟和普及筑牢了坚实基础。

2. 成功经验的推广与复制

当试点项目成功落地实施后，如何把试点成果实现标准化推广并复制到其他的地区和领域，是实现数字化治理推广的关键一环。政府可以总结试点项目中的成功经验，创建一套完备的数字治理模式及技术规范，进而在更广大的范围里应用，这不仅能防止陷入盲目试错，还能降低实施环节的风险，提高推广效率。

经由推广与复制成功经验，可以实现数字化治理效能的规模性增长。某些地方的智慧社区经验能在另外的城市或乡村社区复制，通过调整以符合当地的具体要求，实现相近的治理成效；采用大数据分析和云计算等技术手段，推行数字治理模式不仅可提升效率；还可根据不同地区的特点及需求进行灵活调整，实现更贴合个性与定制需求的治理服务。

技术体系打造、制度设计优化、能力塑造与人才培养以及试点与推

广四个方面，共同铺就了数字化治理与数字化手段深度融合的完整路径。各个环节彼此支撑、配合推进，一起为数字化治理的全面推进给出了条理化的实践指引。此类路径探索属于数字化治理的现实诉求，也是达成其未来愿景的必需路径。利用持续优化技术、夯实人才队伍基础、推广成功样板，数字化治理肯定会在全球范围内获得更明显的成效，带动各国与地区社会治理水平全面上升。

技术体系规划、制度设计改良、能力建设与人才聚集以及试点与扩大四个方面，共同形成了数字化治理与数字化手段深度融合的完整途径，为数字化治理的全面推进提供了体系化的实践指导。该种路径探索是数字化治理实际存在的需求，也是达成未来期盼目标的必经轨迹。

第二节　数字技术手段赋能数字化治理的方式、渠道和机制

数字技术的迅猛发展极大地改变了社会治理模式，从传统的线性管理模式到数字化治理模式，促使治理方式、渠道及机制实现全面革新。数字化治理借助先进的信息技术，形成了依靠数据驱动、智能化管理、透明度较高且公众参与广泛的新型治理体系。处于这一背景的环境里，技术手段为数字化治理赋能，成为带动社会治理效能上扬的重要动力。本节将围绕数字化治理的途径、渠道及机制，全面探讨数字技术赋能造成的多维度影响。

一、数字化治理方式的创新与发展

数字化治理方式即借助技术手段提升政府和社会治理的科学性、精确性与效率性，推动政策制定、执行与反馈的全面优化升级。

（一）大数据分析与决策科学化

数字化治理方式的关键特征是采用大数据的决策支持系统，其核心

为数据挖掘、处理和分析方面的技术。借助对海量数据的搜集与剖析，政府可实现精准的政策制定和优化；对人口流动、犯罪率统计、就业相关等方面开展数据分析，政府可合理地分配公共资源，预测潜在隐患，然后制定针对性的治理策略（程聪，2023）。

大数据技术在治理期间引入了动态即时决策的能力，在城市管理活动当中，依靠对环境污染指数、能源消耗数据的分析，政府可迅速调整污染控制政策，加大环境治理成效；在交通系统的智能监测与实时安排阶段中，依靠实时的交通流数据，系统可动态改变信号灯的时长，提高道路通行效果，进而有效缓解交通拥堵现象，优化城市运行效果。

（二）人工智能与自动化治理

人工智能技术为数字化治理方式赋能，促使决策过程越发智能化与自动化，依靠深度学习以及自然语言处理等技术，人工智能不仅可实现政府管理流程的优化，还可提供更为高效的公共服务。

就财政预算管理领域而言，AI系统可依靠历史预算数据和政策执行表现，自动优化预算编制与分配的相关方案，提升财政资金运用效率；在公共安全管理领域，利用计算机视觉以及模式识别技术，智能监控系统可自动识别异常举动，提升安全监管的精确性与响应速率。

在公共服务范畴内，智能化客服系统与虚拟助理的应用越发普及。政府部门凭借AI驱动的自动化客服系统，能高效应对市民提出的咨询，实现政策实时信息的查询，而且支持线上事务办理服务，这既节约了人力方面的资源成本，同样提高了服务的满意度与便捷性。

（三）区块链技术与治理透明化

区块链技术带有的去中心化与不可篡改的特质，为数字化治理途径赋予了更高的透明度，其分布式账本技术可保障数据的真实性与安全性，在公共管理、司法、金融等多个领域发挥重要作用。

在医疗领域内，采用区块链技术设立的健康数据管理系统，可保障患者的诊疗记录和处方信息真实且完整，可促进医疗资源的合理分配，降低医疗骗保欺诈行为。在司法范畴中，区块链技术有能力保障电子证据的不可篡改特性，增强司法的公正与可靠程度。

另外，区块链在财务透明化上的运用，可有效杜绝财政资金被滥用与腐败现象出现，采用智能合约和智能审计系统，能实时监控和验证财政资金的流动与使用情况，增进治理的公众认可度（葛文峰，2025）。

二、数字化治理渠道的多样化与优化

数字化治理渠道指采用各种不同的技术手段，建设一个覆盖面积大、响应迅速、有强互动性的公共服务通道。这些渠道不仅推动了公共管理效率的提高，还改变了政府与公民之间的互动方式，带动了政府治理模式走向现代化与智能化。数字化治理不仅能增进政府与公众间的信息流通，还可进一步增进公共资源的配置效率，提高政策执行的透明度与公信力。数字化技术不断进步催生了多种创新治理模式，促使各类公共服务渠道越发多样、便捷且精准。

（一）线上平台与服务整合

数字化治理渠道以线上服务平台的集成与优化为核心，依靠互联网和大数据技术的帮助，政府借助各类线上平台达成多项服务的整合与协同。这些平台有智慧城市平台、政务服务平台、公共服务平台等类型，构建了一套便利的线上服务体系，让公众可随时随地体验各类政府服务。采用这种途径，政府可实现政策更精准的落实，而且大大增进了行政效率。

政务服务平台的建立让政府部门可对各类公共服务资源进行有效整合。依靠智慧城市平台，政府可集成身份验证、税务申报、交通罚款、户籍管理、社保查询等一系列公共服务。用户只需凭借一个账号即可迅速处理所有事情，避免了过去需在多个部门来回奔波的麻烦，这种一站式服务系统大幅提升了公众办事的体验感，加大了政府工作的效率及透明度。

更显著的是，政府部门借助大数据分析、人工智能这类技术手段，整合服务平台之际可根据用户的需求及行为数据实时作出调整，给予个性化的服务体验，按照用户以往服务记录，政府平台可事先推送相关的政策信息或办事提示，由此提高用户办事的效率和满意度。

在新冠疫情防控管理期间，线上健康申报与监测系统乃是这种线上服务平台优化的典型例子，依靠大数据、物联网技术与移动互联网结合，疫情防控平台可对区域范围内的疫情情况进行实时监控，进而依靠智能化的健康申报系统，助力民众完成健康信息上传、健康风险评估与疫情防控措施反馈。此线上平台同样可以提供即时的健康服务，如在线问诊、疫苗接种预约之类，这些不同种类的线上渠道不仅增强了政府应对突发公共卫生事件的成效，还增强了公众跟政府之间的互动交流与信任程度。

（二）社交媒体与公众参与

社交媒体平台已逐步成为现代数字化治理里不可缺少的关键通道，微博、微信公众号、在线论坛、社区平台等不仅为公众提供了开放的互动空间，还使政府能更准确地把握社会需求与公众意见。这种依靠社交媒体的应用模式，打破了传统行政管理跟民众之间的阻碍，提升了政府治理的透明度与民主水平。

跟着社交媒体普及的步伐，公众可以利用这些平台直接参与到政策讨论中，给出意见建议，甚至对具体政策实施阶段的情况进行监督。以环保政策制定为例，某地政府在制定改善当地空气质量相关政策之际，大力运用微博与微信公众号等社交平台开展公众意见征集，按照实时反馈的意见数据，政府能够掌握公众对政策细节的关注之处和关心点，从而实现对政策内容的进一步优化，大众在社交平台上提出了有关减少工地扬尘污染的建议，政府便在原有的政策基础上增加了更多施工管理规范。这种广泛的公众参与不仅提升了政策的科学性和实用性，还增强了政策执行的社会认同度。

社交媒体的作用不只是政策反馈方面，它还可借助舆情监测系统对公众情绪开展实时分析，助力政府对社会情绪波动进行有效预警与应对。采用人工智能与自然语言处理技术，舆情监测工具可开展情感分析与趋势预测，向政府提供跟社会情绪有关的即时反馈。待某一热点政策实施以后，情感分析工具可凭借监测社交媒体上的评论、帖子和文章，即时评测公众对该政策的情绪反馈。倘若系统察觉到大规模负面情绪的变动，政府可及时回应并调整相关治理策略，进而避免或许会出现的社会不满或抗议。这种依托社交媒体的舆情监测与应对机制，极大地增进了数字化治理的灵活性和有效性。

（三）物联网与智慧城市服务

物联网技术作为数字化治理里的关键组成部分，正在为智慧城市的建设与发展给予强力支撑。物联网运用各种感知设备与数据传输技术相融合，构建起城市服务管理的智能化途径，令政府得以实时、精准地把握城市运转的各种数据。物联网在智慧城市中的应用不只是提高了公共服务的品质与效能，还替政府提供了更为精准的数据后盾，拉动了数字化治理的深度进步（梁兴辉，2020）。

就智能交通管理方面而言，物联网技术应用已达成显著的成果目标。采用传感器、摄像头、GPS 定位等技术，物联网可对城市交通流量进行实时的监测，且依据实时数据自动对交通信号灯的调度做优化，减少了交通拥堵现象，智能交通系统也可按照实时数据对公共交通的发车次数、路线规划作出调整，由此改善城市交通系统的运作效率。这种智能化的交通管理系统不仅让市民的出行体验得到提高，还大幅降低了城市交通事故的出现概率，增进了城市的整体运行成效。

物联网技术在智慧水务系统应用方面同样取得了明显进展。通过安装于各大水厂及水管网里的智能水质监测设备，物联网可实时监测水资源的质量、压力、流量等数据，保障供水过程当中水质安全且平稳。这些设备在水质呈现异常时，即时报警并自动对相关参数做调整，实现水资源的可持续利用与安全供应。引入物联网技术，不仅有效提升了水务管理的智能层级，也让水资源配置变得更科学与合理。

物联网在垃圾分类、能源管理、公共安全等方面的应用也渐渐获得推广。智能垃圾桶依靠物联网传感器可实时监控垃圾桶的填充情形，然后自动通知清运人员进行垃圾处置，进而提升了城市垃圾处理的效率；就能源管理而言，物联网技术可对城市里各类能源的使用状况进行监测，就如电力、水跟气等，辅助政府达成对资源消耗的即时监督与合理分配。这些物联网技术的采用，不仅提升了公共服务的精准程度和及时程度，还推动城市往智能化、绿色化方向迈进。

三、数字化治理机制的优化与深化

数字化治理机制的改进与拓展，采用先进的技术途径，不仅提高了治理方面效率，还明显降低了传统治理中存在的制度漏洞与人的主观干预。数字化治理并非只是对传统治理体系进行改良，更是对整个社会管理模式的全面革新升级，从政府公共服务范畴到社会各领域企业管理，数字化治理机制正渐渐渗透到日常生活的各个角落，拉动社会治理模式的变迁。

（一）智能合约与治理自动化

智能合约技术是构成数字化治理机制的重要创新技术。依托区块链技术，它依照编程设定的条款自动达成合同内容并执行，该技术能够在不存在第三方干涉的情形下，保证协议自动执行与透明开展，明显提升了效率跟公正性。智能合约技术的核心优势体现为去中心化，它去除了对传统中介机构的依赖，降低了交易成本，同时提高了信任度与透明度。

在公共治理范畴中，智能合约的采用展现出很大的潜力。以政府采购实例为证，智能合约能确保采购流程既公正又透明。采用自动化方法执行合约条款，不仅可降低人为干预和腐败事例，还能于数据共享和审批阶段实时查证合同条件，保证每一步操作都依照预设规则；合约系统可自动完成支付处理流程，全部采购流程的信息可马上传送给所有有关方，极大提高了效率。

智能合约的应用也延伸到了司法范畴。在传统司法的运作流程中，案件的审理及判决往往需依靠长时间的过程和繁杂的法律程序来达成。处于数字化治理阶段时，借助区块链技术，判决结果可实现自动执行，缩短了冗长执行过程的耗时（吕希琛，2025 年）。采用自动化办法执行判决，还能有效削减人为错漏，保障司法过程公平公正、公开透明。智能合约应用不仅提高了效率，还提升了公众对司法体系的信任认可。

（二）透明机制与数据开放

数字化治理机制顾及数据的透明性与开放共享，目的是借助高效的数据流通与运用，增进治理的功效。这一机制的核心是打破传统治理模式当中信息不对称的困境，推动政府及企业的决策过程更加公开透明，同时降低了资源的无谓消耗，促进了资源配置的效率。在数字化治理期间，透明机制和数据开放具有关键的意义。

政府搭建开放的数据平台，能切实促进数据的共用与运用。各地政府凭借数据开放平台，发布了海量涉及公共资源、社会服务、经济发展等范畴的数据，供社会各界人群开展分析探究，这不仅协助学术研究得到了宝贵的基础数据，同样为创新型企业创造了市场拓展机会，加快公共数据跟民间资源的充分结合进程，推进社会各领域往智能化发展（李卫东，2022）。

数字化治理借助数据治理技术的运用，保证了数据的真实性与安全性。在数据标签管理及数据质量控制事宜上，实施一系列技术办法，可以保障数据质量的切实可靠。在医疗、教育等范畴，政府能借助智能化的数据治理工具，对用户数据实施实时管控与安全守护，保证数据在使用时不会泄露或遭恶意篡改。此过程的自动化跟智能化，既提高了数据的处理能力，还维护了公众数据安全及隐私。

（三）数据安全与隐私保护机制

伴随数字化治理的深入推进，数据安全和隐私保护成了不可无视的重大话题。身处信息化时代，数据的流通速率极高，涉及的领域范围不断拓宽，怎么在维护数据可利用价值的同时，保障个人隐私的安全无虞，成为治理机制上亟须解决的事项。

数据隐私保护不只是技术范畴的难题，更是社会治理范畴中的挑战。随着大数据分析与人工智能技术的普及化，要怎样在保证数据利用效果的同时，避免数据滥用以及隐私侵犯成了亟须关注的课题。在数字化治理阶段，隐私计算技术作为一种新诞生的技术手段，提出了解决途径，隐私计算技术依靠数据脱敏、去标识化等技术手段达成，切实守护了个人信息在使用和共享阶段的安全性。采用了这些技术，保障了个人隐私在数据分析时的安全水平，同时降低了数据泄露的可能性。

区块链隐私保护机制同样在数字化治理里获得了应用。以去中心化的数据管理平台为途径，用户能更积极主动地管理自己的数据，实现数据的自主掌控与分享，在医疗行业范畴，患者可凭借区块链平台掌控自身的医疗数据，也能依据需要把这些数据授权给相关医疗机构使用，保障数据既安全又合法，靠着这种做法，数字化治理完成了数据运用及隐私保护的双重保障（陆岷峰，2025 年）。

四、数字化治理的未来发展与挑战

伴随数字技术持续推进创新与应用，数字化治理将进一步向纵深和广度拓展。不可否认的是，技术带来的既有机会也有挑战，在助推社会治理步入现代化的同时，也面临着技术落地跟实际操作方面的种种难题，在数据利用跟隐私防护之间，怎么找到最恰当的平衡点，成为数字化治理发展阶段的核心难题之一。

在数字化治理未来发展的阶段里，如何应对技术系统可靠性与风险管理事宜，同样要引起充分的关注。伴随区块链、大数据、人工智能等技术不断演进，技术的不稳定状况与不成熟情况也许会带来意外的风险，人工智能算法存在的偏见问题也许会造成治理结果不公正，而区块链的技术瓶颈说不定会影响它在多方面的应用，怎样优化技术保障机制，增进技术监管强度，是数字化治理一定要面对的挑战。

未来数字化治理发展的情形，应在技术驱动跟社会需求之间找准平衡点，推进治理体系从单一化迈向多样化、多元化发展，最终实现更智能化、民主化与具备可持续性的社会治理模式。数字化治理不仅是技术的采用，更是社会管理理念的转变，数字化治理不只是在提升行政效能上发力，还会在推动社会公平、提高公民参与度等方面起到更关键的作用。

数字化治理催生的创新，推动社会治理模式实现转变。依靠新技术的引入，数字化治理给出了效率更高的治理模式，同时拓展了公众参与的路径和层面。在这一进展过程中，技术赋能不仅促进了治理质量与效率提升，还为社会各阶层增添了更多参与机会和公开透明的互动平台，推动社会治理步入民主化阶段。

对数字化治理方式、渠道及机制的创新，不仅提高了治理的质量及效率，同样拓展了公众参与的路径及深度。在技术赋能作用凸显的背景下，数字化治理正日益成为推动社会前进和经济发展的核心动力，伴随着技术发展进程和应用深化脚步，数字化治理将不断迭代，推动社会治理步入更高水平的现代化与智能化阶段。

第三节　数字政府建设推动数实融合的途径与机制

一、数字政府建设的背景与意义

在数字化经济时代，政府职能及结构的变化向传统治理模式发起了挑战。传统意义上政府职能重点放在行政管理和监督，而数字化政府借助信息技术和数据驱动治理运转，向着更高效、更透明、更智能化的方向发展。数字政府是现代国家治理的关键构成部分，其建设不只是让政府跟公众之间的互动方式发生了变化，还助力数字经济与实体经济实现深度融合。

数字经济与实体经济的深度融合是现代经济发展的关键特性之一。伴随技术的进步与信息化程度增长，政府作为公共服务的给予者与市场规则的制定者，需采用数字技术来优化及提升治理能力，以满足社会公众与企业日益繁杂的多样化需求。探究数字政府建设借助不同方式与机制推动数实融合的途径，具有重要的理论及实践意义。

二、数字政府建设的方式

（一）数字化基础设施建设

数字政府建设离不开数字化基础设施，经由完善政务云平台、数据中心、大数据平台以及各类公共服务系统，可实现政府内外数据的统一管理及共享，这些基础设施为政府与企业、公众之间高效的数据交互提供了技术支持。政务云平台在数据整合及存储方面优势突出，可在多部门之间开展信息共享，增进决策的科学性及效率。伴随信息技术的迅速发展，数字化基础设施建设正慢慢从传统的硬件基础设施过渡到以云平台和数据为核心的软件基础设施。以下将全面分析数字化基础设施建设的具体内容。

1. 政务云平台

政务云平台作为数字政府架构里的核心构成，依托政务云平台，政府可达成数据的集中存放、统一管控与跨部门共享，这不仅能促进政府部门间协作效率的提高，还能拆除信息孤岛，带动政府服务走向标准化与精准化发展（王磊，2024）。政务云平台可以把各类政府服务信息汇聚整合，含有税务、社保、交通、教育等部门的数据资料，消除了各部门的信息藩篱，为公众和企业提供无阻碍对接的服务。政务云平台的优势还体现为其灵活的资源调度能力，跟传统的数据中心相比，政务云平台借助虚拟化技术达成了计算、存储、网络等资源的按需分配，让政府能更高效地处理各类突发事件，面对大型选举、灾难应急之类的特殊情况，政府可迅速对云资源的配置做出调整，保障信息及时处理且正常传输。

2. 数据中心与大数据平台

数据中心和大数据平台是数字政府信息流转及处理的核心要点。伴随政府业务量逐渐增大，传统的单一数据存储模式无法契合政府对数据的处理要求，构建高效大数据平台成为数字政府的关键工作。大数据平台不仅可对海量数据进行存储，还可进行实时的数据剖析与预判，为政府决策提供强劲的支撑力量。在开展数据中心建设的阶段，政府要把数据安全与隐私保护放在心上，尤其是在关乎公众与企业机密资料的范围，在电子支付、个人信用记录等范畴，政府得建立起完善的数据安全防护体系，保障数据的保密性、完整性与可用性。采用大数据分析，政府可识别经济及社会活动中的潜在风险，且能马上采取应对手段，避免社会经济出现不稳定情形。

3. 公共服务系统的数字化转型

公共服务系统数字化转型作为数字政府建设的关键组成，依靠智能化的公共服务系统，政府可提供更具效率、便捷的服务，不管是医疗卫生这一领域、教育培训这一范畴，还是社会福利保障、住房等基础资源，数字化转型能显著提升公共服务的覆盖范围与服务品质。医疗健康行业的数字化转变让患者可借助线上平台进行预约、问诊，大大缩短了传统医疗服务中的等候时长，数字化公共服务系统可促进不同地区、不同领域的资源共享，冲破地域藩篱，实现跨区域的服务分发。这种数字化转型不仅带动了公共服务的高效开展，并且为企业和百姓提供了更便利的、更平等的服务体验。

（二）电子政务服务的扩展

电子政务是数字政府建设的关键部分。利用政务服务平台、App 及在线办事大厅等渠道，政府可给公众带来高效、便捷的服务（杜扬，2025）。这种服务模式的变化，不仅简化了传统的纸质化、人工化流程，而且实现了服务的线上化。电子政务服务核心是政府凭借信息化手段实现服务的简化与优化，由传统的当面办理转为网上办理、移动端办理，全方位增强政府服务的可触及性与便捷性。

1. 政务服务平台与 App

政务服务平台和 App 是电子政务服务极为重要的呈现形式。依靠这些平台，公众能借助互联网轻松查询政府发布的信息、办理各类行政手续，甚至可以进行投诉及建议反馈。企业可在政务服务平台处完成注册、税务申报、许可证申请等流程，这样就能省去传统业务流程中的麻烦环节。政务服务平台和 App 为企业供给了与政府部门实时互动的机会，降低了信息不对称的情况和沟通成本支出，这种平台借助整合多方服务，可实现一站式的服务，明显提升了办事效率。采用一站式政务服务平台，企业不仅可于同一界面搜索各种政策信息，还能完成企业注册、税务申报等事宜，真正达成了便捷高效的数字化管理。

2. 在线办事大厅与智能化服务

伴随智能技术的不断成长，在线办事大厅的功能不再仅局限于简单的信息查询与表单提交。现代化的线上办事厅采用了人工智能、自然语言处理等的技术，让服务呈现出更高的智能化，依靠 AI 客服，公众办理行政事务的时候可获即时援助，降低了人工客服的负担压力，提升了服务响应方面的速度。在线办事大厅还可凭借数据分析，为公众奉上个性化的服务推荐，精准贴合用户需求。在社会保障服务这个范畴中，系统可根据用户个人实际情况自动推送相关的政策及服务信息，让用户能够快速认识并享受政府的服务内容。

3. 跨部门数据共享与联动

不同部门间的数据共享与联动是电子政务服务拓展的关键内容。政府各部门的信息跟数据往往呈孤立状态，造成了工作重复、信息滞后等问题，经由跨部门的数据共享平台，政府可实现信息的实时更新与共享，减少了办事环节里的重复验证与数据录入，税务局与工商局可实现企业注册信息共享，避免企业在多个部门间来回奔波，进而提高企业办事的效率。不同部门间的数据共享还能提升政府办事效率，增进政府各部门之间的协同合作，为公众和企业供给更便捷的服务体验。

（三）智能决策与数据驱动治理

数字政府建设凸显数据驱动的决策机制，依靠对大量数据进行分析及处理，政府可精准辨别问题、制定举措，推动实体经济实现健康发展。在地方经济发展规划期间，依靠大数据分析与人工智能技术，政府可把握市场需求以及产业发展态势，出台更贴合区域实际的政策，该智能化决策不仅增强了政府的治理水平，同样有效带动了实体经济跟数字经济的深度融合。

1. 数据驱动的政策制定

以数据为驱动的政策制定可助力政府更精准地把握社会经济发展动态。在做地方经济发展规划制定的时候，政府可借助对各类经济指标的分析，识别出地方经济的优势产业与潜在问题，进而制定出实际可行的政策。智能决策系统还可依据实时数据对市场趋势进行预测，为政策调整给出依据支撑。政府可借助大数据做分析，预估某一行业的发展趋向、市场需求、就业形势等，进而为产业规划提供科学支撑。智能化决策系统可快速对数据进行分析，发现潜藏的经济风险及问题，协助政府提早采取应对办法，防止社会经济出现不稳定局面。

2. 产业融合与数字化发展

智能决策也可以推动数字经济跟实体经济实现深度融合。政府可借助智能化分析发现不同产业之间的融合机会，带动技术创新及产业升级；政府利用大数据分析可找出传统制造业向智能制造业转型的潜力，进而助推政策引导与资金帮扶，加速实体经济跟数字经济的融合步伐；智能决策还能给企业提供精准的市场预测以及决策支持，协助企业于变化的市场环境中迅速做出调整，这种凭借数据的决策模式，能让政府政策的响应速度与精准程度提高，进一步促进经济实现可持续发展。

（四）区块链技术应用

在数字政府建设中，区块链技术展现出显著的应用价值，尤其在提高数据透明度以及安全保障方面，如政府采购、税务管理的环节里，区块链技术能给各方提供无法篡改的数据记录，进而提升数据的可靠水平和透明程度。这种方式可促进政府与企业之间信息交换效率的提升，降低由数据不对称造成的经济损耗，推动实体经济走向长期稳定发展之路（周宇，2024）。从这里可以看出，区块链技术可以在以下方面起到作用。

1. 政务透明度的提升

区块链技术能保证政府信息在传输及存储过程中不被更改，由此让政务透明度增强，尤其在政府采购、税务管理等相关领域，区块链技术能让每一笔交易记录都有明确的溯源途径，防止数据篡改以及腐败行为的产生。采用区块链技术，政府能保证政务流程的每一个环节都公开透明地实施，公众随时可查询相关事务的处理进程和详细信息，进而提升政府工作的透明度与公信力。

2. 数据安全与隐私保护

区块链技术凭借其分布式账本的特性，使政府数据的安全性达到较高水平，因为区块链上的数据无法被某一方私自篡改，一旦数据被记录进区块链之上，就无法再次修改或删除，从而大幅度降低了数据被非法篡改或泄露的概率，这对保护公众与企业的隐私数据而言意义重大。在数字政府各类别的服务里面，数据安全与隐私保护一直是公众关注焦点，使用区块链技术能够保障政府数据在共享过程不被滥用，以此提高公众的信任度。

3. 促进跨部门和跨机构协作

区块链技术体现出的去中心化特质，让不同部门和机构得以在区块链网络上共享信息，不用担心数据被篡改或泄露。以区块链为依托，政府可实现不同部门跟机构的高效合作。

三、数字政府建设促进数实融合的机制

（一）数据共享机制

数据共享是数字政府建设的核心要点，同样是数字经济和实体经济深度融合的关键依托。伴随大数据技术的进步，政府所掌握的海量数据资源日益丰富，这些数据不只是涵盖了公共服务领域的各种资讯，还牵扯到城市管理、环境保护、社会安全、教育医疗等多个范畴，怎样以合理高效途径共享这些数据资源，使其发挥最大的作用，是数字政府能否成功推进的关键。

数据共享机制的核心诉求，是实现数据在各政府部门之间无障碍流转，冲破部门间的信息孤岛困境，带动政府服务的整合与升级。在传统的政府运作中，不同部门往往是因为职责和管理权限的区分，各自收集与存储数据，引起信息重复、数据相互割裂的现象，这般局面不仅浪费了公共资源，也大幅拉低了行政的效能。依靠搭建统一的开放平台及标准化的数据接口，政府有办法将不同部门的数据整合到一起，让企业与公众能够更省事地获取所需信息资源。

在城市规划开展期间，政府可把交通、环境、基础设施等多个领域的数据进行汇集整合，为企业投资决策供给更全面的信息援助，这种信息整合有提升决策精准度的作用，还为政府在政策制定方面提供更有力的凭据。凭借开放政府数据，公众能更好地掌握政府工作的推进状况，参与公共事务事宜，提高政府的透明度与公信力。

从企业角度来看，数字政府开放的数据为企业创新和数字化转型拓展了更多机会。企业可按照政府共享的数据进行市场预测、风险评估及产品研发，由此实现资源的合理布局与精准对接；政府依靠数据共享机制优化产业链各个环节，推进数字平台搭建，进而辅助整个产业结构实现升级，这一机制对数字经济与实体经济的深度融合给予了有力支持。

（二）跨部门协同机制

在推动数字政府建设过程中，跨部门协同合作机制十分关键，尤其是在推动数字经济跟实体经济深度融合的阶段中。数字政府并非仅是个信息化平台，它同样是一个深度整合社会资源跟公共服务的系统，为了优化政府治理效能并推动数字经济健康进步，各政府部门需开展跨界联合，构建一个全面贯通的服务体系。

在传统政府里，各部门之间一般由于管理职责有别，各自分开进行运转，造成政府资源的重复投入以及政策执行效率低下。而数字政府凭借技术手段把不同领域的数据和资源整合在一起，构建起一个高效协同的服务网络体系，在医疗、教育、社会福利保障等范畴，政府凭借数据整合与深度合作，还可实现跨不同部门的资源共享，还可以提升公共服务水平。数字政府经由强化部门间的信息共享途径，增进社会治理成效，增进公共服务质量，形成跨部门协同机制可在多个层面增强政府管理能力，采用各部门间的数据共享与协同，政府可实现对各类信息资源的整合，为公共服务的精准、个性及智能化提供有效支持，跨部门合作可促进资源的高效配置，避免重复打造和低效实施，从而增进政府公共服务的综合效能（李月，2024）。

在企业这一层面，数字政府借助跨部门协作可给企业提供更优质公共服务，减少企业的运营开支，激励企业实施数字化转型，这种协同机制不仅促进了政府的管理效率，还让数字技术的应用加速，推动数字经济与实体经济深度结合在一起。

（三）智能服务机制

智能服务机制是数字政府建设未来的发展方向，也是推动数字经济和实体经济深度融合的主要力量。在数字政府框架当中，政府并非仅是政策的拟定者和实施者，更是为公众和企业提供智能化服务的主体。随着人工智能、机器学习、数据挖掘等技术的提升，数字政府的智能服务正逐步成为提高政府治理效能、推动社会创新与经济发展的关键工具。

智能服务机制可借助自动化的、个性化的服务，有效提高政府针对公众和企业的服务水平。以行政审批为例，企业可凭借智能审批系统，自动生成并转送相关行政文件，绕开烦琐的人工处理操作，这不仅能大幅削减审批的人工成本支出，还可加快审批的效率，减少企业办事时长，为企业给予更便捷的、更高效的服务。智能化服务还可根据用户的实际需求，拿出定制式的解决办法，帮企业更有效地理解税收政策、补贴政策等，为企业的决策提供有力的支撑。

在公共服务的范畴里，智能服务的应用同样发挥着关键作用。政府可借助大数据和人工智能技术对交通资源做智能调度，提高交通管理质量，缓解交通拥堵、降低排放水平，智能的健康管理系统能实时对市民健康状况予以监测，还会给出个性化的健康指引。此类精准又智能的服务不仅提升了大众生活品质，还为实体经济发展搭建了良好的环境基础。

政府凭借智能服务机制，不仅可提升服务效率，还可对服务流程予以优化，增进政府运作的整体成效；从企业的角度看，政府所推出的智能服务能减轻行政负担压力，让企业更专注地投入创新与市场竞争，推进数字经济的拓展，力促实体经济实现转型及升级。

（四）安全与隐私保护机制

在开展数字政府建设中，安全与隐私保护机制是不可忽视的重要组成。数字政府开展工作依赖大量敏感数据，这些数据里面涵盖个人信息，也包含有企业商业机密、公共安全等关键资讯，为保障数据安全性与用户隐私，政府需构建完备的安全防护体系与隐私保护机制，保证数据在共享和使用阶段不会遭到泄露或滥用。

数据安全及隐私保护机制的建设关乎技术手段、法律规范和组织管理等多方面。就技术层面而言，政府应当采用先进的加密技术、身份认证、数据脱敏等手段，保证数据于存储、传输及使用期间的安全性；在数据共享进程中，政府可凭借加密算法保障数据传输中的安全，杜绝信息被窃取或篡改，面对敏感数据，政府也可以采取数据去敏处理，保证数据共享的时候个人隐私不被外泄。

站在法律这一层面，政府应当在数据保护法规制定与执行上发力，厘清数据隐私保护的法律责任与相关规范。为守护大众隐私，政府可制定严格的隐私保护政策，采取数据匿名化、依照最小化数据收集原则、把控数据访问权限等办法，政府需加大对数据使用者的监督管理力度，保证企业在运用政府数据时恪守相关的法律法规，防范数据的滥用。

就组织管理层面而言，政府宜设立专门的数据安全及隐私保护机关，承担制定和实施对应政策的工作；同时，进行安全相关的审计及监督，政府应鼓励企业与公众投身于数据安全与隐私保护的监督机制中，建成多方共同介入的安全防护体系。通过健全可靠的安全与隐私保护机制，政府想办法有效保障企业和公众权益，进而提升数字政府的社会信任和公众接受程度，从而实现数字经济与实体经济的深度融合。

依靠这些机制的相互协作，数字政府能为数字经济的发展给予有力的支持，同时也为实体经济的数字化转型、高质量发展提供坚实的后盾。

四、数字政府建设的挑战与解决路径

尽管数字政府建设呈现出明显的优势，但同样面临不少挑战，技术不先进、数据标准化不足、跨部门协作存在难题等阻碍了数字政府的进一步发展。怎样去应对这些挑战，带动数字政府建设跟实体经济的深度融合，已成为现今数字经济发展的一项关键话题。

（一）数字政府建设面临的主要挑战

1. 技术落后与数字基础设施建设滞后

技术不停歇地更新进步要求政府跟上时代节奏，持续投入经费并升级数字基础设施。诸多地方政府在数字技术的研发投入与基础设施建设上存在欠缺，尤其是在某些发展比较迟缓的地区，数字化技术的普及情况欠佳，信息技术设施的落后极大影响了数字政府的建设。这不仅限制了政府在信息化服务和智能化管理方面的创新应用，也降低了政策执行的效率。在很多地方，现有的技术与设备尚未和国际先进水平相契合，政府机关的如服务器、数据存储系统、网络传输等基础设施方面，尚未完全达到高速增长的数据处理需求水平，更进一步制约了数字化技术的普遍应用（于悦，2024）。

2. 数据标准化不足

数据是数字政府核心资源里的一项，现阶段我国政府各部门的数据标准化工作推进缓慢，带来数据格式未达统一、数据来源不标准等问题。这不仅使政府在进行数据分析、决策支持以及行政管理时面临阻碍，也影响到部门和部门之间的协作与信息共享。鉴于数据标准化工作滞后不前，各部门之间的数据无法顺利互通，也不利于进行大数据分析及跨部门合作，税务、公安、教育、医疗等不同领域部门手里握着大量意义重大的数据，但鉴于数据格式不一样、管理方式各不一样，数据整合与共享往往受到阻碍，最终对政府决策的科学性与公正性造成了影响。

3. 跨部门协作与信息共享难题

数字政府建设要求不同部门彼此高效协作并实现资源共享，各部门存在的行政壁垒和信息孤岛问题依旧突出。处于传统的行政体制环境中，各部门在职能、责任、资源上相对独立，欠缺充分的协调及沟通机制，造成信息传递效率低下、政策执行存在障碍、服务水平高低不一。跨部门协作不仅要高效的技术平台给予支撑，同样需要体制机制的协同配合，政府各部门的信息化系统大多有技术接口不相符、权限划分不确切、工作流程不规整等问题，极大抑制了数字政府的实际运行功效。

4. 信息安全与隐私保护问题

伴随数字政府建设的发展，数据安全及用户隐私保护的问题也日趋明显，政府采集、贮存和处理大量个人信息及敏感数据，怎样保障这些数据安全、防止数据泄露和被滥用，成了一个亟须应对的难题。随着信息技术的迅猛发展，各类网络攻击和信息泄露的事件也偶尔出现，让数字政府建设面临更大的安全压力，如何构建一套完备的信息安全保障体系，加大对数据隐私的守护力度，保证数字政府实现良好运行，成为数字政府建设中凸显的重要挑战之一。

5. 人才短缺与知识更新滞后

数字政府的构建依赖专业人才的支撑，但现在在诸多方面，数字政府建设所需求的技术人员、数据分析师、信息安全专家等高端人才依旧短缺，现有工作人员知识更新速度不快，对新技术的理解及掌握不够，这在一定程度上造成数字政府建设的推进速度迟缓。要解决这个难题，政府应加大人才培养及引进的力度，推动数字技能普及工作开展，提高全体公务员的数字素养水平，以顺应新形势下对政府治理能力的要求。

（二）数字政府建设的解决路径

1. 技术创新与研发投入

为了克服技术落后这一难题，政府必须提高在数字基础设施、智能化平台、人工智能、大数据等领域的研发投入水平，建设更完备、更领先的数字技术体系。伴随数字经济的成长，政府不只要推进技术革新，还需要把研发成果转化成实际成效，增强治理效率与服务质量。政府应采取下面的措施推动技术创新及研发。

增强和高科技企业以及科研机构的合作，推动技术成果转化应用落地，政府需积极主动地跟科研机构、企业及创新型公司构建长期合作机制，共同解决关键技术难题，促使科技成果在政务服务范畴的应用，带动信息化跟智能化深度融合，带动公共服务领域信息化水平上扬，尤其要在在线政务服务平台建设投入上多下功夫。政府应推进政务服务走向数字化进程，打造统一且顺手的服务平台，使民众可借助互联网便捷地、快速地拿到服务，依靠智能化平台的推广，政府不仅可以增进服务效率，还可提升民众办事的体验感，同时扶持智能化技术的研发与应用，增进行政管理的自动化与智能化水平。借助引入大数据、人工智能、云计算等前沿技术，政府可达成更精准的决策辅助与个性化服务，增进行政管理的智能水平，政府应重视实施数字技术的长期投资，保证能跟紧技术发展的节奏，杜绝因技术更新跟不上导致数字政府建设的梗阻，以保证数字化转型实现可持续发展（刘银喜，2025）。

2. 数据标准化建设

为实现数据的高效共享及互通，数据标准化建设十分关键。数据实现统一和规范是推动政府部门协作的基础，通过构建健全的数据标准体系，政府可提升数据的利用效率，实现跨部门间的数据共享与互传，具体举措包含：制定全国层面的数据标准，并助力各级政府及相关部门严格施行，政府应当在全国层面设立统一的数据标准，涉及数据格式、数据交换协议等方面的对应内容，采用统一的标准，确保各类数据可实现无障碍流通，提升信息共享的便利水平，实施跨部门的数据共享机制，保证各类数据实现互联互通。政府应破除各部门相互间的数据壁垒，订立清晰的数据共享规范，推动各部门的数据彼此联通，促进政策决策的科学性与精准把控，完善数据治理体系，加强数据质量把关，数据做到准确、完整、一致是保证数据分析可靠的前提，政府须建立一套完善的数据质量管理机制，切实加强数据质量的监督与审核，保障数据在运用过程中的有效性。

经由数据标准化搭建，政府可以更恰当地开展大数据分析与决策辅助，不仅可增强政策的科学性和针对性，还能带动政府服务向智能化与个性化发展。

3. 跨部门合作平台构建

为了冲破部门之间的信息壁垒，政府可借助构建跨部门的协作平台，增进不同部门彼此的信息共享与协同。这些平台不仅要有高效的信息共享效能，还要能为数据处理和分析提供技术支持，依靠跨部门合作平台，政府可以提升整体管理的实际效能，推动政策的协同实施。政府可借助以下途径推动跨部门协作。

搭建统一的数字政府平台，归并各部门的数字资源与信息，实现数据跟信息的共享，集成性强的数字平台可减少各部门之间的重复建设，增强资源利用成效，为政府提供更具针对性的决策支持，助力政府各部门之间搭建协同工作机制，依靠共享平台促进政策的协同落实。政府应在协作平台上明确各部门的职能范畴与责任，促进各部门之间构建明确的协作机制，以此在应对复杂社会问题之际，实现迅速反馈与有效配合，增强跨部门合作的制度保障支撑，厘清各部门的责任跟权限内容，保证协作平台实现高效运作，凭借完善的制度构建与标准化的操作环节，维持跨部门合作的持续进行，防止因政策执行效果差造成合作效果打折扣。

4. 信息安全与隐私保护机制建设

为解决信息安全与隐私保护相关问题，政府应加大对信息安全技术的投入力度，构筑健全的信息安全保障体系。政府在实施数字化转型的时候，一定要保障数据安全以及公民隐私，杜绝因信息泄露造成社会信任危机。政府可实行以下措施以加强信息安全与隐私保障。

首先，制定和完备数字政府领域的安全法律法规，加大对数据泄露及滥用等不良行为的处罚力度，伴随数据应用不断拓展，数据泄露及滥用的风险日益增高，政府应采用法律手段严格规范信息安全的管理流程，保障信息在传输与存储进程中不被非法涉足；其次，推进信息安全技术的研发与应用实施，打造多层级的防护格局，保证数据安全无虞。政府应拨出款项投资新一代信息安全技术，增强对网络攻击的防御实力，保证数据在存储、传输以及处理的全程实施加密，防止信息遭非法窃取；最后，增强公民与企业在信息安全领域的意识，强化对敏感数据的加密防护，防止数据被非法地访问与肆意利用，政府需加大针对公众的信息安全宣传力度，增进全社会对个人信息保护的重视水平，形成全体参与的信息安全治理格局。

5. 人才培养与知识更新

为了应对人才短缺这一难题，政府应积极推进公务员及相关技术人员的培训和再教育，保证他们能在短时间内掌握新数字技能，增进数字治理实力。在数字化转型的进程中，人才短缺和技术更新不及时也许成为发展瓶颈，人才培养以及知识的迭代是政府数字化建设的关键环节，政府可采取以下措施推动人才培养。

支持高校跟政府开展合作，开设跟数字政府相关的课程，培养数字治理跟技术应用方面的人才，政府要跟高等院校以及科研机构合作共事，构建专业规范的人才培养系统，造就更多具备数字治理、数据分析、人工智能等技术水平的专业人才，为政府数字化转型供给人才支撑；做好公务员数字技能培训，提高他们的数字素养与应对新技术的水平，政府应给公务员安排定期数字技能培训，提升他们借助信息技术处理公共事务的技能，保证政务服务与管理工作能跟上新技术的发展步伐；采用引进高端人才和设立创新型人才激励机制，招引更多技术人才参与数字政府建设，政府可凭借出台优惠政策，吸引国内外出色技术人才加入政府数字相关团队，促进数字技术在政府管理里的应用革新，改善政府服务的质量及效率。

数字政府建设已成为促进数实融合的关键方式，依靠技术创新、数据共用、部门间配合和人才培养等路径，可实现数字政府跟实体经济之间的深度融合。完善数字化治理机制，同样要处理技术创新、安全防护和跨行业协调等多方面挑战，今后数字政府建设需一直坚持创新，持续推进数字经济跟实体经济的全面交融。

第四节　数字化治理——一种新型生产关系解释

在数字经济繁荣发展的大背景下，数字化治理正逐步成为促进社会经济深度变革的关键动力。数字化治理不只是一种技术途径，更是一种新型生产关系的体现，它在资源配置、权力框架、协同机制等多个维度，重塑了生产、分配、流通与消费的进程，对经济社会运转模式产生了深远影响。本节将从理论依据、关键属性、实践状况及其影响四个层面，深度探究数字化治理作为新型生产关系的内在逻辑与实践价值。

一、理论基础：数字化治理呈现的新型生产关系属性

把数字化治理作为一种新型生产关系，有着深厚的理论根基支撑。马克思主义政治经济学认为，生产力发展的必然结果就是生产关系的调整，它涉及人与自然之间的物质变换关系、人与人之间的社会关系模式以及社会与经济的组织设定关系。数字化治理借助实施数据的采集、存储、剖析与应用流程，打破传统的物理藩篱，建立起冲破时空藩篱的新型关系网络。

（一）数据作为核心生产要素

普遍观点认为，数据是数字经济时代的关键，与传统经济依赖的土地、劳动、资本等物质资源不一样，数据具备非排他、可再生以及高流动的特性。在数字化治理搭建的框架里，数据并非仅是生产工具，也是资源配置及价值创造的核心要素（刘航，2025）。数据的价值源自其多样的应用场景，在智能制造范畴，数据可即时展现设备运行的状态，为优化生产流程提供支撑；在社会治理情境，大数据分析可快速挑选重要信息，辅助政府部门做出精准抉择，数据开放与共享能创造更大社会价值，破除信息壁垒，推进不同部门、行业的协作配合。

（二）信息技术的基础性作用

信息技术的成长推动了数字化治理的达成，以人工智能、区块链、物联网这类技术的创新，促使数据处理效率大幅提高，为建立动态的、即时的、精准的治理模式提供了潜在机会，此项技术赋能对人与人、人与社会的关系形态造成了深刻改变，人工智能算法稳步进步，导致数据分析能力明显提高。以自然语言处理、计算机视觉这两项技术为例，它们已普遍应用于文本分析、图像识别等领域，为政府和企业的数字化升级提供了技术后盾，分布式账本作为区块链技术的特性，增强了数据存储的安全性与可信度，为数字化治理提供了坚实后盾。

（三）平台经济与网络效应

数字化治理借由平台经济，完成了生产关系的再次组合。在平台生态的格局中，价值链得到重新分配，横向协作模式把传统的层级关系取代，网络效应让平台的中心地位得到进一步强化，使数字化治理成为协调多主体关系的主要机制。例如，电商平台凭借数据驱动精准对接消费者和商家的需求，同时，借助算法对物流配送链条进行优化，极大提升了整体的工作效率；在教育范畴之中，在线教育平台依靠聚拢海量用户和教育资源，实现了优质教学内容的广泛散布。

二、数字化治理的关键特征

数字化治理作为新型生产关系,展现出以下几个明显特性。

(一) 跨域性与泛在性

数字化治理覆盖范围不再仅局限于某一特定领域,而是广泛扩散至经济、社会、文化、政治等多个领域。采用云计算、边缘计算等技术,数字化治理达成了治理对象跟治理手段的泛在连接,跨域性表现为数字化治理可打破传统治理的界限。如在城市治理上,交通、能源、医疗等多个领域借助物联网达成了数据的分享与联动,大幅增进了治理效率,其泛在性体现出数字化治理无时无刻不在、无处不在,可以低成本覆盖大量的治理对象。

(二) 动态性与灵活性

一般传统的治理模式具有刚性特质,而数字化治理依靠实时数据分析加上智能决策,能动态调整资源的分配以及政策实施方案,这种灵活性能使其更迅速地去应对复杂多变的环境。以自然灾害应急管理为例,数字化治理借助物联网感知设备可实时采集灾害信息,还能借助数据分析预估灾害的发展走向,以此为政府提供及时的、恰当的决策支持,此动态调整能力依旧体现在政策实施效果的监测和反馈中,确保政策能够因时因地优化。

(三) 协同性与参与性

数字化治理突出多方参与及协同治理,采用开放式平台和数字工具,政府、企业、社会组织和个体共同参与治理活动,形成多中心、协同型的治理格局。在打造智慧社区的阶段,居民经由在线平台参与社区事务的决策跟监督,加大了社会治理的透明度与参与积极性,跨部门、跨行业的协作机制又进一步优化了治理效率,政府部门凭借共享数据资源,可以更高效协调地解决复杂难题,如交通拥堵和环境变差等。

（四）数据驱动与智能化

数字化治理把数据作为核心驱动力，经由算法和人工智能技术达成智能化决策。数据挖掘与分析不仅带动了治理效率，还加大了决策的科学性与精准力度。智能化的一个典型应用场景即智慧医疗，通过对患者的病历、影像数据和基因数据进行分析，人工智能可给出个性化的诊疗建议，提高医疗服务的精准水平；在社会治安管理相关事宜中，大数据分析与人脸识别技术相互搭配，极大地提升了犯罪侦查效率。

三、数字化治理的实践表现

（一）公共服务领域的数字化转型

公共服务领域运用数字化治理，极大地改变了传统的服务模式，依靠在线政务服务平台、智能城市管理系统与数据共享平台，全方位增进了服务效率与质量。"智慧城市"建设是数字化治理的关键成果体现，通过整合交通、能源、医疗等范畴的数据资源，实现了城市管理的精细精准。

从智慧城市建设实践可看出，普遍应用了物联网、云计算和大数据技术，使城市基础设施管理的高效性凸显。以智能交通系统为例，借助对实时交通数据的收集与分析，交通管理部门可对信号灯配时进行动态调整，恰当引导交通流量，进而减少城市出现交通拥堵现象，优化通行效率，该类系统同样可以通过预判交通形态，为城市规划给出决策参考。

数字化政务服务平台的搭建，使民众可以线上处理各类行政工作，大幅降低了线下办理时繁杂的流程以及等待的时间（陈荣卓，2024）。以中国"政务一网通办"平台为例，企业与个人可借助统一入口快速拿到多种服务，如企业工商登记、税务申报事宜等，这种平台不光使行政成本下降了，还推动政府工作的透明度上升，加强了政府跟市民之间的信任纽带。

从医疗服务角度，应用智慧医疗系统达成了资源的优化配置。线上挂号预约系统与远程诊疗平台，使患者获取医疗服务变得更便利，尤其是身处偏远地区的居民，可利用远程会诊与城市专家实现沟通对接，提高了医疗服务的公平性水平，依靠大数据开展的医疗数据分析，对流行病学研究及精准医疗方案的制订起到重要作用。

（二）企业数字化治理的转型升级

在企业领域，数字化治理的实践大多体现在供应链管理、生产制造以及客户关系管理的数字化更新上，企业采用引入数字技术，更新传统商业模式，持续增强竞争实力。

数字化供应链乃是企业数字化转型的核心组成之一。采用大数据、人工智能跟区块链技术的合并，企业可达成供应链的透明与高效，运用区块链技术的供应链溯源系统能对每一个环节的信息进行记录，从原材料采购到最终交付，消费者可探寻产品的整个生命周期轨迹，这种系统不仅增进了供应链的透明度，还提升了消费者对产品质量的信赖。

智能制造是工业范畴数字化治理的重要体现。依靠数字孪生技术，企业可构建起虚拟工厂模型，对生产过程实施全方位实时监控与仿真优化处理。一家汽车制造企业可借助数字孪生技术预判生产线的潜在毛病，提早落实维护手段，进而降低停工时长。工业机器人跟物联网相融合，让生产线达成高度自动化，极大地提升了生产效率与产品质量（张媛，2022）。

在市场开拓和客户管理范畴内，大数据分析助力企业精准把握消费者的行为与偏好，借助对消费者数据的挖掘与分析，企业可精确瞄准目标市场，给出定制化的产品及服务。电子商务平台利用对用户购买记录及浏览行为的数据分析，向用户推介相关货品，由此提高销售的转化率。采用智能客服系统，如聊天机器人和语音助手，大幅提高了客户服务的效率以及用户的满意度。

（三）社会治理模式的创新

数字化治理还推动社会治理模式迈向创新之路，采用社交媒体、大数据分析和在线社区参与等途径，提高了社会协同能力，增进了治理的科学性与精准成效。

新冠疫情防控算得上数字化社会治理的典型案例。基于大数据的疫情监测系统可实时探查感染病例的传播路径，为疫情防控相关决策提供科学佐证，各类健康码系统把个人的健康信息、旅行轨迹等数据集合在一起，在公共场所实现了快速验证核对，极大增强了流行病学调查的效率。

在线社区以及社交媒体为公众提供了参与社会治理的路子。在灾害应急管理阶段，政府能利用社交媒体收集公众的见解，并迅速公布权威资讯，降低谣言扩散；在少数地区，自然灾害暴发后，公众借助在线平台上报灾情，政府可迅速汇总数据并安排救援资源，这种借助数字化的协同治理模式明显提升了社会治理效率。

人工智能技术在社会治理中也起到了关键作用。智能安防系统可借助监控摄像头和面部识别技术，快速辨认潜在的安全隐患，增进公共安全管理能力。在社区治理上，智能管理平台对物业管理、居民意见反馈等相关信息进行整合，做到了社区事务的高效办理。

（四）全球治理的数字化探索

在全球化的时代背景下，数字化治理不仅推进了国家内部的治理创新，还拓展了国际的协作范围，协助应对全球性难题。在气候监测领域，多个国家加上国际组织通过数据共享平台及合作机制，实现了对温室气体排放的实时监测与调控。就以全球环境监测系统为例证，卫星遥感跟大数据分析联合，可精准监测森林覆盖率的增减和海洋污染状态，这些数据为国际社会开展环保政策制定提供科学支持，区块链技术的运用也推动全球碳排放交易体系向着透明化、规范化迈进，对实现可持续发展目标有助益。

就网络安全领域而言，数字化治理依靠国际合作处理跨国界的网络威胁。多个国家彼此建立起网络安全情报共享机制，靠着实时的信息交互，切实防止了大规模网络攻击事件的出现；人工智能技术被用以识别和应对网络威胁，提高了全球网络安全的综合水平。

数字经济的蓬勃态势为跨国界经济合作平添了新机遇。跨境电商平台凭借数字技术把全球买家和卖家连接起来，大幅拉低了国际贸易的准入门槛；数字支付系统的大量普及，如以区块链技术为支撑的数字货币交易，进一步推动全球金融体系实现创新（孔文豪，2024）。

数字化治理在公共服务、企业运营、社会治理以及全球协作方面显示出广泛的应用前景和强大变革动力。伴随技术不断进步，数字化治理将从更深层面推动数字经济与实体经济深度融合，促进全球经济社会步入可持续发展轨道。

四、数字化治理的经济社会影响

作为新型生产关系的数字化治理，不光重塑了以往的经济模式，还对社会结构以及文化形态带来了长远影响，从生产效率的提高到社会公平与包容性的加强，再到文化传播与治理机制的变革，数字化治理正从各方面塑造着现代社会的发展模样。

数字化治理对提升生产效率而言具有革命性意义，借助数据的收集、分析与智能运用，资源配置和流程管理实现了更精准的、更高效的转变，这种变化不仅体现在企业层面，还渗透进各行各业和社会运作的各个层面。在企业供应链管理范畴，应用数字化技术让生产效率大幅提高。采用引入大数据分析技术，可实时追踪市场需求的动态走向，修正生产计划，减少资源的无谓消耗，这种精准管理使企业能更及时地响应市场变化，加大市场竞争筹码。以制造业为例，智能工厂的建设依靠物联网以及人工智能技术，从原材料采购到产品交付的整个流程都实现了数字化、智能化的管控。这种举措不仅减少了人为判定的误差，还把运营成本降下来了，应用自动化生产线和机器人技术，进一步释放了生产力，部分企业借助数字化技术建成了无人化车间，极大增进了生产效率；汽车制造行业借助部署智能机器人开展焊接、组装和质量检测工作，生产效率跟传统模式比起来提高了30%以上。

数字化治理对农业领域的影响同样十分显著，精准农业依靠对土壤、水分、气候等因素开展实时监测与数据分析，帮农民拟定科学的种植规划，这既提高了农作物的产量，又提升了质量，还减少了化肥跟农药的使用量，降低了周围环境的污染（罗光强，2024）。部分国家的智能灌溉系统能根据实时气候数据对灌溉频率进行调整，极大减少水资源的浪费，数字化技术同样推动了农业生产模式的转型，无人机、卫星遥感和传感器技术大规模应用，促使农业监测由依赖人力渐渐转向自动化与智能化，以无人机来监控农作物的生长情形，农民可及时发现状况并采取相应手段，极大提升了农业管理的效率。

服务业是数字化治理的关键受益领域，凭借人工智能跟大数据技术，企业有实力为客户提供个性化的产品及服务。电商平台借助算法剖析消费者的行为数据，推荐贴合其偏好的商品，明显优化了用户体验；在线客服机器人可实时应对用户的问题解答，大幅增进了客户服务的效率。共享经济的兴起也是数字化治理带动服务业转型的一个重要例证，如共享出行、共享住宿这类模式，不仅让资源利用更为高效，还为消费者赋予了更多选择与便利。

数字化治理不仅增进了经济效率，还对社会公平与包容性有着深远的影响，该过程同样伴随着新挑战，需要我们在政策和实践里进行平衡把控。在教育领域，伴随在线教育平台的普及，偏远地区学生可获得优质教育资源，如慕课（MOOC）跟直播课程等形式，使任何人都能借助互联网获取顶尖学者的知识分享。中国如"学而思网校""猿辅导"等平台，在新冠疫情期间为几百万学生免费给出了线上课程服务。数字化教育的普及同样碰到了一些阻碍，某些经济欠发达的地方因为技术基础设施薄弱，学生无法连接到优质资源，要求政府扩大对这些地区网络基础设施的投资规模，还需为低收入家庭发放智能设备补贴。

就金融领域而言，普惠金融平台崛起后，中小微企业和低收入群体可凭借更低成本获得金融服务，这不但让社会的整体福利水平变好，还带动经济进入可持续发展轨道，如支付宝、微信支付的平台简化贷款流程，为小微企业提供了便利的融资办法。采用大数据风控技术，这些平台可迅速估量贷款风险，增进了信贷整体效率，推广普惠金融也会有潜在风险相伴，某些违法分子借助数字金融平台实施非法借贷活动，让金融消费者权益遭遇损害，必须加大数字金融领域的监管力度，保证平台依规开展运营（张成虎，2023）。

尽管数字化治理促进了社会的包容水平，但也让数字鸿沟问题进一步加剧，部分技术滞后地区与低收入群体在数字化浪潮中也许会进一步被边缘化，有部分老年人由于数字技能不足，没办法适应移动支付和在线服务的普及，这种现象不仅阻滞了社会公平的实现步伐，还可能引起新的社会矛盾。为解决数字鸿沟矛盾，政府以及社会各界须采取多种手段，采用普及数字技能培训的方式，提高全民的数字素养水平；依靠政策倾斜及资金支持，加速欠发达地区数字基础设施的搭建。

数字化治理推进了文化多样性和创新能力的增进。采用数字技术，传统文化可得到保护与传承，新的文化形态不断涌现，数字化方法为传统文化的保护与传承开拓了新通道，采用高精度3D扫描技术，历史文物及建筑得以进行数字化留存，为文化遗产的研究及展示提供了宝贵素材，一部分濒临失传的传统手工艺依靠短视频平台得到更广泛关注，中国像苏绣和剪纸艺术这类非遗项目，利用抖音、快手这类平台传播，吸引了大量年轻人参与其中。

数字化技术给文化创意产业赋予了新活力，虚拟现实（VR）与增强现实（AR）技术在影视、游戏、展览方面的应用，使观众在文化体验中更沉浸、更多样化。以故宫博物院为例，其所推出的"数字故宫"相关项目，依靠VR技术让观众在线上开展故宫游览，体会古代宫廷的非凡魅力（陈洁，2024）。数字化技术同样催生出新的文化消费形式，数字藏品（NFT）的出现让艺术家可借助区块链技术售卖数字化艺术作品，为文化创意产业挖掘了新的市场空间。

数字化治理推动去中心化和协同化趋势逐步显现，带来传统治理结构的重大变革。分布式自治组织（DAO）的兴起揭示了基于区块链技术的去中心化治理模式的潜力，此模式借助智能合约实现自我管控，消除了传统组织里冗长的决策流程，同时增强了透明度及效率。一些公益团体采用DAO模式实现了捐款的透明化管理，保证每一笔资金都得到合理运用。此新型治理结构也对传统法律体系和监管框架发起了挑战，怎样对DAO的法律地位进行界定，其治理活动是否与现行法律规定相契合，皆为亟须处理的问题。

公共服务领域采用数字化治理，同样带来了协同化的潮流。例如，智慧城市的建设通过整合交通、能源、水务等领域的数据资源，实现了城市资源的高效管理。以杭州为例，其城市大脑项目通过大数据分析优化了交通信号灯的调控，减少了交通拥堵，提升了市民的生活质量。此外，数字化技术还促进了政府与公众之间的互动。一些地方政府通过政务服务平台实现了在线办事和实时互动，提高了行政效率和公众满意度。

数字化治理正在深刻影响经济、社会和文化的各个方面。尽管面临一些挑战，但通过科学规划和有效管理，数字化治理必将为实现更高效、更公平和更包容的社会发展目标提供强大动力。未来，需要在技术创新与社会治理之间找到平衡点，以充分释放数字化治理的潜力，为全人类服务。

五、未来发展方向与挑战

尽管数字化治理作为新型生产关系展现了巨大的潜力，但在实际推进中也面临一系列挑战。未来的发展方向应着重解决以下问题。

数字化治理未来发展的核心之一，是如何在全球范围内实现规范化和协同化的治理体系建设。随着数字经济的不断发展，跨国数据流通已经成为全球化的重要组成部分。然而，各国在数据隐私保护、技术标准和治理框架方面存在显著差异。这种不协调性可能会导致国际合作的复杂化，甚至引发技术壁垒与数据冲突。因此，未来数字化治理需要建立一个能够兼容多种法律与文化差异的全球性框架，以促进跨境合作。

数据隐私与安全问题在未来仍将是数字化治理的重要议题（周荣超，2023）。当前，全球范围内的数据泄露事件层出不穷，这不仅威胁到个人隐私，也对社会稳定构成挑战。在未来，差分隐私、联邦学习等保护技术将进一步发展，以平衡数据开放与隐私保护之间的矛盾。同时，政府和企业需要建立更加透明的机制，对数据的采集、存储和使用进行严格监管，以增强公众信任。

技术伦理与算法公平性问题也需要更多关注。人工智能的广泛应用在带来便利的同时，也可能加剧社会不平等。例如，算法歧视问题在招聘、贷款审批等关键领域已经引发广泛关注。未来的发展方向在于制定相关法律法规，推动算法透明化和可解释化研究，确保技术应用符合伦理原则并实现公平性。

此外，提升全民数字素养是数字化治理全面实施的重要基础。当前，全球范围内的数字鸿沟问题依然严峻。一些发展中国家和偏远地区由于技术基础薄弱，难以享受数字化治理带来的红利。未来，政府需要通过政策支持和教育改革，推动数字技能的普及，让更多人能够掌握数据分析、编程等核心能力，从而在数字经济中获取更多机会。

国际社会也需要加大对数字化基础设施的投资力度，以促进经济欠发达地区的技术进步。

数字化治理作为一种新型生产关系，不仅是技术进步的结果，更是经济社会变革的必然趋势。通过重新定义资源配置方式、权力结构和协作机制，数字化治理为构建更加高效、更公平和更可持续的经济社会体系提供了可能。然而，要充分释放数字化治理的潜力，还需在技术、伦理与制度等方面进行持续探索与优化。未来，数字化治理将在推动数字经济与实体经济深度融合的过程中扮演更加重要的角色，其内涵与实践也将不断丰富和完善。

第八章

数字经济与实体经济
深度融合生态系统

　　数字生态的出现最初是依托互联网络及后来的物联网络技术发展起来的，之后又在新兴数字技术和数据要素的渗透和连接下，形成了一个泛化的数实融合经济生态系统。这个经济生态系统以现代互联网、物联网为物理基础设施，以数字技术、数据要素为信息通讯连接手段，以数字平台企业为核心交易单元，将平台企业自身、入驻电子商务平台的一般工商企业乃至跨国公司等的研发、生产、销售、售后服务等活动连接到一起，形成一个扁平化的新模式新业态组织结构，吸引众多创新资源如外包企业、创客群体、创新团队涌入平台分享创新价值，主要以数字化手段实施平台治理和管理的一个边界模糊、全员创新、集体创业的松散型价值共创新业态系统。数实融合生态系统的形成是在新兴数字技术催生下以数字平台企业为核心的线上交易市场自发演化的结果，其中主要包含了技术生态系统、企业生态体统和治理生态系统。

第一节　数实融合生态系统构建——基于数字
新质生产力和数字新型生产关系

　　关于"数字生态"或"数实融合生态"概念的界定学术界尚无统

一定论，后者强调过程，前者是融合结果。欧阳日辉，龚伟（2023）认为数字生态是以技术创新为驱动，以数据赋能为主线，以新型实体企业为中心节点，依托互联网络的高效传输和数字平台的广泛连接，催生新技术新产业新业态新模式，实现场景互联、数据共享、业务协同和价值共创的开放系统。这个解释除了对数字平台企业地位的界定与本章导论的概括有所区别，其他大致相同。最大的区别是将数实融合生态分立为数实生产力融合生态系统和数实治理融合生态系统的二元体系。

一、数实融合生态形成

数实融合生态系统是在一系列复杂因素和市场内外部条件的促动下产生的。

（一）数实生态系统形成的内生驱动力量：市场选择

在数字基础设施具备、新兴数字技术和数据要素应用成熟及中心数字平台企业运转顺畅并逐年积累起庞大客户资源和巨大数据流量的情况下，为解决产业互联网或消费互联网上成千上万家数字平台中随时涌现的海量个性化、多样性的订单需求，这些订单中蕴含的大量经济价值机会（经济租）将吸引众多外包企业、创客群体、创新团队、消费者乃至专才进入这些线上平台，以自己拥有的通用性资产（如货币、劳动）或专用型资产（如专业设计、创意方案、程序设计等个性化能力）为这些个性化订单提供使用价值（如解决方案、个性化产品、专业化服务等），以获取利润或利益回报。

数实融合生态的产生、发展是我们现实经济世界中每天大量发生的活生生的现实。这里分享一则江小涓在首届中国数字经济发展和治理学术年会（2023年2月18日，北京清华大学）上的演讲"数字时代的经济学和公共管理学科体系建设"中提到的"云工厂"真实案例，本研究编写整理后如下。

"云工厂"案例：

产业组织是公认被数字经济影响最突出的领域。一方面，各种交易成本的降低是数字技术最直接的影响。企业与市场的边界不仅快速调整，而且形态改变，分工倾向于极致且高度弹性化。另一方面，数字技术的快速渗透导致大企业或大型网络组织管理成本极大降低，原本给人以僵化、刻板印象的大企业现在呈现出与多元、个性、精准特点相容，垂直一体化和网络化生产组织融合迅速发展。目前，两种形态并行推进，带来我们不熟知的产业组织形态及相互关系。产业组织多方向变化、多形态并存。对此我们举一个例子。数字时代，许多产品需求个性化强、技术迭代快、设备更新快，更有些时尚品的需求速涨速消。对这些类型产品，以传统企业为中心的生产组织形态由于设备能力和员工技术固化，调整余量小，适应性差，面临新的挑战。数字平台能够连接大量企业、产线、设备、仓库和员工等，形成巨大的产能池，按需匹配各种资源，能够迅速组织起以产品为中心、在一定区域范围内的分布式制造产线，典型案例如"云工厂"。

"云工厂"是一种由数字平台承接订单然后通过拆解制造过程并分派给不同企业，针对每个订单组建个性化"云产线"的分布式协同生产模式。以宁波的协同制造平台"生意帮"为例（见图8-1），这个云产线由协同制造供应链体系、众包服务平台、智造工程验证实验室和协同生产物联网平台组成，既随时按需调用平台上数以万计的小微工厂，同时生产后统一物流配送以提高生产速度，并实时监控各生产设备声音、电流、压力、温度等10余项指标以确保产品质量。这是一种在数字时代之前基本不存在的产业组织模式。现在以产品为中心组织灵活产线已经成为许多快消品领域重要的产业组织方式。这种产业组织模式完全具备了数实融合生态系统共性特征：以数字平台为生态系统核心组织者；以产品服务生产为中心任务的柔性化制造；众包众创协同的制造供应链体系；服务性能完备的物联网等基础设施；价值共创的命运共同体。

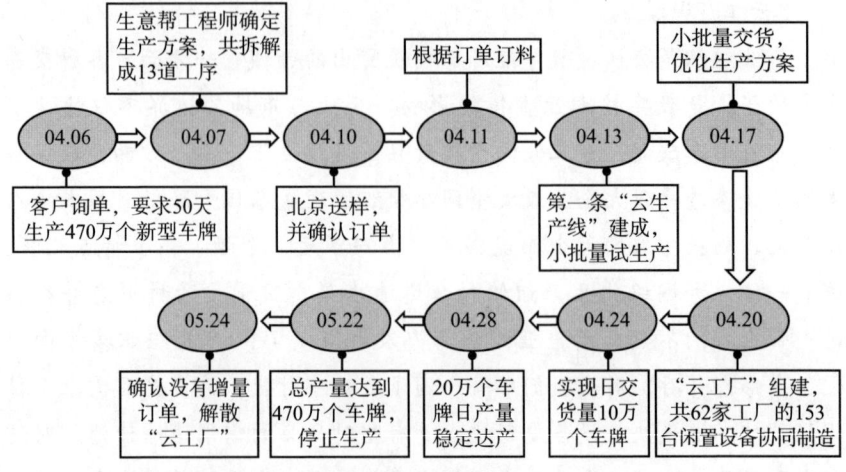

图 8 - 1　数字化新型产业组织"云工厂"

资料来源：同步引自江小涓于首届中国数字经济发展和治理学术年会（2023 年 2 月 18日，北京，清华大学）的演讲。

（二）数实生态系统形成的物理基础条件：数字化基础设施

数字新基础设施不仅是数字经济和传统产业数字化转型的物质基础，更是数实融合生态系统高度依赖的物理基础设施和信息网络条件，包括 5G 通信设施、消费互联网、物联网、工业互联网、卫星互联网等信息通信网络基础设施，大数据中心、超算中心、智能计算中心等算力基础设施，人工智能、区块链、云计算等新兴技术条件等。整个这套新基建物理设施体系是数实融合生态形成的物质基础条件，所有数字化交易的组织实施、个性化产品和服务的柔性生产制造、众包众创供应链的协同运转、以数字平台企业为核心的价值共创体的协调主要都要依赖这个数字基础设施系统，为数实融合生态构建提供了基本支撑条件。

（三）数实生态系统形成的关键：组织形态变革

数实融合生态系统所以能够产生，关键在于趋利的经济人（相关企业或自然人）在完善的数字化基础设施支撑下能动地利用线上平台生产或制造个性化订单产品，在围绕任务产品组织的成百上千次以众包众创形式完成的生产制造活动后，生产和组织经验逐步在同一生产制造生态圈积累，灵活性、多样性、个性化产品的柔性生产制造生态就形成了。这种在工业经济时代基本不存在的生产组织模式具有分布式生产分工高度专业化、生产组织形式弹性化、生产组织模式柔性化、生产组织过程协同化、生产供应体系链网化、生产管理组织扁平化、交易成本极低化、价值蛋糕共创化、市场风险共担化、利润分配共享化——称为数实融合生态系统的"十化表征"。

数字经济时代的这种组织形态柔性化变革彻底颠覆了前数字经济时代纵向一体化企业和组织"十化表征"弱化问题，将不同领域专业能力强的小微企业甚至专业个人柔性地组织起来、融合在一起，在有效降低管理成本、交易成本的同时，最大限度提高了生产任务为中心的柔性组织的生产效率，生机无限，活力空前，前景广阔，必将成为点燃数字经济时代生产组织形态变革浪潮的一枚耀眼火种。

以上三个方面因素共同促成了数实融合生态系统的形成。这里面市场选择的因素无论在工业经济社会，还是任何其他社会形态下都是驱动经济社会运行的内生力量，因为理性经济人假说构成了现代经济学的理论基石，该理论抽象基本符合经济领域企业和个人的行为倾向。首先，关于人性的假设在数实融合生态系统的产生上只是个矛盾一般性条件，对人性的洞察在所有人类社会形态变迁中不曾变过，利益驱动只有与后面两个条件同时作用才会最终促成数实融合新生态的出现。其次，数字新基建也只是数实融合生态形成的物质基础支撑，最多算是必要条件，那些缺少完备的现代产业体系、高水平的人才存量、良好的营商环境和社会治理水平的地区仍然难以孕育出有活力的数实融合生态，就出于这个道理。最后，数实融合生态产生的关键因素是以线上数字平台为核心的柔性生产组织形态的兴起。没有这种柔性生产组织从萌芽到生长，加之地方政策激励、行业组织培育、营商环境宽松，柔性生产组织是不会从弱小到发展的过程，从一域到多领域，最终一步步走向整体生态规模壮大的。以宇树机器人、Deep Seek 语言大模型为代表的智能机器人生态为什么生根发芽在杭州，这背后的有效市场治理和有为政府之间的密切关系、机制路径、经验教训都值得认真思考和总结。

二、数实融合生态系统的中心—外围链网式结构

根据前面对数实融合生态形成的分析，以数字平台企业为核心的柔性生产组织就是一个微观数实融合生态系统。这个微观生态系统的结构呈现链网式特征，市场节点连接即为链，链动即成网。同时，不同行业、不同地区内的微观产业生态之间，这些微观数实生态与政府、相关企业、各类机构如金融部门，与国外相关企业、政府都会形成或紧密或松散连接关系，从而形成局域或全局的数实融合生态。

（一）微观数实融合生态系统的中心—外围链网结构

微观数实生态系统的链网结构层次相对清晰简单。首先，该系统存在一个生态中心，就是订单任务的组织协调者线上数字平台企业，它负责协调和管理众包众创企业完成全部的生产制造活动和物流供应链流程，柔性生产任务的分布拆分工程师一般也是由数字平台企业提供。数字平台企业在整个柔性生产制造生态中处于中心协调者和管理者的地位。

其次，这个数实生态内含了几条或实或虚的经济链条：第一条是从个性化订单需求经历众包众创生产制造、分布交易、共创价值分配的经济链，而工业经济社会的经济链一般遵循生产→交换→分配→消费程式链条。第二条是微观数实生态系统内嵌的产业链，即发端于个性化订单需求后的相关原材料产业、数字化平台组织、软件创意产业、配套零部件制造业、分布式众包众创产业、灵活生产制造业、数字化运输物流业、关联生产服务业。第三条是由原材料供应、生产性服务设计、配套零部件制造、数字化平台协调管理、众包众创企业生产制造、物流业配送、售后服务管理等环节组成的供应服务链，当然这条链也是由数据和数字化管理实现的。第四条是隐含在产业链和供应链之中的价值链，包括柔性制造产品概念创意、方案设计、生产制造、广告宣传、销售售后、物流配送等价值链环节都分享一部分或高或低的利润价值比例。数实融合生态本质上就是更具象化的分享经济，由数字平台企业及其连接的分布式众包众创企业等关联利益相关者共享柔性生产利润。第五条是

由组织管理模式创新、生产方式创新、创意创新、要素投入创新、技术创新、产品创新、产业创新、业态创新、商业模式创新、服务创新等全链条创新的创新链。

最后，贯穿这个微观数实生态系统的除了数字技术和数据要素，还包括有形的平台和商情交流网络，以及无形的管理、治理网络。前者主要是指产业互联网、物联网和消费互联网。所谓企业"上云用数赋智"战略行动的"上云"主要是加入产业互联网，消费类企业和终端客户一般都进入消费互联网，当然工业互联网与消费互联网已实现双向互联互通。微观数实生态的无形管理、治理网络则是由各数字平台、关联企业及交易监管官方部门的管理者和一整套治理机制对这个柔性生产制造生态实施全过程管理和治理的虚拟网络。

数字生态是数字经济独有的组织形态。数字平台是完全不同于"家庭"和"企业"的组织形式，具有显著的网络效应，能够推动生产组织方式、资源配置方式和价值创造方式变革，产生双边和多边资源要素联结、互动协同效应，进而形成基于大数据和数字平台的数字生态（Tortorella G et al，2019）。回头看这个微观数实融合生态系统，呈现出三个圈层的中心—外围分布式链网式结构。核心圈层：个性化需求任务由居中的线上数字平台安排协调；同时，由产业互联网平台协调的生产链和供应链实际完成订单任务的生产和配送，就是说一平台、两条链是柔性生产制造生态的中心层。次级圈层：产业链、价值链、创新链或明或隐围绕于核心生产活动的外围，构成柔性制造生态的紧密连接层。外围圈层：由产业互联网、物联网和消费互联网这些柔性制造生态的外在依托条件，以及柔性制造生态内外部管理、治理网络共同构成微观数实生态系统的外围网络圈层。

（二）宏观数实融合生态系统的中心—外围链网结构

数实融合生态系统的宏观层面完全不是微观生态的逻辑，微观数实融合生态只是以具体生产任务为核心组织的局部新老生产资源集合系统，只承担生产供应交易的功能；宏观数实融合生态则将社会全部新质旧质生产资源作为经济循环的基本背景，把政府、企业、个人都纳入宏观生态网络，所有微观数实生态和中观层面生态系统（如技术生态、企业生态、社会治理生态等，各自在本章后三节分别论述）都内含于该宏观融合生态，生产供应交易功能只是这个大生态系统的功能之一，除此之外的技术创新、产业升级、社会治理、价值共享等也是宏观融合生态的功能特征。因此，数字经济与实体经济生态系统的宏观融合是由政府、企业和个人相互联系，工业互联网与消费互联网双向联通、产业大数据与消费大数据互通共享所带来的创新应用、服务融合、基础设施融合、跨界融通的生态系统（洪银兴、任保平，2023）。在这个生态系统中，生产、流通、分配和消费各个环节全面链接，大量异质性企业相互依存，形成共生价值循环体系；不同行业形成业务交叉、数据联通、运营协同的产业融合机制；不同经济主体、不同企业借助数据要素形成跨地区、跨行业、跨系统的协作平台（赵国栋，2018）。

宏观数实融合生态的链网结构不仅复杂且更为虚化。首先，这个系统不存在唯一的一个线上平台企业，而是由众多柔性生产制造生态系统构成的产业融合生态组成的多中心式链网结构，每一个产业的数实融合生态都是多中心链网的一极。同时，还存在一个自成体系的共享经济，其实质是共享互联网平台，如加入滴滴平台的终端用户共享平台服务，进入平台后共享平台的数据资源。所有产业融合生态系统、共享经济平台组成的大量产业融合生态都可以看成是宏观数实融合生态链网的核心圈层。

其次，宏观数实生态的次级紧密圈层构成是围绕在产业生态和共享经济生态外的数字技术生态、数据要素生态、数字基础设施生态（包括产业互联网、物联网、消费互联网等）、数字创新生态。

最后，宏观数实融合生态外围圈层则涉及社会全局性基础设施（如5G、大数据中心、通信卫星、超算网络、量子通信设施等）、社会管理和治理网络（如数字化治理、公共安全治理、社区治理）以及社会包容性生态。包容性生态的范围更加广泛，如法治化治理水平、社会营商环境、和谐社会关系、清亲政商关系、以人为本的社会治理理念等。

细致观察微观数实融合生态与宏观数实融合生态各自圈层的变化趋势，总体上呈现宏观融合生态下圈层内涵依次向微观生态的中心圈层方向逐渐靠近的趋势。由于宏观融合生态下虚化了柔性生产供应生态单元，于是微观融合生态下较次级圈层中产业链、供应链升级而来的产业融合生态就演化为宏观数实融合生态的核心圈层；微观融合生态的外围圈层单元顺次再转化为宏观数实融合生态的次级紧密圈层单元；而宏观数实融合生态的外围圈层进一步将更广泛的社会性治理生态单元扩容进来。

三、数实融合生态系统构建

构建良好的数实融合生态是数字经济和实体经济深度融合的重要路径之一，更是从根本上促进数实融合高级化的重要实现形式。数实融合生态系统构建是一项系统工程，同时涵盖微观生态和宏观生态两个层面，必须花费长期工夫耐心培育。

首先，要将数实融合微观生态培育放在系统构建的中心位置。柔性生产供应生态培育是微观融合生态构建的中心和关键，更是目标。以数字化平台为中心组织者而成长起来的柔性生产制造生态是由市场驱动的，是一系列数字化软硬条件和良好市场环境共同培育下而生长出来数实融合微观生态果实。要继续同时强化有效市场和有为政府力量的建设，这是柔性生产生态系统培育的关键。

其次，鉴于数字生态呈现生态要素数据化、生态主体平台化、生态关系协同化等特征（欧阳日辉、龚伟，2023），因此，数实融合生态系统构建要两个轮子一起转，扎实推动数据生态和数字平台建设，将数据赋能的价值协同、价值共创与数字平台带动的价值创造、价值分享有效结合起来。

再次，深度推进数实链网融合体系的构建。链网融合结构是同时存在于微观数实融合生态和宏观数实融合生态的共性特征。这个链网融合系统中的所有组成单元才是数实融合生态建设的庞大系统工程。链网融合生态系统涵盖广泛，前面重点提及的数字基础设施生态、数字技术和数据要素融合生态、数实产业融合生态、新模式新业态创新生态都在此范畴内。此外，洪银兴、任保平（2023）提及的数实融合安全生态、政策生态的构建也是数实链网融合体系的重要方面。

最后就是包容性社会生态构建，包括数字化治理深度、法治化治理水平、社会营商环境营建、和谐社会关系培育、亲清政商关系建设、公共安全治理、社区治理成效、以人为本的治理理念等。包容性社会生态的培育涉及国家软实力的建设，不仅对数实融合生态系统的构建具有深远意义和重要价值，对国家整体经济实力提升也有深远影响。

数实融合生态系统构建的四个方面，数实链网融合体系建设是先行工程，是要重点投资建设的方面；在基础上数据生态和数字平台建设才可能全面铺开；而包容社会生态建设是个长期工程，要动员全社会力量共同努力。这些都做好了，柔性生态系统自然就大量涌现了。

第二节　数实融合生态系统——技术层面融合

随着大数据、云计算、人工智能和物联网等新一代信息技术的创新发展，数字经济实现了良性和协同发展，数字经济和实体经济的深度融合已迈入全新的阶段。这一技术融合不仅改变了传统实体产业的生产运营方式，促进了传统行业的变革和提升，还为新兴商业模式和市场生态的构建提供了全新的机遇。当下，在金融、医疗、教育、农业、制造业、零售业等领域引入数字化技术后，不仅提高了生产效率，还推动了服务模式的创新。

基于大数据、云计算、人工智能等先进技术，企业能够挖掘出隐藏的市场机会，实现信息的无缝流通和高效利用，提升自身的运营效率。数字技术的广泛融入不仅为用户提供更加个性化、多元化的服务，还能为企业间的跨行业和跨领域的协作创新提供更多发展的空间。首先，在数字经济和实体经济深度融合过程中也面临着一系列挑战。尽管数字技术发展创新较快，但不同行业和企业间在技术标准的制定和实施上存在较大的差异，很多企业对标准化重视程度不够，就容易导致在数字技术的应用和融合过程中产生标准不一和数据融合不畅的问题。其次，在数实融合过程中，数据安全与隐私保护成为企业面临的重要挑战。随着海量数据的生成和流通，构建完善的数据安全管理体系，确保用户数据的安全与隐私成为一个亟待解决的问题。随着深度融合的发展，引发了组织、业态、模式的变革，同时，也形成了大量新兴领域的人才需求，这导致了高端技术和跨领域知识的复合型人才结构性短缺，成为制约融合发展的关键。在推动数字经济和实体经济深层次融合过程中，如何共同有效解决这些问题是当前重要的议题。本小节将着重分析数字经济与实体经济在技术融合方面的路径、机制，并探讨数实技术融合所带来的挑战及未来的趋势。

一、数字技术对实体经济转型的推动作用

数字技术其强大的渗透和融合能力使其能够应用于各个行业的生产经营活动中，对实体经济转型的推动作用日益显著，表现为从技术创新到产业效率提升的全面变革。数字技术能够实现数据的无限复制和共享，因而能够通过降低交易成本，优化配置资源等方式提升企业生产效率（许恒等，2020）。数字技术还能与其他经营管理等技术产生互补，重塑各种要素资源，推动生产部门结构优化，引发生产范式的持续改进（田秀娟和李睿，2022）

在这一过程中，数字技术帮助企业更加精准地识别市场需求，优化生产流程和供应链管理，从而提高运营效率。例如，通过大数据企业可以完善客户管理，实时调整生产策略，预见需求变化，实现要素最优配置，并快速响应市场。人工智能技术促进了企业在管理决策方面更加智能化，而云计算提高了企业之间的数据共享能力，降低了企业的数据资源成本，区块链技术在提高生产率的同时，加强企业的风险防范能力（郭凯明，2019；巴曙松等，2020）。此外，数字技术与先进制造技术的深度融合，创造了数字经济与实体经济之间全新的技术创新范式。这种多层次的、多领域的技术创新相互融合，使实体经济在各个环节实现了革命性的变革，从生产、消费到供应链管理、产品研发的每一个环节，都受数字技术的深刻影响，因此，企业不仅提升了产品与服务的智能化水平，也提高了其应对复杂市场环境的能力，从而实现生产效率、产品

质量及经济效益极大提升（梁正和李瑞，2020）。

从微观层面来看，借助于数字技术，企业可以实现从前端、中端及后端的全流程数字化管理，极大优化了产业链的整体效率和综合效益，生产效率得到显著提升。企业能够通过大数据分析、人工智能等新一代数字技术精准预测市场需求，并通过精准的数据采集和分析，进而制定出更科学的生产模型，并能够迅速应对市场的动态变化，及时调整生产策略。在生产、采购以及库存等关键环节，数字技术的融入能够持续推动生产过程的优化和创新，提升了企业的生产速度和效率。通过数字技术的应用，企业能够对生产经营的全过程进行即时监控和反馈，从而有效优化管理层决策，为企业的后期复盘提供强大的支持。在金融领域，数字技术的渗透和应用已经非常广泛。金融数智化构建了标准化普惠金融产品体系，实现了小微企业贷款的流程化和批量化，在贷款成本和风险方面实现了双降双低。大数据、人工智能等多种数字技术的融入还使企业的信用风险评估变得更加精准和更高效，无形中提升了企业的竞争力并降低了企业的筹资成本，助力企业特别是中小企业的持续发展与稳健运营（陆岷峰，2023）。

从宏观层面来看，依托数字技术，政府相关部门能够实时采集、处理和分析经济运行数据，深度挖掘隐藏在复杂的数据中的运行规律，并从多个维度迅速做出全面的、精准的经济动态分析，更加精准地预测经济发展趋势，及时调整政策以快速响应经济波动。通过数据挖掘以及智能算法，政府还能够精确识别潜在的风险点并进风险的动态评估，确保经济的平稳增长和高质量发展。数字技术的融入增强了政府在经济调控中的准确性和实时性，使宏观治理更加科学合理，使其能够有效应对复杂多变的社会环境。

数字技术已日益融入经济社会发展各领域的全过程，其通过推动实体经济转型升级，助力企业提高生产效率和市场竞争力，也为产业结构优化，宏观经济治理经济高质量发展提供强大的支撑。随着数字技术的不断创新和深度融合，全球经济模式将加速转变，产业竞争格局也将经历前世未有的结构性变革，全球将迎来可持续增长的新阶段。

二、技术驱动下的跨界融合与创新

在数字经济与实体经济融合的技术层面，跨领域融合与协同创新已经成为推动经济发展的核心驱动力。随着数字技术的迅速发展，特别是大数据、人工智能、物联网、5G 等技术的广泛应用，数字经济与实体经济的深度融合正在加速推进。这种融合不仅是技术进步的产物，更是经济发展必然趋势的体现。数字技术的强大扩散性和渗透性，使其迅速渗入传统产业生产、管理、营销及服务等各个环节，快速并全面融入实体经济运行的全领域、全过程，加速了对经济发展模式与社会治理模式的重构，引发生产模式和运营方式的深刻变革，为产业生态系统的转型和升级提供了持续动力（钞小静等，2024；郭晗和全勤慧，2022）。像跨行业跨领域应用的典型代表——工业互联网平台，以其独特的跨界融合能力，实现设备的远程监控与智能化管理，从而大幅提高企业生产效率和产品质量，成为推动产业升级、优化资源配置的关键力量。

数字技术不仅能够促进跨领域跨行业的深度融合，还能够催生出新的商业模式和创新业态，为经济增长带来新的增长点。智能制造是由数字技术融入信息技术行业形成的新业态，它使生产线能够实现高度自动化、精确化和灵活化。更重要的是，智能制造能够使我国企业减少对外部技术的依赖，增强自主创新能力，提升制造业在全球中的竞争力。在经济高质量发展的诉求下，各省市依托数字技术结合自身优势实现经济的快速增长。贵州省在推动数字经济与实体经济融合的过程中，依托大数据产业发展优势，以数字技术迭代助推产业创新动力，成功催生了智慧工厂、智能农场和智慧旅游等新兴业态，推动了实体经济的持续升级（杨庐峰和张会平，2021）。

在这一过程中，创新无疑是推动跨界融合与协同创新的核心动力。胡西娟等（2022）提出，通过基础融合、应用融合、创新融合和金融融合等维度构建的数字经济与实体经济融合发展的指标体系，表明技术创新和产业结构升级是推动绿色经济效率提升的主要机制。这一结论深刻揭示了技术创新不仅是数字经济发展的基础支撑，更是推动实体经济数字化转型的关键驱动力。借助技术创新，企业不仅能够利用数字技术来优化生产流程、提高效率、降低成本，还能够开发新的产品和服务，从而在跨界融合中实现更高价值。

三、技术融合的挑战与前景

尽管数字技术在推动实体经济转型和跨界融合方面展现出巨大潜力，但在具体落地过程中仍面临诸多挑战。首先，技术融合的复杂性和高成本成为制约部分企业，尤其是中小企业数字化转型的重要因素。数字技术的应用不仅涉及软硬件基础设施的全面升级，还要求企业具备较强的技术适应能力和数据治理能力。然而，许多传统企业在技术储备、资金投入和人才配备方面存在明显短板，导致其在数字化转型进程中步履维艰。其次，不同行业、不同企业间的数字技术标准尚未完全统一，产业间的数据孤岛和信息壁垒问题依然突出，这在很大程度上阻碍了跨行业、跨领域的高效协同与创新（郭晗和全勤慧，2022）。

数字技术在生产生活中的广泛应用能够使市场参与者挖掘大数据潜在价值，支持决策制定和业务流程优化，但数据在开放共享过程中会引发诸多安全风险，数据安全与隐私保护问题日益凸显，确保数据在存储和传输过程中的安全性与隐私保护至关重要。在一些重点领域，数据的安全性和可靠性不仅关系到个人隐私，还会影响社会稳定乃至国家安全。金融行业由于其涉及大量的敏感数据和资金交易，数据信息一旦被泄露或篡改，可能会导致巨大的经济损失和法律纠纷。在医疗领域，患者的医疗记录和诊断数据属于高度敏感信息，一旦泄露可能对患者的隐私和健康造成严重影响，进而影响社会稳定。此外，政府部门需要处理大量的公共数据和敏感信息，这些数据的安全性和隐私保护直接关系国家安全和社会稳定。因此，如何在推动技术融合的同时，构建科学完整的数据安全治理体系，融合数字技术与制度管理，建立数据安全保障的创新范式，成为当前数实融合发展过程中亟须解决的关键问题。

随着5G、人工智能、区块链等前沿技术的进一步成熟，数字技术在传统产业中的应用将不断深化，市场需求、科技创新等内在机制与数字基建、高端人力资本等外在保障机制对深度融合将产生正向促进作用（张帅等，2022）。在进一步的融合过程中，政府还需与企业加强深度合作，协同推进统一的技术标准体系建设，降低跨行业协作的技术门槛，打破行业技术壁垒，构建一个跨行业、跨场景的开放生态体系，实现跨行业、跨系统的数据共享和互联互通，推动实体经济向更智能、更高效、更绿色的方向转型升级。

政府和社会机构需共同完善数字基础设施和监管机制，出台扶持政策，引导产业链上下游、大中小企业协同发展，推动各行业跨越数字鸿沟，不断拓展技术普及的深度和广度。政府和市场各参与者还应推动构建更安全、更透明、更高效的数据治理体系，为数字经济与实体经济的深度融合提供保障。通过全社会的不懈努力，能够为技术融合创造更加健康、更可持续的发展环境。

第三节　数实融合生态系统——企业层面融合案例

随着数字技术的快速发展，数字经济与实体经济的深度融合已经成为推动社会经济转型升级的核心驱动力。在企业层面，数字化转型不仅改变了企业的生产运营模式，还重塑了企业的商业生态系统。本节通过对三个具有代表性的案例进行详细分析，探讨企业在数实融合生态系统中的创新实践和战略路径。

一、案例一：海尔集团的"人单合一"模式

（一）背景概述

海尔集团成立于1984年，是全球领先的家电制造商之一。近年来，随着数字化技术的飞速发展，全球经济环境发生深刻变化，企业面临着前所未有的挑战与机遇。在这一背景下，海尔积极响应时代号召，提出了"人单合一"模式，通过数字技术推动组织架构与运营方式的深度

转型。"人单合一"模式的核心思想在于打破传统的层级管理模式，以用户需求为核心，将生产、研发、营销等各环节有机融合，从而提升企业的市场响应速度和资源利用效率。

"人单合一"模式的提出，源于海尔对现代企业管理与市场需求变化的深刻洞察。在传统的生产方式中，企业常常以大规模生产和标准化产品为导向，忽视了消费者个性化需求和动态变化。而在数字化时代，随着消费者需求日益多样化，企业若仍依赖于传统的生产与管理方式，势必面临市场份额被削弱、竞争力下降的困境。海尔通过数字化转型，构建起基于用户需求的个性化生产和管理体系，为家电行业的变革提供了创新的解决方案。

（二）数字化转型的实践路径

海尔的数字化转型是一个系统性的、全方位的变革过程，涵盖了从生产制造到产品创新，再到市场拓展等多个维度。通过整合全球范围内的数字化资源，海尔成功推动了企业内外部的深度融合，实现了从传统家电制造商向智能制造企业的转型。

（1）智能制造：海尔的数字化转型首先体现在智能制造的领域。随着工业4.0的到来，制造业进入了以智能化、数字化为特征的新时代（罗均梅，2025）。海尔通过COSMOPlat工业互联网平台，率先在全球范围内推动了生产过程的智能化和定制化。COSMOPlat平台作为海尔智能制造的核心，是一个融生产调度、设备监控、数据分析、产品设计和供应链管理等多功能于一体的综合性平台。平台能够实时获取来自用户端的需求信息，并通过智能化的生产线实时调整生产计划，实现个性化定制。

在这一过程中，物联网、大数据、人工智能等前沿技术的应用为海尔带来了显著的提升。例如，物联网技术通过对生产设备的实时监控和数据采集，为生产管理提供了全面的决策支持；大数据分析能够精准预测市场趋势和用户需求，进而为生产提供科学的指导意见；人工智能算法优化了生产工艺，减少了能耗和资源浪费，实现了绿色制造。这些技术的协同作用，不仅提升了海尔的生产效率，还使其产品能够快速响应市场变化，提高了市场竞争力。

随着数字技术的持续创新和应用，数字化治理在未来将进一步深化与扩展。技术带来的机遇和挑战并存，在推动社会治理现代化的同时，也面临着技术落地与实际操作的种种难题。例如，在数据利用与隐私保护之间，如何找到最佳平衡点，成为数字化治理发展的核心难题之一。

在数字化治理的未来发展中，该如何应对技术系统的可靠性与风险管理，也需要引起足够的关注。随着区块链、大数据、人工智能等技术的不断进步，技术的不确定性与不成熟性可能带来意想不到的风险。例如，人工智能算法的偏见问题可能导致治理结果的不公正，而区块链的技术瓶颈则可能影响其广泛应用。如何完善技术保障机制，加强技术监管，是数字化治理必须面对的挑战。

数字化治理的未来发展，需要在技术驱动和社会需求之间找到平衡点，推动治理体系从单一化向多样化、多元化发展，最终实现更加智能化、更民主化与可持续的社会治理模式。数字化治理不仅是技术的应用，更是社会管理理念的变革。未来，数字化治理将不仅限于提升行政效能，还将在促进社会公平、增强公民参与等方面发挥更加重要的作用。

数字化治理的创新，推动了社会治理的模式转型。通过新技术的引入，数字化治理提供了更为高效的治理方式，同时拓宽了公众参与的路径和深度。在这一过程中，技术赋能不仅提升了治理质量与效率，还为社会各阶层提供了更多的参与机会和透明的互动平台，推动了社会治理的民主化进程。

（2）用户驱动的创新：海尔的"人单合一"模式的另一重要特点是强调用户驱动的创新。在传统的产品开发过程中，企业往往依赖于研发团队的经验和市场调研数据，进行产品的设计和生产。而在"人单合一"模式下，用户不再是简单的产品接受者，而是成为产品开发的共同参与者。通过数字化平台，海尔实现了与消费者的"零距离"沟通，用户可以直接提出需求，并参与产品设计、功能优化等多个环节。这种"以用户为中心"的创新模式，不仅提升了产品的市场契合度，也增强了用户的参与感和忠诚度。

以"衣联生态圈"为例，海尔通过整合洗衣机用户、纺织厂、洗涤剂供应商等多个环节，实现了资源的协同创新。消费者可以根据自身需求选择不同的洗护方案，供应链各方可以根据实时数据调整生产与配送计划，从而提高了整个供应链的运作效率和响应速度。这一创新模式的成功实践，标志着海尔在用户驱动创新方面的突出成效，也为其他企业提供了可借鉴的路径。

（3）生态圈建设：在数字经济的背景下，企业之间的竞争不仅是单一企业之间的竞争，更是生态系统之间的竞争。海尔通过开放平台与全球合作伙伴共同构建了多领域、多层次的生态圈，打造了一个具有影响力的产业联盟。在这一生态圈内，海尔不仅提供智能家电产品，还与房地产、家装、物流等领域的企业合作，共同推动智慧家庭的普及和发展。通过这种跨行业的合作，海尔实现了资源的高效配置，推动了产业链的整合与优化（林艳，2023）。

在智慧家庭领域，海尔通过与多方合作伙伴建立深度合作，推动了智能家居产品的集成与创新。这不仅提升了消费者的使用体验，也促进了家电行业的整体升级。同时，海尔还通过数字平台促进供应链的协同，使各方能够实时共享信息，快速响应市场需求，从而形成了互利共赢的合作关系。通过生态圈建设，海尔不仅提高了市场的竞争力，也为全球消费者提供了更加智能、更便捷的产品和服务。

（三）成效分析

海尔的"人单合一"模式自实施以来，在多个维度取得了显著的成效。这些成效不仅表现在企业内部的生产效率和创新能力上，也反映在市场竞争力的提升和品牌价值的增长等方面。通过数字化转型，海尔成功地在全球家电行业中树立了强大的竞争优势，成为数字化转型的典范。

1. 生产效率与资源利用的提升

海尔的COSMOPlat工业互联网平台，作为数字化转型的核心支撑，显著提高了生产效率和资源利用率。通过这一平台，海尔实现了从传统批量生产到个性化定制的转型，最大限度地提升了生产线的灵活性和响应速度。生产过程中的每一项操作都可以通过实时数据进行监控和优化，从而减少了生产环节中的资源浪费。例如，物联网技术的应用使生产设备的故障预警和维护管理更加精准和及时，避免了设备因故障停产而造成的生产损失。

此外，通过数据的实时分析与调度，COSMOPlat 平台有效地解决了传统生产模式下资源配置不合理、生产计划滞后的问题。平台能够快速响应用户需求，将用户订单转化为生产任务，确保产品能够按时按需生产，从而提高了生产计划的准确性和生产过程的顺畅性。这不仅使生产周期大幅缩短，而且在某些情况下，还能够实现单件定制生产，从而满足了个性化市场需求。这种灵活的生产模式使海尔在全球市场中具备了更强的竞争力。

2. 用户需求精准匹配与产品创新

"人单合一"模式的实施，使海尔能够精准捕捉并快速响应用户需求，推动了产品创新的不断升级。用户需求的精准匹配是海尔这一模式成功的核心。通过 COSMOPlat 平台，海尔能够直接获取来自终端消费者的反馈和需求，将这些需求实时传递到生产环节。与传统企业依赖市场调研与预测不同，海尔通过数字化手段实现了与用户的"零距离"互动，这种基于用户参与的创新模式，极大缩短了产品从设计到生产的周期。

这种创新模式不仅限于产品功能的定制，还包括产品设计、服务和使用体验的个性化。以家电产品为例，海尔通过与消费者的互动，定制化设计了多种符合不同用户需求的产品，例如，可调节的智能温控系统、节能模式等，直接提升了产品的市场适应性和用户满意度。这种创新驱动的模式在提升用户体验的同时，也推动了海尔产品的技术进步和功能多样化，使其在激烈的市场竞争中始终保持领先地位。

此外，用户驱动的创新模式也促使海尔在跨行业合作中开辟了新局面。例如，海尔通过建立"衣联生态圈"，将洗衣机用户、纺织厂、洗涤剂供应商等多个环节纳入创新过程中。消费者可以直接提出对洗护产品的需求，推动相关产品的联合开发。这种跨界合作不仅提高了产品的市场竞争力，还促进了整个产业链的协同创新，增强了海尔在智慧家居领域的整体竞争力。

3. 供应链与生态圈建设的协同效应

海尔的生态圈建设是其数字化转型中的另一重要成果。在传统的生产模式下，供应链管理常常是单一的、线性的，企业之间的合作较为封闭和局限。而在"人单合一"模式下，海尔通过开放平台，吸引了全球范围内的合作伙伴，共同构建了一个多层次的、跨行业的生态系统。通过这一生态圈，海尔能够在多个领域实现资源共享与协同创新，从而提升了整体的资源配置效率。

首先，海尔通过 COSMOPlat 平台优化了供应链管理。平台将供应商、制造商、经销商等多方资源进行整合，实现了信息的共享与协同。在这一过程中，供应链上的各环节能够实时接收到订单需求与生产计划，并根据这些信息进行动态调整。通过智能化的数据分析，海尔能够精准预测供应链中可能出现的问题，从而提前采取应对措施，有效避免了传统供应链管理中因信息滞后和反馈不及时而导致的库存积压或供货短缺问题（李余辉，2025）。

其次，海尔的生态圈建设不仅限于供应链优化，还包括跨行业合作。在智能家居、物联网等前沿领域，海尔通过与房地产、家装、物流等多个行业的合作，推动了智慧家庭生态系统的构建。通过这种跨界合作，海尔不仅提升了产品的附加值，还促进了智能家居设备的集成与创新。例如，海尔与物流公司合作，优化了家电配送与安装服务，提高了消费者的整体体验；与家装公司合作，共同推动智慧家居解决方案的普及，打破了传统家电产品与家居场景的界限。

这种跨行业的、多层次的生态合作，提高了海尔在全球市场中的协同能力，使其能够在不同地区、不同市场快速响应并满足用户的多样化需求。通过生态圈的构建，海尔不仅提升了自身的竞争力，还促进了整个行业的技术创新与协同发展，最终形成了良性循环。

4. 品牌价值与市场竞争力的提升

通过数字化转型，海尔在市场中的竞争力得到了显著提升，品牌价值也得到了进一步巩固和扩展。在"人单合一"模式的推动下，海尔不仅提升了生产效率，降低了成本，还在全球范围内增强了其市场响应速度和创新能力。这使海尔能够更加灵活地应对市场变化，迅速推出符合消费者需求的新产品，进而巩固了其在全球市场中的领导地位。

利用数字化技术，海尔能够更加精准地把握市场趋势，及时地进行产品调整和优化。例如，在消费升级的背景下，海尔根据用户的个性化需求，不断推出智能家电产品，并且通过线上线下渠道进行快速营销，进一步提升了品牌的市场占有率。同时，海尔通过与国际知名品牌的合作，增强了其在全球市场的影响力。

总的来说，海尔通过"人单合一"模式的实施，成功地提升了其品牌价值，增强了市场竞争力。在全球化竞争日益激烈的今天，海尔的成功经验不仅为其他企业提供了转型的思路，也为整个家电行业的数字化转型提供了可供借鉴的范例。

5. 未来发展与可持续增长

海尔的数字化转型和"人单合一"模式的实施，取得的成功并非一蹴而就的，而是在持续创新和不断优化中逐步积累的成果。从长远来看，海尔的这一模式不仅推动了自身的可持续发展，也为家电行业的数字化转型树立了标杆。未来，随着数字化技术的进一步发展，海尔将在现有基础上继续扩展其数字生态系统，不断推动产品与服务的创新，进一步提升市场竞争力。

同时，海尔将继续强化其全球化战略，拓展海外市场，通过技术和模式的双轮驱动，推动全球业务的持续增长。随着全球消费者对智能家居产品和个性化需求的增加，海尔有望在未来几年内进一步巩固其在全球市场中的领导地位，持续为全球用户提供高质量的产品与服务。

二、案例二：阿里巴巴的"新零售"战略

（一）背景概述

阿里巴巴集团，作为全球数字经济领域的领导者之一，提出了"新零售"战略，旨在通过线上与线下的深度融合，推动零售行业的数字化转型。随着信息技术的发展，消费者需求日益个性化、即时化和多元化，传统零售行业面临着转型的巨大压力。为了应对这一挑战，阿里巴巴利用其强大的技术优势，推动零售业态的创新，实现了"新零售"战略的实施，其核心目标是通过技术赋能，重塑零售产业链中的各个环

节，从而提升整体的商业效率与消费者体验。

"新零售"战略的核心在于，以消费者为中心，通过大数据、云计算、人工智能等技术驱动的方式，打破传统零售商与电商平台之间的界限，将线下与线上资源进行无缝连接，并通过科技手段对商品、供应链、库存、物流等环节进行智能化管理。这一战略不仅注重零售场景的创新，也推动了整个商业生态的重构，从而提升了零售行业的整体竞争力。

（二）数字化转型的实践路径

阿里巴巴在推进"新零售"战略过程中，充分利用其在技术创新和平台建设方面的优势，围绕技术赋能、渠道融合和供应链优化三个方面展开了多维度的数字化转型。

1. 技术赋能：大数据与智能化支持的全方位解决方案

在阿里巴巴的"新零售"战略中，技术赋能是实现全渠道零售体系的关键。阿里巴巴利用大数据、云计算和人工智能等前沿技术，为线下商家提供了强有力的技术支持。通过"数据银行"平台，阿里巴巴能够对消费者的行为数据进行深度挖掘与分析，从而帮助商家精准识别目标客户群体，制定个性化的营销策略。通过对消费者购买历史、浏览习惯、社交互动等数据进行整合，平台能够精准预测消费者的需求变化，向商家提供及时的市场反馈（张继德，2024）。

人工智能技术的引入，进一步优化了零售业的客户服务体验。在商品推荐系统方面，阿里巴巴通过图像识别与自然语言处理技术，将消费者的偏好与行为进行精准匹配，从而显著提升了推荐系统的准确性。消费者在购物过程中，不仅能够获得个性化的商品推荐，还能够享受智能客服的实时解答与问题处理。这种技术赋能不仅提升了用户的转化率和复购率，也在一定程度上改变了传统零售商的营销思路，使他们能够更加精准地对接市场需求。

2. 渠道融合：构建无缝连接的全渠道零售体系

阿里巴巴通过整合天猫、盒马鲜生、银泰百货等线上线下平台，推动了渠道融合与资源共享，构建了一个无缝连接的全渠道零售体系。这一体系的关键在于线上与线下的无缝协作，不仅打破了传统电商平台与实体零售商之间的壁垒，还让消费者可以在多种购物场景中自由选择购物方式。

盒马鲜生作为阿里巴巴"新零售"战略的重要组成部分，通过创新的商业模式实现了线上线下的融合。其门店既是线下零售场所，又充当了线上订单的配送中心。消费者可以在盒马门店进行购物，也可以通过盒马 App 进行线上购买，并选择将商品送货上门。通过统一的库存管理与调配，盒马鲜生能够在确保商品新鲜度的同时，实现快速配送，提升了消费者的购物效率。

在这一过程中，阿里巴巴的智能物流系统也发挥了至关重要的作用。通过对物流网络的优化，阿里巴巴能够在最短时间内完成订单配送，最大限度地提升了物流效率，减少了消费者的等待时间。同时，阿里巴巴的智能仓储系统还能够根据订单量和商品需求，实时调整配送路线和仓储资源的配置，进一步降低了物流成本，为消费者提供了更加便捷和高效的购物体验。

3. 供应链优化：菜鸟网络的智能物流体系

在"新零售"战略中，阿里巴巴通过菜鸟网络对整个物流供应链进行了全面升级，构建了一个包括仓储、配送、终端等环节的全链路智能管理体系。菜鸟网络利用大数据和人工智能技术，对物流流程进行智能化管理和优化。通过对消费者订单数据的实时分析，菜鸟网络能够预测需求波动，动态调整物流配送方案，从而避免了库存积压和资金压力。

菜鸟网络的智能算法进一步优化了配送路径，使配送过程更加高效。通过精确计算最优配送路线，菜鸟网络不仅提高了物流效率，还减少了运输过程中的能源消耗，推动了绿色物流的发展。此外，菜鸟网络还通过与各大物流公司、配送平台的合作，形成了一个全国范围的智能物流网络，进一步提升了整体供应链的协同效率。

通过智能物流体系，阿里巴巴有效地减少了传统零售模式中的配送时延和物流成本，使商家和消费者都能在最短时间内享受到高质量的物流服务。这一供应链优化不仅提升了整个零售生态的资源配置效率，还为传统零售商的数字化转型提供了技术支持和解决方案。

（三）成效分析

阿里巴巴的"新零售"战略通过线上与线下的深度融合，成功打破了传统零售业态的边界，推动了零售行业的数字化升级，取得了显著的成效。

1. 零售业态的全面升级

阿里巴巴通过"新零售"战略，成功推动了零售业态的全面升级。与传统零售商单一依赖实体门店的经营模式不同，"新零售"通过线上线下的无缝连接，使消费者可以根据自己的需求随时切换购物方式（何大安，2024）。这种融合模式不仅提升了消费者的购物体验，还显著提高了商家的运营效率。传统零售商通过引入阿里巴巴的数字化工具和技术，能够更加精准地进行市场定位、库存管理和客户关系维护，从而提高了经营效益。

2. 消费者体验的显著提升

从消费者角度来看，"新零售"战略极大地改善了购物体验。消费者可以在不同的购物场景下，享受高效、便捷且个性化的服务。通过全渠道的融合，消费者可以随时随地根据自己的需求选择线上或线下购物，同时享受统一的库存与配送服务。盒马鲜生的"到店＋到家"模式，不仅提升了消费者的便利性，还通过个性化的商品推荐和精准的服务提高了品牌的吸引力和忠诚度。

此外，阿里巴巴利用智能化推荐与精准营销机制，改变了消费者的购买决策模式。从传统的价格导向转变为对服务与体验的综合考量，消费者更加关注个性化和差异化的服务体验，而不再单纯依赖价格优惠。智能推荐系统和大数据分析不仅提高了消费者的购物效率，还增强了他们的购物满意度和忠诚度。

3. 行业模式与标准的重塑

阿里巴巴的"新零售"战略推动了零售行业标准和商业模式的重塑。通过技术赋能，阿里巴巴为传统零售商提供了转型的技术支持，帮助他们实现了数字化升级。同时，菜鸟网络在物流智能化领域的领先优势，不仅提升了资源配置效率，还推动了绿色物流的发展，为行业内其他零售商提供了可供借鉴的物流解决方案。

阿里巴巴通过"新零售"战略的成功实施，进一步巩固了其在全球零售行业中的领导地位，并为全球零售行业的数字化转型提供了重要的参考案例和实践经验。

4. 长期发展与全球竞争力的提升

长期来看，阿里巴巴通过"新零售"战略，不仅在国内市场中取得了成功，也在全球零售行业中提升了其竞争力。随着技术不断进步，阿里巴巴将继续推动零售业态的创新与升级，进一步拓展全球市场份额。同时，阿里巴巴还将通过持续优化供应链管理、提升消费者体验等手段，进一步巩固其在全球零售行业中的领先地位。

三、案例三：特斯拉的智能化制造与服务体系

（一）背景概述

特斯拉，作为全球电动汽车行业的领军企业，凭借其前瞻性的智能化制造与服务体系在全球范围内树立了不可忽视的行业标杆。自成立以来，特斯拉通过对数字技术的深度应用，不仅在电动汽车领域创造了诸多创新突破，还成功构建了一个高度集成的闭环生态系统，其核心竞争力正是来自对技术创新的持续投入与应用。

特斯拉的成功并非仅依赖于电动汽车本身的技术优势，更是在其生产、运营、服务，以及产品生命周期管理方面，广泛应用数字化、自动化与智能化技术，形成了一个从产品研发到用户服务的高度一体化体系。特斯拉不断推动智能制造与车联网技术的创新，尤其是在提高生产效率、保证产品质量、增强用户体验及推动绿色能源应用方面，取得了显著的成效。

（二）数字化转型的实践路径

特斯拉在数字化转型过程中，深度融合了先进的智能制造技术、车联网技术以及能源管理技术。以下几个方面构成了特斯拉智能化制造与

服务体系的核心路径。

1. 智能制造：自动化生产与数字孪生技术

特斯拉的智能制造体系以高度自动化的流程为基础，结合物联网技术和大数据分析，成功实现了生产效率与产品质量的双重提升。特斯拉在全球多个工厂中部署了大量工业机器人，这些机器人承担了从焊接、装配到喷涂等多个生产环节，极大地提高了生产的精准性与效率。通过实施高度自动化的生产流程，特斯拉能够显著减少人为操作带来的误差，提高生产一致性。

此外，特斯拉还采用了先进的数字孪生技术，通过虚拟仿真和模拟技术，实时监控生产过程中的每一个环节。这一技术能够帮助特斯拉在实际生产之前进行优化设计，并在生产过程中及时发现潜在的问题，从而减少生产中的停机时间，提高资源的利用效率。数字孪生技术还支持工艺优化和生产流程改进，确保生产过程的灵活性和适应性，从而快速响应市场需求的变化（李明，2023）。

特斯拉生产系统的数字化不仅限于生产线的优化，还涵盖了供应链和设备管理。通过实时数据采集与监控，特斯拉能够对整个生产过程中每一台设备的运行状态进行全面跟踪，实时调整生产计划，确保整个生产系统的高效运行。物联网技术的应用使特斯拉能够精确掌控生产过程中的每一项数据，确保产品质量的稳定性和生产的高效性。

2. 车联网技术：远程更新与数据驱动服务

车联网技术是特斯拉智能化服务体系的另一重要组成部分。特斯拉将先进的车载信息系统与远程控制技术相结合，实现了车辆功能的远程升级和远程故障诊断。特斯拉的远程软件更新（OTA）功能使用户在购买车辆后，能够通过无线网络自动更新车辆的软件版本，添加新功能，甚至优化车辆的性能。

这一远程软件更新能力使特斯拉能够在不进行传统车辆召回的情况下，快速修复软件中的漏洞，提升系统安全性，并增强车辆的智能化水平。此外，特斯拉的车载系统还能够实时收集用户的驾驶数据和车辆状态数据。通过对这些数据的分析，特斯拉不仅可以为车主提供个性化的驾驶建议和智能功能推荐，还能对车辆可能发生的故障进行实时诊断。

　　例如，若车辆出现故障，车载系统会自动生成并发送故障报告，并通知车主及时处理。与此同时，车辆的故障数据会被自动上传至特斯拉总部进行分析，工程师可以根据数据分析结果，提供远程的解决方案。这一数字化服务模式不仅提升了用户体验，也有效降低了维护成本，并增强了特斯拉与消费者之间的品牌黏性。

　　车联网技术的进一步发展还促使特斯拉与其他汽车制造商形成了互联互通的合作网络。特斯拉的车联网系统能够与智能家居、云计算平台等技术进行兼容，推动了智能出行与智慧生活的融合。

　　3. 能源生态系统：绿色能源与智能管理

　　特斯拉不仅在电动汽车领域取得了显著成就，还通过整合太阳能、储能技术与电动车技术，打造了一个完整的能源生态系统。这一系统涵盖了从能源生产、存储到消费的全部过程，为用户提供绿色和可持续的能源解决方案。

　　特斯拉的 Powerwall 储能系统是其能源生态系统的重要组成部分。Powerwall 能够存储家庭太阳能系统产生的多余电力，以供家庭在用电高峰期使用，降低家庭能源开支。通过与特斯拉太阳能面板的结合，Powerwall 不仅使家庭能够实现能源自给自足，还能有效管理能源需求，从而减少了对传统电力网络的依赖。

　　此外，特斯拉的超级充电网络为全球电动汽车用户提供了快捷的、高效的充电服务。超级充电站的建设极大提高了电动汽车的使用便捷性，消除了消费者对电动汽车续航里程的顾虑。超级充电网络不仅为特斯拉车主提供了便捷的充电设施，还通过与其他电动汽车品牌的合作，推动了全球电动汽车产业的发展（产健，2024）。

　　特斯拉的能源生态系统通过数字化技术实现了智能化管理。例如，特斯拉的能源管理系统能够根据实时数据分析，优化电力分配，并实现智能负荷调节，确保能源使用的最大效率。同时，特斯拉的电池技术和储能解决方案也为全球能源转型和绿色发展注入了新的动力。

（三）成效分析

　　特斯拉的智能化制造与服务体系的成功实施，不仅推动了其在电动汽车领域的领先地位，还对全球智能制造、汽车产业及绿色能源行业产生了深远的影响。

1. 智能制造与高效生产

特斯拉通过实施智能化制造模式，显著提高了生产效率并确保了产品的高质量。自动化生产线与工业机器人有效减少了生产过程中的人为误差，提升了生产精度与一致性。而数字孪生技术的引入，使特斯拉能够在生产前进行模拟仿真、流程优化，提高了生产资源的利用效率。实时数据监控和物联网技术的应用，让特斯拉能够在生产过程中快速识别并解决潜在问题，确保生产过程的顺利进行。这一智能化生产体系不仅有效降低了生产成本，也使特斯拉能够快速响应市场需求的变化，提高了整体生产能力和灵活性。

2. 用户体验与品牌黏性

特斯拉通过车联网技术，持续提升了用户体验。远程软件更新功能使车辆在使用过程中持续获得新功能和性能优化，延长了产品生命周期，并提高了品牌的忠诚度。通过智能化的故障诊断系统，特斯拉能够实时监控车辆状况并提供远程解决方案，减少了消费者的维修负担，提高了用户满意度（许英博，2023）。特斯拉车主与品牌之间的互动变得更加频繁和更便捷，这种数字化服务模式增强了消费者与品牌之间的黏性。

此外，特斯拉通过大数据分析，能够为用户提供个性化的驾驶建议和智能推荐，从而提升了消费者的驾驶体验。

3. 绿色发展与能源创新

特斯拉的能源生态系统通过创新的能源储存与管理技术，为绿色发展注入了新动力。Powerwall 储能产品帮助用户实现能源自给自足，并降低了家庭能源成本。超级充电网络的建设解决了电动汽车续航里程问题，提高了电动汽车的使用便捷性，为全球电动汽车行业的发展提供了技术支持。通过这些能源解决方案，特斯拉不仅推动了电动汽车的普及，还加速了全球的能源转型和绿色发展。

从长期来看，特斯拉的智能化制造与服务体系为其在电动汽车、智能制造及绿色能源领域的全球竞争力奠定了坚实的基础，并为其他行业的数字化转型提供了可借鉴的经验。

第四节　数实融合生态系统——数字化治理生态案例

数字化治理生态是数字经济和实体经济深度融合的核心板块，它运用信息技术、数据分析、人工智能等技术手段优化治理结构，促进治理高效，且推动产业升级以及社会经济增长。面对全球数字化的这股浪潮，政府、企业以及社会组织相继采用数字化手段提高管理能力，以应对日益错综的社会与经济环境。数字化治理的核心目标是增强决策科学性、优化资源分配，并增进社会协同治理的能力。本节对数字化治理生态的理论基础进行探讨，同时，借助三个典型案例，剖析数字化治理在不同领域实现数实融合的方式。

一、案例一：产业数字化治理实践——富士康智能制造探索

（一）背景概述

在全球制造业迈向智能化的时代大背景下，富士康作为全球排名靠前的电子制造企业，带头推动智能制造的转型步伐，做到产业数字化管控。面对传统制造业效率上的瓶颈、劳动力成本升高、市场需求多变及全球供应链的波动等挑战，富士康以工业互联网、人工智能（AI）和大数据分析等前沿技术为依托，调整生产流程，增进供应链运行效率，推动企业往高端制造层面升级。

富士康的数字化治理不仅牵扯生产端的智能化改造，还覆盖供应链管理、质量审核、设备维护及数据安全等多个层面，形成了一套全面覆盖的数字化治理生态体系。

（二）数字化治理应用

1. 智能工厂与数字孪生技术：借助仿真驱动的闭环优化

富士康智能工厂采用"数字孪生（Digital Twin）"技术作为支撑，建成了"物理 – 虚拟"双向映射的闭环管理框架，以底层架构作为依

托，经由部署大量的工业传感器（如振动传感器、温度传感器）以及边缘计算节点，即时采集设备运行数据并同步到云端，造就生产线的数字镜像样式，其核心价值凸显在以下三个维度。

一是生产流程多目标优化。采用虚拟仿真技术，富士康于数字模型中对不同生产参数（像设备负载、产线排程、物料供给节奏）的组合状况进行模拟，借助 AI 算法在"仿真沙盒"里快速审定最优解，在 iPhone 生产线调试期间，借助动态改变焊接机器人臂展角度与移动轨迹，把单个工序的节拍时间缩短 12%，良品率提升至 99.6%。[①]

二是预测性维护的级联决策机制。凭借设备数据的时间序列属性，富士康依靠 LSTM（长短期记忆网络）算法搭建预测模型，识别关键制造设备（像 SMT 贴片机）的故障迹象，当模型发出异常预警信号时，系统自动开启三级响应机制，开展局部停机自检、更替备用设备、发出维护工单，大幅降低了非计划停机时长。

三是能源管理的动态响应网络。借助数字孪生模型与电力市场实时价格信号实现联动，富士康工厂能动态调整生产班次以及设备的功耗模式，在用电高峰阶段启用储能系统中的"谷电"存量，还与工艺参数相结合柔性调节烘烤炉温度曲线，单条产线全年所节电量超 300 万度，碳排放强度同比下降 18%。

2. 智能供应链管理与区块链技术：实现可信协作的全球网络

鉴于全球供应链的复杂性及脆弱性，富士康搭建起以 Hyperledger Fabric 框架为核心的区块链供应链平台，达成了从原材料采购到终端交付的全流程可信追踪，该平台的创新体现为以下方面。

分布式账本跟零知识证明（ZKP）相结合：供应链的参与主体，采用 ZKP 技术实现数据隐私保护与合规验证的双重成效，防止商业敏感信息出现泄露，同时，满足 ISO 标准审计所需。

由智能合约驱动的自动化执行生态体系：针对跨境供应链多层级结算引发的痛点，富士康设计出一套链上的智能合约模板，一旦海运集装箱的 GPS 数据跟通关文件在链上匹配完成，系统自动解除信用证限制

---

① 数据来源：https://blog.csdn.net/WL_ZHG/article/details/145907108。

并触发跨境资金划转，把传统贸易的结算周期由 14 天缩短到 3 小时内，一年减少资金占压成本超过 2.3 亿美元。

供应链风险的多模态预警：合并气象数据、港口拥堵指数等外部数据渠道，凭借图神经网络（GNN）建模，对全球物流网络级联风险加以分析。2022 年，苏伊士运河陷入堵塞事件，系统把船舶实时位置跟备选路线成本结合起来，给富士康欧洲工厂推荐经好望角绕行的应急办法，防止核心零部件断供造成超 6000 万美元的损失。

3. 人工智能质量检测和智能制造：从识别缺陷到反哺工艺

富士康的 AI 质检体系打破了传统机器视觉既有的局限性，铺就了"检测 – 分析 – 优化"的闭环系统。

多光谱成像和迁移学习的融合运用：针对如微焊点、光学镜片的精密电子元件的隐藏细微缺陷，安排多光谱工业相机采集可见光以外的电磁波特征，凭借预训练的 ResNet – 152 模型迁移到产线特定场景，召回率（Recall）所体现的缺陷检出率达 99.8%，误报率（FPR）低于 0.05%。

知识图谱驱动的工艺优化：把质检结果与设备参数、物料批次、操作员 ID 等数据相互关联，搭建质量知识图谱，当系统探测到某批 PCB 板的虚焊率异常上扬时，自动溯源到锡膏供应商化学配比的起伏变化，引发采购系统切换到备用供应商，防止产生批量性质量事故。

增强现实（AR）辅助开展的实时纠偏：如精密组装的关键工站，操作员戴上 AR 眼镜，实时从 AI 质检系统接收缺陷定位提示，并凭借叠加在视野里的三维作业指导书快速修补，让人工返工效率提高 70%。

（三）成效分析

1. 数据治理驱动的全链效率重构

富士康的数字化治理体系凭借全要素数据资产化重塑生产函数。借助工业互联网平台实时采集的 12 亿多个设备参数，它所开发的设备协同优化模型（DCOM）把工艺知识编码成可复用的数据资产库。如，在郑州 iPhone 工厂，经过关联分析，分析铣削主轴电流波动与多孔铝壳体振纹的隐在相关性，生成强制约束规则集合，把 CNC 加工参数优化效率提升至原来的 3 倍。治理规则的算法化更深入释放价值——智能合约将质量验收标准（如 iPhone 天线缝隙≤0.05mm）嵌入进 MES 系统，实时阻挡132类潜在异常工序，2023年，当年便规避质量损失达7.8亿元，该治理模式令深圳厂区关键设备平均 OEE（设备综合效率）达到92.3%，比行业标杆高出15%，从供应链这个层面出发，基于区块链的驱动，数据主权交换机制促成供应商可信数据池搭建，原料检验的时间缩短了83%，还催生了"先验质量担保"这一新模式：合格供应商物料可不经检验直接投产，一年节约质检成本达3.2亿元。

2. 合规性治理与 ESG 价值显性化

数字治理技术成为精准应对环境社会风险的高效工具。富士康开发的碳流数字孪生体对 ERP 与 PLC 系统数据链进行了打通，可以实时跟进产品级的隐含碳排放，好比为每一台 MacBook Pro 构建动态的碳账户，精准核算从铝合金挤压成型（碳排放因子 $2.8kg\ CO_2/kg$）到 SMT 贴片（$0.04kg\ CO_2/$点）全流程的排放数值，进而凭借蒙特卡罗模拟推荐最佳的减排路径。该体系保障欧盟 CBAM（碳边境调节机制）合规申报的开展，使出口到欧洲去的服务器机箱碳关税减少19%，在劳工权益相关治理工作中，工位传感器和 AI 伦理算法相结合达成人本化管控：依靠压力指数模型监测产线的劳动强度，及时调整工作站的布局安排。2023年，郑州厂区员工工时均衡度上升了37%，离职率跟去年同期相比下降了23%，资本市场认可了 ESG 治理能力的提高，2024年，它绿色债券的发行成本跟同行相比低45bp，筹得80亿美元资金专项投入零碳工厂建设工作。

3. 技术治理构建的生态控制权

富士康借助数字化搭建竞争壁垒，重排产业竞争阵势。其工业元宇宙平台把全球47个制造基地的实时数据整合起来，在20分钟内就能完成跨洲产能调度——2024年第一季度墨西哥工厂遭遇地震时，成都厂区跟越南厂区协同承接85%的 Meta Quest 3 头显订单，防止出现超12亿美元的营收损失。在技术商业化这一块，已把 AI 质检系统"ViMo"的授权给到特斯拉上海超级工厂，用于开展针对4680电池极片的缺陷检测，合同价值已达2.8亿美元，标准话语权的突破凸显了更具分量的战略意义：由富士康牵头制定的 IEEE P2805"智能制造数字线程"标准，规范了 PLM（产品生命周期管理）至 MES 的数据接口协议，逼迫赛灵思、西门子等供应商适配其技术框架，获得产业链掌控力。

4. 未来发展与可持续增长

富士康的实践证明了"治理即服务（Governance-as-a – Service）"的产业价值，其成功是因为把数字化治理从辅助工具升级成为战略架构：采用工业知识图谱搭建多维度治理规则引擎，在半导体晶圆生产场景时实现每秒 10 万 + 逻辑条件的实时合规核查；依靠联邦学习技术冲破跨组织数据壁垒，在保证供应商数据主权不受侵犯的前提下，研发出全球首个准确率达 91.7% 的消费电子供应链风险预测模型。

未来制造业治理会展现出三重深化的趋势：因果治理步入升级：摆脱现有相关性规则的约束，运用结构因果模型（SCM）分析工艺变异和质量缺陷的核心关联，如，在 Micro LED 大规模转移的阶段，采用反事实干预（Counterfactual Intervention）模拟引力参数的调整对良率的作用效果，实现纳米级工艺的合理调控；量子赋能的治理模式：借助量子退火算法处理 200 多个工厂及 3000 多个供应商全球产能调度的组合爆炸问题，把订单分配决策所花时间从数小时压缩到毫秒级；构建元治理体系：在工业元宇宙里搭建虚拟治理议会，通过区块链 DAO（去中心化自治组织）达成供应商、客户、监管方的实时同步治理。如，美国FDA 更新医疗器械清洁度标准之际，各参与方可马上对产线改造方案进行投票表决，并智能契合设备参数。

这种治理范式的逐步进化，显示出制造业从"物理系统优化"走向"数字规则定义"有了质的飞跃。富士康正在构建的不只是一套技术体系，更是数据主权时代呈现出的制造新秩序——当每台设备、每份订单、每个工艺决策都在编码而成的治理规则下得以运行时，数字化治理将成为全球工业竞争的终极比拼战场。

二、案例二：智慧城市治理生态——杭州城市大脑的实践及相关影响

（一）背景概述

处于全球智慧城市发展的浪潮里，杭州城市大脑被看作一个样板。

自 2016 年启动事项落实以后，杭州城市大脑采用人工智能、大数据、云计算等先进的技术手段，实现了交通、医疗、环保等多个城市治理地带的智能化升级，明显提升了城市管理的精细程度与智能化水平。该系统不只是优化了城市管理的相关决策，还加强了政府跟市民之间的互动，让城市治理在高效、精准及透明上更进一步。

（二）数字化治理生态体系

杭州城市大脑的核心思路是打造一个依托数据驱动、智能分析以及跨部门协同的数字化治理生态系统，该生态体系含有数据采集、智能分析、决策支持和执行反馈四个关键节点，造就一个高度智能化且动态优化的城市治理样板，让政府管理者能实时把握城市运行态势，并精准管控。

1. 数据采集：全方位感知城市的运行动态

杭州城市大脑利用全市范围内铺开的物联网（IoT）设备，包括交通摄像头、空气质量检测仪、医疗机构信息系统之类，实时采集交通流量、环境质量和医疗资源分布等相关数据。这些数据依托 5G 网络、云计算平台进行存储及处理，为后续智能分析及治理搭建基础，除了着手基础数据采集，杭州城市大脑还把社交媒体、导航软件、公共服务平台等方面的数据源进行整合，做到多维度数据的深度融合，保障城市运行信息完整和时效兼具。

2. 智能分析：人工智能赋能城市治理

完成数据采集操作后，杭州城市大脑运用机器学习、深度学习和知识图谱技术对数据实施智能分析，AI 算法可凭借历史交通数据预估未来的道路拥堵情形，进而对信号灯配时方案进行动态调整，提高道路通行效率。在医疗领域，人工智能能把电子病历和患者预约数据结合在一起，优化医院资源的调配，缩短患者等候时长，智能分析不只是针对预测这一项，也能对异常情况开展检测。如，在发现空气污染指数有异常或者突发交通事故发生之际，系统可即时朝相关部门发送预警资讯，保障迅速做出反应。

3. 决策支持：政府管理做到科学化

城市大脑并非只是一个数据分析平台，更是一套智能决策辅助体系。政府管理者可经由该系统获得数据驱动的决策建议，就像针对污染源头做精准治理、针对公共安全事件做应急处置等，智能系统还能辅助推进城市规划的制定。如，基于人口密度、出行数据来对公交线路布局进行优化，政府可凭借数据建模和仿真系统，预先测试不同政策方案的效果，并选择最恰当的解决方案，以此减少治理方面的盲区，增强城市管理的科学性与前瞻性。

4. 执行反馈：动态优化治理策略

城市治理可说是一个动态优化的过程，杭州城市大脑搭建了一个闭环反馈机制，可按照执行效果实时调节策略。假如某条道路因突发事故造成交通拥堵现象，系统会自动去优化周边道路的红绿灯配时安排，引导车辆改道绕行，同时，通告交管部门迅速干预，依靠这一机制，城市治理可更精准地、更灵活地针对突发事件进行响应，反馈机制同样包含市民互动的功能，居民可凭借智能城市应用提交问题及建议，系统会自动分类后推送给相关部门去处理，实现市民携手治理的智慧城市管理模式。

（三）典型应用场景

杭州城市大脑在多个领域凸显出卓越的治理能力，以下列举几个关键应用场景。

1. 交通治理：智能管控优化

交通拥堵是现代城市面临的重要挑战。杭州城市大脑依托 AI 技术，对全市道路实时监测，动态调整信号灯配时，使试点区域的通行时间减少 15%。此外，该系统还能预测未来交通流量，并提供最优出行路线建议，提升市民出行体验。系统还结合网约车及公交调度系统，通过数据联动实现出行方式智能优化，减少个体出行对城市交通网络的压力，提高整体通行效率。

2. 医疗资源调度：精准匹配需求与供给

城市大脑通过分析医院预约数据、病患流量和医疗资源配置，实现精准化医疗服务调度。例如，在某些医疗资源紧张的医院，系统可自动引导患者至医疗资源较为充足的机构，从而均衡医疗负担。智能预约系统的应用使病患平均候诊时间缩短 30%，显著提高了医疗服务效率。此外，人工智能还能辅助医生进行病情预测和诊断，提升医疗服务的精准度。

3. 公共安全与应急响应：跨部门联动

通过跨部门数据共享，杭州城市大脑实现了对突发事件的快速响应。例如，在发生火灾或极端天气事件时，系统能够迅速整合气象、交通、应急管理等多方数据，为政府决策提供最优解决方案，减少人员伤亡和财产损失。应急管理系统还能结合历史数据和风险评估模型，对潜在风险进行预警，帮助政府提前部署救援力量，进而提高城市韧性。

4. 生态环境监测：污染精准治理

系统可以通过智能传感器监测空气质量、水体污染、噪声水平等环境指标，并结合气象数据预测污染源头。例如，若某工业区排放超标，系统会自动向环保部门发出预警，并提供治理建议，实现精准化环保监管。同时，政府可以根据系统分析结果调整环境政策，例如，优化工业排放标准、增加绿化面积等，实现可持续发展目标。

（四）结论与展望

杭州城市大脑是数字化治理生态体系的典范，它不仅提升了城市管理效率，也极大地改善了市民生活质量。未来，该系统将进一步升级，为建设更加智慧的、可持续的未来城市提供坚实支撑。

在全球范围内，越来越多的城市正在借鉴杭州的经验，构建自己的智慧城市系统。这表明数据驱动的治理模式已经成为城市管理发展的新趋势。随着人工智能、5G、物联网等技术的进一步成熟，城市大脑的功能将更加丰富，治理模式也将更加精细化。

此外，杭州城市大脑的成功经验还表明，政府、企业和社会各界的协同合作是智慧城市建设的关键。政府的政策引导、科技企业的技术支持、市民的积极参与，共同构成了智慧城市治理的核心要素。未来，如何进一步加强数据安全与隐私保护、优化跨部门协作、提高公众对智慧治理的认同感，将成为智慧城市发展的重要议题。

综上所述，杭州城市大脑不仅代表了当前智慧城市治理的最高水平，也为全球城市提供了可借鉴的模式。随着技术的演进和社会需求的变化，它将继续拓展应用边界，引领智慧城市治理的未来发展。

三、案例三：金融数字化治理案例分析——蚂蚁集团智能风控

（一）背景概述

在全球金融科技行业快速发展的背景下，数字化治理已成为提升金融行业监管能力、优化风险控制机制、提高金融服务普惠性的重要手段。蚂蚁集团作为全球领先的金融科技企业，依托大数据、人工智能、云计算和区块链等先进技术，构建了一套高效的数字化金融治理体系，其中智能风控系统尤为关键。

蚂蚁集团的智能风控体系通过数据分析、AI 风险预测和区块链技术，提升金融监管能力，降低金融风险水平，并实现了金融服务的智能化、便捷化和安全化。作为全球领先的数字化金融平台，蚂蚁集团致力于通过技术创新提高金融服务效率，并在合规的框架下推动金融市场的健康发展。

（二）数字化治理应用

1. 大数据分析与信用评估

蚂蚁集团的智能风控体系以大数据分析为核心，利用海量用户数据构建精准的信用评估模型。传统的信用评估通常依赖于人工审核和静态数据，如征信报告、收入证明等，而蚂蚁集团的信用评估模型则基于动态数据，包括用户消费习惯、社交行为、支付记录等，从多个维度综合评估用户的信用风险。

这一信用评估体系采用机器学习算法，能够自动识别潜在的信用风险点。例如，系统可以通过用户的支付行为模式预测其还款能力，如果用户在短时间内频繁进行大额消费但没有稳定收入来源，系统会标记其为潜在高风险用户，并调整授信额度或拒绝贷款申请。

2. AI 赋能的风控算法

蚂蚁集团的智能风控体系广泛应用人工智能技术，利用机器学习算

法构建多层次的风险检测机制。该系统能够在毫秒级别内完成风险预测，确保在提供高效金融服务的同时，降低欺诈和信用违约的风险。

在反欺诈方面，蚂蚁集团的 AI 风控模型基于深度学习和模式识别技术，能够识别异常交易行为，如伪造身份、恶意套现等。系统通过分析用户的设备指纹、交易频率、IP 地址等信息，精准识别恶意用户，并在风险发生前采取措施，如冻结账户或限制交易。

在信用风险预测方面，系统基于用户的行为数据构建动态信用评分体系，从而精准预测借款人的还款能力。相较于传统的信用评估方式，该系统能够根据用户的实时行为进行调整，使信用评估更加灵活和精准。

此外，智能风控系统还具备实时监控与预警功能。系统能够全天候监测交易行为，自动识别可疑交易，并及时发出风险预警。这种高效的风控机制不仅提高了金融服务的安全性，同时也减少了人工审核的工作量，提高了业务效率。

3. 区块链技术的应用

区块链技术在蚂蚁集团的智能风控体系中起到了保障数据安全、提高交易透明度的重要作用。区块链技术的核心优势在于其中心化和不可篡改的特性，确保了金融交易数据的真实性和可信度。

在交易数据管理方面，区块链上的交易记录一旦生成，就无法被篡改，从而保证了数据的真实性和完整性。这一特性有效地防止了数据篡改和欺诈行为，提高了金融交易的安全性。

在金融监管能力提升方面，监管机构可以通过区块链平台实时获取交易数据，从而提高监管效率。区块链的透明性使金融交易更加可追溯，减少了金融违规操作的可能性。

此外，区块链技术还支持跨金融机构之间的数据共享。在确保数据安全的同时，区块链技术使金融机构能够更有效地协同作业，提高行业整体的风控能力。例如，在小微企业贷款审批过程中，银行可以通过区块链获取企业的历史交易记录，从而快速判断企业的资信状况，提高贷款审批效率。

（三）成效分析

1. 提高金融服务效率

蚂蚁集团的智能风控系统使贷款审批时间从传统的数天缩短至几秒，大幅提升了金融服务的效率。传统的贷款审批流程需要借款人提供大量的纸质材料，并经过人工审核，而智能风控系统依托大数据和 AI 算法，能够在短时间内完成风险评估，实现自动审批。

这种高效的审批模式不仅降低了用户的等待成本，同时也减少了金融机构的运营成本，使小微企业和个人用户更容易获得金融服务。

2. 提高欺诈检测准确率

智能风控系统的 AI 反欺诈模型能够精准识别欺诈行为，使欺诈检测的准确率提高至99%。系统可以分析用户的设备指纹、交易频率、IP 地址等信息，识别恶意用户，并在风险发生前采取相应措施，如冻结账户或限制交易。

通过深度学习技术，系统可以不断优化风险识别模型，使其对新型欺诈手段具备更高的适应性。相比于传统的欺诈防控措施，智能风控系统能够实时响应风险，大幅减少金融损失。

3. 降低金融风险

智能风控系统在信用评估和风险预测方面的精准度，使信贷风险大幅降低。系统可以通过实时数据监控借款人的信用状况，动态调整贷款策略，避免不良贷款的发生。

此外，该系统能够预测金融市场的系统性风险，并采取相应的缓冲措施，以防止金融危机的爆发。这种前瞻性的风险管理能力，有助于提高金融市场的稳定性。

4. 促进普惠金融发展

传统金融机构在面对小微企业和个人用户时，往往因风控能力有限而不愿提供贷款。而蚂蚁集团的数字化风控体系，通过精准的信用评估和高效的贷款审批，使金融服务的覆盖范围大幅扩大，推动了普惠金融的发展。

智能风控系统的应用使低收入群体、创业者和缺乏传统信用记录的人群能够获得贷款支持，为社会经济的发展提供了更多机遇。

5. 促进金融监管能力提升

蚂蚁集团的智能风控体系不仅提高了金融机构的风险管控能力，同时也为监管机构提供了更高效的监管手段。监管机构可以通过大数据分析实时监测金融市场动态，从而精准制定监管政策，维护金融市场的稳定。

（四）未来展望

未来，蚂蚁集团将继续深化人工智能技术在风控体系中的应用，不断优化算法模型，提高系统的精准度和智能化水平。通过深度学习、自然语言处理和强化学习等技术，系统可以更全面地分析用户行为模式，提前识别潜在风险，进一步降低金融欺诈和信用违约的风险。

区块链技术在金融交易透明化方面已展现出巨大潜力，未来将继续深化应用。蚂蚁集团计划将区块链技术应用于更多场景，如跨境支付及供应链金融等，以确保金融数据的安全性和可信度，同时提升金融交易的合规性和效率。随着区块链技术的进一步发展，中心化金融（DeFi）可能成为金融科技的重要方向之一。

随着全球金融监管要求的不断提高，监管科技（RegTech）将在数字化治理中发挥更重要的作用。蚂蚁集团将进一步加强与监管机构的合作，通过数据分析和智能算法，帮助监管机构实时监测金融市场动态，提高监管效率，并推动全球范围内的金融合规发展。

蚂蚁集团的智能风控体系在国内市场已取得显著成效，未来将进一步拓展至国际市场。通过与全球金融机构合作，蚂蚁集团希望在不同国家推广其智能风控技术，帮助全球金融体系实现更高效且更安全的运营。国际化进程将伴随着本地化的挑战，需要根据不同国家的监管要求和市场特点进行适应性调整。

总体而言，蚂蚁集团的智能风控体系是金融数字化治理的重要案例，展现了科技在提升金融监管能力、优化金融服务效率方面的巨大潜力。随着技术的不断进步，数字化治理将在未来的金融体系中发挥更加重要的作用。

第九章

推动数实深度融合政策建议

第一节　推动数字新质生产力融合政策设计

一、构建跨行业协同创新平台

跨行业协同创新平台是促进数字新质生产力融合的关键支撑，政策设计应留意以下方面。

（一）支持开放式技术创新

为了加快科技创新跟产业融合步伐，政府应利用政策支持建设国家级和区域级的协同创新平台，这些平台可集成科研机构、企业、社会资本连同高校等多股力量，凭借共享创新资源和合作实施技术攻关，促成创新链、产业链以及资金链的深度聚合（方莹莹，2025）。尤其是在数字技术范畴，政府不仅要在人工智能、大数据、区块链、云计算等前沿技术研发上重点给予支持，而且要推动技术开展研发，还要保证科研成果可迅速转化为实际的生产力。

政策应推动企业跟科研机构共同创建技术研发中心，解决技术封锁还有创新瓶颈的困扰。就初创企业而言，政府可凭借融资支持、税收优惠等做法，助力其加速创新的节奏。比如，通过推进科技园区的建设以及创新孵化器的发育，不仅能推动科技成果顺利转化，还能招引更多技术型企业和创业者进入市场，为数字经济的发展增添新的活力。

（二）推动重点产业技术深度应用

数字经济跟实体经济的深度融合，最显著的体现就是产业的数字化演进，尤其是在制造业、农业和服务业这些行业的范畴，数字技术应用潜力极为巨大。政策安排应精准把握这些重点行业的技术应用需求，还需依据不同领域的特性给予针对性的扶持。

对于制造业，政府可发布政策，支持企业采用智能化生产线和工业物联网技术手段，依靠数字化改造提高生产效率与产品品质。对于农业而言，政策应当推动农业大数据、智能农业设备及精准农业技术的使用，推动农业生产向现代化、智能化层面发展。从服务业的角度来看，政策可激励企业采用大数据、人工智能和云计算等技术，提高服务质量及效率。

政府要针对不同产业给出多元化的政策选项，含有资金津贴、税收优惠、研发奖励等，依托行业标准的制定工作，保证技术推广可以顺利实行并迅速落地，政策设计还应留意打造数字化示范项目，拉动成功经验的复制及扩散，形成可长期延续的技术应用范例。

（三）建立数据驱动型决策机制

数据是数字新质生产力里的核心资源，构建数据驱动型决策机制对推动数实融合极为关键。政策制定应加速全国性数据资源共享平台的搭建，促进企业彼此的数据互联互通，突破信息孤立的壁垒，充分挖掘数据的潜在价值。

需明确数据产权及流通规则，保证数据的安全性及隐私性，防止数据滥用和泄露这种风险。政策可鼓励企业跟政府部门实现数据共享，给社会经济发展提供精准的决策佐证，依靠建立健全的数据评估跟监控机制，确保数据使用既合规又有效，从而营造出以数据为核心的创新驱动生态（姚清仿，2024）。

政府应当推动凭借数据驱动的智能决策系统建设，尤其是在城市治理、交通运输、公共卫生等范畴，借助数据挖掘、机器学习等技术提升决策的科学性与精准度，该举动不仅可提高政府的治理效能，还可进一步增添企业和社会数字化转型的动力。

二、强化数字基础设施和技术规范的双向驱动

数字基础设施和技术规范为实现数字新质生产力融合提供了物质基础与规则保障。

（一）优化区域间基础设施布局

构建数字基础设施是推动数字经济发展的核心支撑，尤其在5G网络、工业互联网以及人工智能计算中心等范畴，基础设施的完备情况直接对数字经济的竞争力起决定性作用，政策需加大针对城乡区域数字基础设施建设的投入力度，保证偏远地区能与经济发达地区同步实施数字化进程。

就经济欠发达的区域而言，政府要经由政策激励及补贴手段，引导社会资本投身基础设施建设，消弭数字隔阂，助力城乡数字化差距不断缩小。需着重留意不同区域之间基础设施的兼容性及协同性，保障信息流通不出现障碍，形成全国上下互联互通的数字化网络（赵康杰，2025）。

（二）加强关键技术的标准化

技术标准化是推动数字经济发展的关键保障，尤其是在跨行业实现融合的过程里面，统一技术标准能使不同技术之间实现兼容与适用。政府应推进统一行业技术标准的制定工作，尤其是在像人工智能、区块链、工业互联网这类领域，保障技术创新与应用能在大范围推广并发挥最大功效。

标准化工作应由行业协会、相关技术主管部门起主导作用，编制包含技术研发、应用实施到运营保障全时段的标准体系，政策可借助资助

标准化研究并推动行业自律组织的设立，实现技术标准不断优化升级。

（三）完善网络安全与数据治理机制

伴随数字技术的迅猛发展，网络安全跟数据治理变成数字经济发展的核心课题，政府应制订细化的网络安全法例，明确企业和公共机构在数据采集、保存、处理及共享方面的责任与义务，通过推动网络安全技术的研发与应用实施，提升数字经济体系的安全水平，维持社会经济稳定（赵精武，2025）。政府应改进数据治理机制，经由制定数据安全法、数据保护法等政策规章，为数据的合规使用和有效流通提供法律保障。在数据安全问题越发严峻的现实背景下，实现数据的安全与隐私保障，更是增加消费者信任的必需手段，也是带动数字经济稳健发展的基础。

三、构建以人才为核心的融合创新生态

人才是推动数字新质生产力整合的关键要素，政策设计需聚焦于以下方面。

（一）深化产教融合

推进数字化转型离不开人才的支撑作用，政策要带动高校跟企业开展深度合作，一起培养数字技术领域的顶尖人才。政府可借助设立专项基金，支撑高校与企业合作研发数字技术课程及项目，提升教育跟产业需求的贴合度，让人才培养跟紧行业发展需求的步伐，特别是针对人工智能、大数据分析、机器学习等新兴技术范畴，高校应加大专业课程的开设规模，提升学生的实践动手能力与创新思维素养，保障学生能顺利踏入数字经济领域并发挥核心功效（王慧，2024）。

（二）引进国际高端人才

数字经济搭建起全球化竞争的舞台，引进国际高端人才极为关键。政府需进一步强化国际高端人才引进政策优化，简化工作签证、居留手

续，完备人才在子女教育与医疗保障方面的配套服务，为全球顶尖科技人才创造良好的空间；依靠建设国际化科研合作平台，吸引海外学者和技术专家投身国内数字经济的研究与开发；推进国际人才和技术的流动。政府应进一步鼓励国内企业与国际科技公司合作，引入先进的技术理念与管理操作经验，为国内数字经济增添新的动力。

（三）提升数字人才职业吸引力

数字经济的发展离不开大量高素质人才，政策应借助保障数字经济从业者的合法权益，增强职业岗位吸引力。政府可借助制定相关政策，健全数字经济工作者的职业发展轨道和培训体系，赋予终身学习和职业晋升的契机，使人才不断适应行业的变化以及技术的进步（张瑜，2025）。政策还需提升社会对数字技术岗位的认可水平，带动全社会对数字经济从业人员的尊重和支持，为人才创造更适宜的工作氛围与成长空间。

数字新质生产力融合是数字经济跟实体经济深度融合的重要呈现。政策设计具备科学性与前瞻性，直接关乎国家经济高质量发展的未来。在推动数字技术跟实体产业深度融合的阶段，设立跨行业联合创新平台、加强数字基础设施及技术规范管理、营造以人才为核心的创新氛围等一系列政策举措，将为我国数字经济快速发展提供坚实有力的支撑和保障。

第二节　推动数字新型生产关系融合的政策设计

为了整体推进数字新型生产关系跟实体经济深度融合，政策设计须涵盖多方面相关内容，以保障各项举措能够协同配合，推进数字经济跟实体经济在资源配置、创新激发以及公平分配方面的有效融合。本节将从平台经济跟实体经济协同发展、数字经济时代利益分配机制，以及适应数字化转型治理模式三个方面，提出更翔实深入的政策设计建议。

一、推进平台经济与实体经济协同发展

在数字经济浪潮的推动下，平台经济作为串联各种资源的关键载体，起到了越发重要的效用。平台经济不只是数字技术跟传统产业的融合体，更是带动生产关系优化与资源配置效率提高的关键。为实现平台经济跟实体经济的深度融合，务必要从以下几个方面展开。

（一）加强平台经济的资源整合能力

平台经济的优势之处是其强大的资源整合能力。从政策的层面出发，应激励平台企业运用创新及技术途径，进一步延展其服务链条，将其深度嵌入传统产业的供应链、生产链及价值链之中。政府可凭借提供税收优惠、资金协助等方法实现，推动平台企业跟实体经济深度结合，助力数字化技术在实体经济各环节渗透，由此优化资源的配置效率，实现生产率的增长。

平台经济还需着力提高自身在产业链里的核心地位（吴群，2024）。平台不仅要充当信息流、资金流跟物流的衔接桥梁，更要运用大数据分析、人工智能等技术，精确匹配需求与供给，提升资源配置精准度及响应的速度。政策应激励平台企业加大技术研发的投入力度，推动平台技术不断升级，助力平台于资源整合时达成智能化与精准化。

（二）规范平台企业的公平竞争环境

为实现平台经济的可持续发展，政策制定需充分考量市场公平竞争方面的问题。在数字平台高速发展的阶段里，有些平台企业或许会借助垄断手段获取不合理的市场份额，扰乱市场既定秩序，完善反垄断法规和市场监管机制十分关键，政策需清晰限制平台企业的垄断举动，尤其是在数据采集、算法推送、支付交割等关键时期，保证市场参与者能在公平环境里开展竞争。政策应当鼓励中小企业与创新型企业积极投身平台生态系统建设，激励市场实现多元化拓展，采用减轻中小企业创新成本的办法，调低门槛，促进平台生态系统的多元化，进而带动实体经济

各个层面开展创新发展（温双阁，2025）。

（三）促进平台生态共建共享

平台经济的成功不只是依靠平台企业的实力，更需要借助多方的协同携手。政策应当推动平台企业跟中小企业、消费者建立互利共赢的合作机制，构建以资源共享、利益均沾为基础的生态体系；政策要支持平台搭建以合作为核心的商业模式，引导各方在平台上达成资源的共享以及利益分配（李勇坚，2025）。依靠创建灵活的合作机制，激起各方参与平台生态系统的积极性，以此带动平台创新跟实体经济的双向互助发展。

二、完善数字经济时代的利益分配机制

随着数字经济时代的降临，造成利益分配机制面临新的挑战。如今，平台经济不断繁荣的时期，怎样去保障数据贡献者、劳动者与消费者的权益，确保利益分配既公平又合理，成为政府和企业亟待解决的棘手难题，构建合理的利益分配体系，对推动数字经济持续健康发展意义非凡。

（一）建立数据收益共享机制

在数字经济下，数据已成为重要生产要素的一员。为鼓励更多主体投身数据的共享与利用，政策需要强化对数据产权的清晰界定，进而建立公开的、合理的数据收益分配机制，通过立法界定数据的归属事宜，保障数据贡献者的合理利益，防范数据滥用以及不恰当获利。政策可开展对多元化数据收益分配模式的探索，如数据交易市场、数据收益分成方式等，从而激励更多企业与个人提供高质量的数据资源（刘艳红，2025）。

（二）优化劳动者权益保障政策

伴随数字平台的兴起，灵活就业群体的人数不断上升，即便平台经

济给劳动者带来了灵活的就业形势，但还存在收入不稳定、社会保障不充足等问题。政策应把目光投向这些数字化劳动者的基本权益，搭建多层面的、全范围的社会保障体系（彭俞超，2025）。可采用立法手段保障平台劳动者的社会保险权益，为其供给职业培训和发展契机，提升劳动者职业上的安全感；政策宜鼓励企业跟政府进行协作，共同促进灵活就业群体职业安全保障机制的创建，保障平台劳动者能享受和传统劳动者相同的权益及待遇，这不仅可提升劳动者的生活水准，也可激发其参与数字经济发展的积极性。

（三）引导多主体参与的分配协商机制

为实现利益分配的公平，政策要推动企业、政府与社会组织共同参与利益分配方案的设计与协商，依靠构建常态化的协商体系，保障各方在利益分配中的参与权与话语权。政府应起到协调的功效，助力各方在合理界限内妥协与合作，杜绝单方面利益过度聚拢，通过深化利益相关方的协商及合作机制，可保证数字经济带来的财富增长惠及社会各个层面。

三、构建适应数字化转型的治理模式

数字化转型并非只是企业与市场的转变，它同样对政府治理体系构成了新的挑战。为应对数字经济时代的复杂多变性，政府应在以下几个方面积极开展探索，搭建契合数字化转型的治理模式。

（一）推进数字化治理体系建设

应用数字技术可大幅提高政府治理的效率和透明度。一方面，政府需构建以大数据、人工智能、区块链等技术为基础的智能化治理体系，改进公共服务水平，提高政策执行的精确把握与实时跟进。另一方面，政策应扶持政府各部门建设信息化平台，做到信息互通与协同处置，增进决策的科学性与透明程度（李齐，2025）。此外，政府还需强化针对民众的数字化素养训练，提高公众参与数字治理的水平，经由促进政府跟公民之间的交流与协作，增强公众的参与感和责任感，从而提高政府治理的效果和公众的满意度。

（二）推动企业数字化转型的监管创新

在开展数字化转型之际，监管创新同样意义重大。政策要鼓励企业在数字化转型阶段开展创新实验，尤其是在新技术和新商业模式的实践应用上，可组建监管沙盒机制，为企业打造一个低风险的测试空间，使企业有条件在监管框架内开展创新实践；同时，还能让监管部门对可能出现的风险及时开展监控与干预。沙盒机制不仅能协助企业突破创新瓶颈，同样可协助政府更全面地认识新兴技术的风险和机会，由此为政策制定提供更精准的数据依据。

（三）强化跨领域的政策协调机制

处于数字经济的背景下，政策制定和执行需进一步关注跨领域的协同与合作，政府宜构建多部门联动的政策执行体系，推动各部门之间达成资源共享和信息互换（韩先锋，2024），采用跨部门合作方式，杜绝政策执行过程中的重复现象与资源浪费，提高政策执行的效率和成果。跨领域政策协调机制能助力政府更好地应对数字化转型中冒出的新问题与新挑战，及时把政策调整到位，保障政策始终跟经济发展实际需求高度相符。

在数字经济和实体经济深度融合进程中，政策设计必须体现前瞻性与创新性，充分发挥数字技术在资源整合、创新引发和公平分配方面的优势，同时，做到各方利益的平衡及共享，采用优化平台经济、完善利益分配机制和建立数字化治理模式的方式，能够有效推动数字经济跟实体经济的深度结合，进而实现经济高质量发展这一目标。

第三节 推动构建数实融合生态的政策设计

打造数实融合生态是推动经济系统协调发展的关键保障。伴随数字技术的持续进步与应用，数字经济与实体经济深度融合已成为全球经济发展的关键趋势。采用数字技术为传统产业赋能升级，不仅可以提高产业生产效率，还能增强产业链的抗压能力，进而带动经济进入高质量发展阶段。基于这样的背景，构建数字跟实体深度融合的生态构架，不但可以推动产业结构迈上新台阶，还能为区域经济的协同发展、社会的可持续进步提供有效支撑，实施生态建设优化可有效提升产业链竞争力，促进经济体系高效运转与协同发展。

一、打造数字驱动的产业生态体系

数字驱动的产业生态体系是推动数字经济跟实体经济融合的重要根基，通过政策谋划，可促使数字技术与传统产业紧密相连，推进产业转型与升级。

（一）推动数字技术与全产业链深度融合

数字经济发展关键是产业链开展数字化转型，为了促进数字技术在产业链各环节的渗透，政策要聚焦促进产业链上下游的信息交流与配合（冯章伟，2025）。政策可利用财政资金、税收优惠等手段，扶持企业搭建覆盖全产业链的数字化协同平台。通过促成供应链、生产、物流、销售等环节的无缝相连，改善产业链的敏捷性与透明度，增进整体功效。产业链里各环节彼此的数据共享及信息流通是关键环节，政府可依靠设立标准化的数据接口与技术平台，加快数据跨行业与跨领域的流动，由此实现生产流程的智能化及精细式管理，着力推动供应链实现智能化升级，支持企业采用物联网、大数据与人工智能技术优化生产流程、做好库存管理和预测市场需求。

（二）构建以中小企业为核心的产业生态

作为实体经济重要构成的中小企业，对推动数字经济的发展起到不可忽视的作用，大量中小企业因资金、技术、人才等资源的束缚，难以充分投身于数字经济的发展中。政策宜倾向于为中小企业给予更精准的支持，帮他们提高数字化水平，以及其在产业链内的竞争实力（陈瑞华，2025）。政府可借助设立专项资金、提供税收减免、降低融资费用等举措，帮衬中小企业实现数字化转变；政策能推动大型企业跟中小企业开展协作，采用技术共用、数据支撑等方式，带动中小企业提高技术能力和市场竞争力；政策宜鼓励跨行业、跨区域间的合作与创新，创建更显多元化、开放特质的产业生态圈。

（三）强化产业生态的绿色发展导向

绿色发展是数字经济融合阶段中不可忽视的方向。伴随全球环保意识稳步增强，数字经济理应与绿色发展携手结合，政府应凭借政策引导企业采纳绿色数字技术，提升能源消耗效率，促进碳排放的高效管理。政策可引导企业采用低碳技术和绿色生产形式，在降低资源消耗并减少环境污染之际，提高产业长期的竞争水平。构建碳排放评估及监控体系，给企业供给科学的碳排放管理规范，采用制定严苛的环保法则，促使企业在生产流程中关注资源循环利用、绿色供应链管理等方面的革新，政策能引导企业采纳数字化技术，如像物联网、区块链之类，采用实时监测与剖析，实现能源管理与碳排放控制的优化（杨宛谕，2025）。

二、推进区域间数字生态协同发展

区域间数字生态协同发展是达成数字经济与实体经济深度融合的关键路径，各地区应依照自身的经济特性和发展诉求，依靠政策的引领与合作，助力区域间数字经济的交互与协同共进。

（一）构建区域数字经济合作机制

为刺激区域间数字经济合作，政策要扶持不同地区搭建合作机制与协作网络，各地区可采用联合创新、资源共享等形式，造就区域数字经济的集群成果（王定祥，2025）。政策可扶持成立跨区域数字经济创新联盟，一起共享技术研发成果，带动区域之间知识、人才与资本的流动；通过加大政策支持力度，带动各地区在数字经济领域达成资源整合与优势互补,进而实现更高效的区域协同共进。

(二) 实施差异化区域政策

不同区域在经济发展、产业基础、技术水平等方面差异明显,政策设计应考虑因地制宜,结合不同地区的实际情况给予差异化帮扶。例如,在技术较为发达的地带,可着重扶持智能制造、人工智能等高端技术的应用与推广;而在相对欠发达的区域,则能采用提供基础设施构建、资金支持等办法,辅助其加快数字化变革步伐,依靠专门针对性的政策支撑,防止区域间资源分配不均,保证数字经济发展可惠及各个地区。

(三) 支持区域性生态试验区建设

为探究数字经济与实体经济深度融合的最佳实践,政策可扶持设立区域性数字经济试验区,作为创新政策与技术的试验基地,试验区可聚集资源开展数字经济发展模式探索,开展新的技术应用、新产业政策及新市场模式的试点。这些试点经验能为其他地区提供具备借鉴意义的示范效应,推进全国范围内数字经济迅速发展(陈云,2024)。

三、构建开放包容的社会生态体系

数字经济的深度融合不仅涉及产业与区域的协同运作,还要求社会生态系统予以支撑与参与。社会的大量参与、公众数字素养的提升以及社会组织的协同合作,皆为促使数字经济成功发展的关键条件。

(一) 推动数字化公共服务全覆盖

公共服务实现数字化是促进社会公平与包容的重要途径,政府应提速智慧城市的打造,助力教育、医疗、交通等领域实现数字化转型,让数字化公共服务覆盖到每一个公民身上,这不仅会提高公共服务的效率以及质量,还可凭借数据共享与智能化管理,提高社会资源分配的公平水准(黄小勇,2025)。在医疗领域,政策可促进电子健康档案、远程医疗等数字化服务的普及进程，增加医疗资源的利用效率；在教育领域，可利用线上教育平台，增进教育资源的可获得性与普惠特性。

（二）加强公众数字素养培训

随着数字技术的普及进程，公众的数字素养已经成为社会发展的关键组成，政府可通过组织培训、打造数字教育平台等方式达成，增强公众的数字技能与应用水平，政策可引导企业和社会组织参与数字素养培训活动里，凭借其专业长处开设培训课程，协助公众认识及掌握数字技术，政策还可经由设置奖补资金，鼓励高校、社会组织跟企业共同开展数字技能培训，带动全社会的数字化水平上升。

（三）鼓励社会组织参与数字生态建设

社会组织在数字经济生态搭建中的作用不可忽视。政策需支持行业协会、公益组织等社会力量积极投身数字经济发展，推动政府、企业与社会协同配合，经由推动社会组织参与数字经济的标准制定、技术创新、人才培养等工作，有利于推动全社会合力构建健康的数字经济生态，政策可通过给予资金、项目支持等举措，促进社会组织在数字经济中发挥积极作用（吴志强，2025）。

促进数实深度融合的政策构建需从生产力、生产关系和生态系统三个维度进行系统性谋划。利用上述政策规划，从产业、区域和社会三个层面可全面推动数字经济与实体经济的深度融合，该过程不只是技术与市场的交融，更是生产力、生产关系与生态系统的协同演进。通过革新创新体系、完善利益分配办法和构筑协同发展生态，可以为数字经济跟实体经济的全面融合提供可靠支撑。在后续推进政策实施中，需关注动态调整跟效果评估，保证政策的科学性以及可持续属性，为经济高质量发展打下稳固基础。

参 考 文 献

［1］中国信息通信研究院．中国数字经济发展白皮书（2020）［R］.
2020.

［2］中国信息通信研究院．中国数字经济发展白皮书（2021）［R］.
2021.

［3］中国信息通信研究院．中国数字经济发展白皮书（2022）［R］.
2022.

［4］中国信息通信研究院．中国数字经济发展研究报告（2023）
［R］. 2023.

［5］中国信息通信研究院．中国数字经济发展研究报告（2024）
［R］. 2024.

［6］吴晓怡，张雅静．中国数字经济发展现状及国际竞争力［J］.
科研管理，2020，41（5）：250 – 258.

［7］刘淑春．中国数字经济高质量发展的靶向路径与政策供给
［J］. 经济学家，2019（6）：52 – 61.

［8］刘鹤．必须实现高质量发展［N］. 人民日报，2021 – 11 – 24.

［9］Tapscott D. The Digital Economy：Promise and Peril in the Age of
Networked Intelligence［M］. NewYork：McGraw – Hill，1996.

［10］G20 数字经济发展与合作倡议［R］. 杭州：中国杭州 G20 峰
会，2016.

［11］蔡跃洲．数字经济的增加值及贡献度测算［J］. 求是学刊，
2018，45（5）：65 – 71.

［12］刘昭洁．数字经济背景下的产业融合研究——基于制造业的视角［D］．北京：对外经济贸易大学，2018．

［13］［德］克劳斯·施瓦布，［澳］尼古拉斯·戴维斯．第四次工业革命［M］．北京：中信出版社，2018．

［14］刘平峰，张旺．数字技术如何赋能制造业全要素生产率［J/OL］．科学学研究，10. 16192/j. cnki. 1003 - 2053. 20200904. 001.

［15］Holmstrom J. Recombination in digital innovation：Challenges，opportunities，and the importance of a theoretical framework ［J］. Information and Organization，2018，28（2）：107 - 110.

［16］Autio E，Nambisan S，Thomas L D，et al. Digital Affordances，Spatial Affordances，and the Genesis of Entrepreneurial Ecosystems ［J］. Strategic Entrepreneurship Journal，2018，12（1）：72 - 95.

［17］Aghion P，Jones B and Jones C.（2017）Artificial Intelligence and Economic Growth［D］. NBER Working Paper，No. 23928.

［18］田秀娟，李睿．数字技术赋能实体经济转型发展——基于熊彼特内生增长理论的分析框架［J］．管理世界，2022，38（5）：56 - 74.

［19］Acemoglu，D. Ron，Restrepo and Pascual. The Race between Man and Machine：Implications of Technology for Growth，Factor Shares，and Employment ［J］. American Economic Review，2018（6）：1488 - 1542.

［20］刘国武，李君华，汤长安．数字经济、服务业效率提升与中国经济高质量发展［J］．南方经济，2023（1）：80 - 98.

［21］李三希，黄卓．数字经济与高质量发展：机制与证据［J］．经济学（季刊），2022. 9. 22：1 - 18.

［22］姜松，孙玉鑫．数字经济对实体经济影响效应的实证研究［J］．科研管理，2020，41（5）：32 - 39.

［23］洪银兴，任保平．数字经济与实体经济深度融合的内涵和途径［J］．中国工业经济，2023（2）：5 - 16.

［24］吴福象．长三角区域数字经济的发展经验评析［J］．学术前沿，2020，9：58 - 65，87.

［25］郭真，李帅峥．依托人工智能加速数字经济发展的路径思考
［J］．产业与政策，2022（6）：69－74．

［26］袁澍清，王刚．区块链技术与数据挖掘技术对数字经济发展
的推动作用研究［J］．西安财经大学学报，2022，35（4）：54－64．

［27］孟庆时，余江，陈凤，卢超．数字技术创新对新一代信息技
术产业升级的作用机制研究［J］．研究与发展管理，2021，33（1）：90－
100．

［28］钟海燕，周文渊．区块链发展对企业创新影响的实证［J］．
统计与决策，2022（16）：163－167．

［29］郑伟，李雅晴．供应链数字化转型对企业价值的影响——基
于沪深A股上市公司的实证检验［J］．会计之友，2025（3）：127－
136．

［30］宋华盛，薛浠榕，黄洁．企业数字化转型结构对创新策略的影
响研究［J/OL］．科研管理．https：//link．cnki．net/urlid/11.1567.G3.
20250109.0835.002．

［31］肖红军，张丽丽．中国企业数字科技伦理发展：演变历程、
最新进展与未来进路［J］．产业经济评论，2024（2）：153－171．

［32］韩凤芹，陈亚平．数字经济的内涵特征、风险挑战与发展建
议［J］．河北大学学报（哲学社会科学版），2022，47（2）：54－61．

［33］段巍．解码数字经济时代的产业链升级——数据要素和数字
技术的双重作用［J］．中国社会科学评价，2023，3：58－65．

［34］胡智鹏，刘颖，王静茹．基于深度学习的社交媒体预警情报挖
掘系统研究与实现［J］．2025，https：//link．cnki．net/urlid/22.1264.g2.
20250120.1736.009

［35］韩冬雪，符越．区块链赋能数字经济高质量发展的理论意蕴
和实践路径探索［J］．企业经济，2023（3）：92－99．

［36］盛皓炜，王如忠．数字经济对工业生态效率的影响——基于
长三角城市群的实证分析［J］．财经论丛，2023（9）：3－13．

［37］叶进杰．零售业与人工智能融合影响产业结构优化的机制——
双重中介效应视角下［J］．商业经济研究，2025（2）：170－173．

［38］徐维祥，牟雅倩，周建平，刘程军．人工智能技术创新对产业链现代化的影响效应及作用机制［J］．科技进步与对策，2025，https：∥link．cnki．net/urlid/42．1224．G3．20250122．0950．006.

［39］毛雁冰，李心羽，赵露．教育数字化转型中在线教育质量提升研究［J］．中国电化教育，2022（9）：38－42.

［40］江小涓．疫情时代下的数字经济［J］．清华金融评论，2020（6）：18－20.

［41］王宁宁．大数据与人工智能在电商运营模式中的应用及影响［J］．商业经济研究，2025（2）：38－41

［42］黄剑锋，张会平．数字化协同：场景融合何以化解公共服务数字化转型的"技术悬浮"？［J］．电子政务，2025，https：∥link．cnki．net/urlid/11．5181．TP．20250121．1436．002

［43］韩先锋，勾亚楠，董明放．数智政策协同对城市数字技术创新的影响研究［J］．科研管理，2025，https：∥link．cnki．net/urlid/11．1567．g3．20241218．1704．005.

［44］刘佳玮，金桂兰．数字经济影响共同富裕的作用机制与空间溢出效应［J］．统计与决策，2025（2）：23－29.

［45］向仙虹，张瀚月，邹志雁，等．数字经济、虚拟集聚和产业绿色转型——基于中微观视角的解析与验证［J］．南京财经大学学报，2024（4）：67－77.

［46］杨东．数字经济平台在抗疫中发挥重大作用［J］．红旗文稿，2020（7）：28－30.

［47］李正图，朱秋．数字经济全球化：历史必然性、显著特征及战略选择［J］．兰州大学学报（社会科学版），2024，52（2）：26－39.

［48］任保平．数字经济引领高质量发展的逻辑、机制与路径［J］．西安财经大学学报，2020，33（2）：5－9.

［49］张鹏．发展平台经济助推转型升级［J］．宏观经济管理，2014（7）：47－49.

［50］苏金树，闪四清，帅立国，等．我国数字产业化高质量发展现状、问题及对策研究［J］．中国工程科学，2025，27（1）：28－39

[51] 任保平. 以产业数字化和数字产业化协同发展推进新型工业化 [J]. 改革, 2023 (11): 28 – 37.

[52] 张钟方, 侯立军. 数字产业化与高技术产业研发效率——基于随机前沿方法的实证研 [J]. 工程管理科技前沿, 2023, 42 (4): 58 – 65.

[53] 刘凌波, 刘军. 产业数字化: 内涵, 测度及经济效应 [J]. 经济问题, 2023 (10): 36 – 43.

[54] 刘春兰, 王健. 产业数字化对宏观经济内涵式发展的作用机制分析 [J]. 商业经济研究, 2025 (2): 184 – 188.

[55] 李宇明. 产业数字化转型对居民消费升级的影响——收入和供给水平的中介作用 [J]. 商业经济研究, 2024 (23): 55 – 59.

[56] 杨卓凡. 我国产业数字化转型的模式、短板与对策 [J]. 中国流通经济, 2020, 34 (7): 60 – 67.

[57] 姚战琪. 产业数字化转型对消费升级和零售行业绩效的影响 [J]. 哈尔滨工业大学学报 (社会科学版), 2021, 23 (4): 143 – 151.

[58] 石建勋, 朱婧池. 全球产业数字化转型发展特点、趋势和中国应对 [J]. 经济纵横, 2022 (11): 55 – 63.

[59] 杨文溥. 中国产业数字化转型测度及区域收敛性研究 [J]. 经济体制改革, 2022 (1): 111 – 118.

[60] 尹振涛, 陈媛先, 徐建军. 平台经济的典型特征、垄断分析与反垄断监管 [J]. 南开管理评论, 2022, 25 (3): 213 – 224.

[61] Rochet, J. C., Tirole, J. Platform competition in two-sided markets [J]. Journal of the European economic association, 2003, 1 (4), 990 – 1029.

[62] 陈红玲, 张祥建, 刘潇. 平台经济前沿研究综述与未来展望 [J]. 云南财经大学学报, 2019 (5): 3 – 11.

[63] 来有为, 王开前. 中国跨境电子商务发展形态、障碍性因素及其下一步 [J]. 改革, 2014 (5): 68 – 74.

[64] 董晓波, 何昌磊. 电子商务发展能否提升城市创业活力?——基于创业生态系统理论视角 [J]. 首都经济贸易大学学报,

2025，27（1）：67 - 84.

[65] 周亚虹，邱子迅，姜帅帅，等．数字经济发展与农村共同富裕：电子商务与数字金融协同视角 [J]．经济研究，2024（7）：54 - 71.

[66] 岳立，王昕冉．国家电子商务示范城市试点政策对城市碳排放效率的影响——基于软、硬环境的调节作用 [J]．资源科学，2024，46（12）：2477 - 2490.

[67] 夏杰长，杨昊雯．平台经济：我国经济行稳致远的重要力量 [J]．改革，2023（2）：14 - 27.

[68] 余晓晖．建立健全平台经济治理体系：经验与对策 [J]．人民论坛·学术前沿，2021（12）：16 - 24.

[69] 张新红，高太山，于凤霞，等．认识分享经济：内涵特征、驱动力、影响力、认识误区与发展趋势 [J]．电子政务，2016（4）：2 - 10.

[70] 郑志来．共享经济的成因、内涵与商业模式研究 [J]．现代经济探讨，2016（3）：32 - 36.

[71] 谢富胜，吴越．零工经济是一种劳资双赢的新型用工关系吗 [J]．经济学家，2019（6）：5 - 14.

[72] 孙婧，王新新．网红与网红经济——基于名人理论的评析 [J]．外国经济与管理，2019，41（4）：18 - 30.

[73] 高红伟．中国数字服务贸易的国际竞争力分析 [J]．统计与决策，2023（4）：158 - 162.

[74] 周彦霞，张志明，周艳平，等．数字服务贸易自由化与数字经济发展：理论与国际经验 [J]．经济问题探索，2023（2）：176 - 190.

[75] 岳云嵩，李柔．数字服务贸易国际竞争力比较及对我国启示 [J]．中国流通经济，34（4）：12 - 20.

[76] 杨翠红，王小琳，王会娟，等．开放与保护的平衡：数字服务贸易的监管同质化 [J]．中国工业经济，2023（12）：80 - 98.

[77] 黄茂兴，薛见寒．新发展格局下我国数字服务贸易高质量发展路径研究 [J]．当代经济研究，2024（3）：49 - 60.

[78] Zhong R Y, Xu X, Klotz E, & Newman, S. T.. Intelligent Manufacturing in the Context of Industry 4. 0: A Review [J]. Engineering, 2017 (3): 616 – 630.

[79] 吕文晶, 陈劲, 刘进. 工业互联网的智能制造模式与企业平台建设——基于海尔集团的案例研究 [J]. 中国软科学, 2019 (7): 1 – 13.

[80] 李燕. 工业互联网平台发展的制约因素与推进策略 [J]. 改革, 2019 (10): 35 – 44.

[81] 朱国军, 王修齐, 孙军. 工业互联网平台企业成长演化机理——交互赋能视域下双案例研究 [J]. 科技进步与对策, 2020, 37 (24): 108 – 115.

[82] 黄敦平, 朱小雨. 我国数字经济发展水平综合评价及时空演变 [J]. 统计与决策, 2022 (16): 103 – 107.

[83] 潘为华, 贺正楚, 潘红玉. 中国数字经济发展的时空演化和分布动态 [J]. 中国软科学, 2021 (10): 137 – 147.

[84] 吕雁琴, 范天正. 中国数字经济发展的时空分异及影响因素研究 [J]. 重庆大学学报 (社会科学版), 2023, 29 (3): 47 – 60.

[85] 魏艳华, 王丙参, 马立平. 基于高维标度评价法的数字经济发展水平评价 [J]. 统计与决策, 2024 (20): 73 – 77.

[86] 许劲, 王杰. 数字经济畅通国内大循环的作用机制与效应检验 [J]. 统计与决策, 2024 (22): 11 – 16.

[87] 王思薇, 侯琳琳. 产业升级视角下数字经济对实体零售业效率的影响 [J]. 商业经济研究, 2024 (21): 15 – 18.

[88] 蒋为, 倪诗程, 彭淼. 数字科技企业赋能实体经济发展的效率变革——基于数字化供应链视角的理论与经验证据 [J]. 数量经济技术经济研究, 2025 (1): 51 – 71

[89] 周雷, 王可欣, 宋佳佳, 等. 金融强国视域下数字金融服务实体经济高质量发展路径研究 [J]. 农村金融研究, 2024, 5: 45 – 57.

[90] 吴永飞. 区块链电子保函提升服务实体经济效能 [J]. 中国金融, 2024, 22: 44 – 45.

［91］郭琲楠，魏成龙，张力．数字普惠金融、城市区域投资承载力与实体经济投资效率［J］．学习与实践，2024（10）：76－89．

［92］傅为忠，刘瑶．产业数字化与制造业高质量发展耦合协调研究——基于长三角区域的实证分析［J］．华东经济管理，2021，35（12）：19－29

［93］刘伟．数字新质生产力赋能实体经济高质量发展：理论依据与经验事实［J］．管理现代化，2024，44（4）：150－159．

［94］梁圣蓉，罗良文．数字经济、营商环境与实体经济发展［J］．统计与决策，2024（18）：172－176．

［95］任保平，李培伟．以数字经济和实体经济深度融合推进新型工业化［J］．东北财经大学学报，2023（6）：3－13．

［96］李海舰，李燕．对经济新形态的认识：微观经济的视角［J］．中国工业经济，2020（12）：159－177．

［97］陈雨露．数字经济与实体经济融合发展的理论探索［J］．经济研究，2023，58（9）：22－30．

［98］杜传忠，张榕．健全促进数实深度融合的体制机制研究［J］．财经问题研究，2024（12）：16－27．

［99］黄群慧．论新时期中国实体经济的发展［J］．中国工业经济，2017（9）：5－24．

［100］Perez C. Structural Change and Assimilation of New Technologies in the Economic and Social Systems ［J］. Futures, 1983, 15（5）: 357 － 375.

［101］Perez C. Technological Revolutions and Financial Capital: The Dynamics of Bubbles and Golden Ages ［M］. Edward Elgar Publishing, 2002.

［102］周密，王雷，郭佳宏．新质生产力背景下数实融合的测算与时空比较——基于专利共分类方法的研究［J］．数量经济技术经济研究，2024（7）：59－27．

［103］C S Curran, S Brring, J Leker. Anticipating Converging Industries Using Publicly Available Data ［J］. Technological Forecasting and Social

Change，2010，77（3）：385 – 395.

[104] 余东华，王爱爱. 数字技术与实体经济融合推进实体经济发展 – 兼论对技术进步偏向性的影响 [J]. 上海经济研究，2023（10）：74 – 91.

[105] 史丹，孙光林. 数字经济和实体经济融合对绿色创新的影响 [J]. 改革，2023（2）：1 – 13.

[106] 欧阳日辉. 数据要素促进数字经济和实体经济深度融合的理论逻辑与分析框架 [J]. 经济纵横，2024（2）：67 – 78.

[107] 钞小静，王意萱，王宸威. 中国数字经济与实体经济融合的再测算——来自融合深度的新发现 [J/OL]. 贵州财经大学学报. https：//link. cnki. net/urlid/52. 1156. F. 20241213. 0940. 002.

[108] 丁述磊，刘翠花，李建奇. 数实融合的理论机制、模式选择与推进方略 [J]. 改革，2024（1）：51 – 68.

[109] 何德旭，张昊，刘蕴霆. 新型实体企业促进数实融合提升发展质量 [J]. 中国工业经济，2024（2）：5 – 21.

[110] 夏杰长. 数据要素赋能我国实体经济高质量发展：理论机制和路径选择 [J]. 江西社会科学，2023（7）：84 – 96，207.

[111] Basole R C，Park H，Barnett B C. Coopetition and Convergence in the ICT Ecosystem [J]. Telecommunications Policy，2015，39（7）：537 – 552.

[112] 夏杰长，李銮淏. 数实融合驱动经济高质量发展：驱动机制与优化路径 [J]. 探索与争鸣，2024（9）：102 – 114，179.

[113] 李涛，徐翔. 筑起数实融合的"四梁八柱" [N]. 经济日报，2024 – 09 – 04（10）.

[114] 中国电子技术标准化研究院. 智能制造发展指数报告 [R]. 2022. 3，https：//www. miit. gov. cn/jgsj/zbys/gzdt/art/2021/art_0b6acc9e4c31404398393802e9bb31a2. html.

[115] 石奇，梁莉，周宁. 高质量产业活动识别与主要增长极产业发展前景 [J]. 经济学家，2022（2）.

[116] 李小玉，邱信丰. 以数字经济产业协同促进长江中游城市群

高质量发展研究［J］.经济纵横，2022（12）.

［117］习近平.不断做强做优做大我国数字经济［J］.求是，2022（2）.

［118］洪银兴.论中国式现代化的经济学维度［J］.管理世界，2022（4）.

［119］唐文浩.数字技术驱动农业农村高质量发展：理论阐释与实践路径［J］.南京农业大学学报，2022（2）.

［120］雒亚男.全面推进乡村振兴的五个着力点［J］.人民论坛，2022（21）.

［121］梁琳.数字经济促进农业现代化发展路径研究［J］.经济纵横，2022（9）.

［122］李廉水，石喜爱，等.中国制造业40年：智能化进程与展望［J］.中国软科学，2019（1）：1-9.

［123］江小涓，靳景.数字技术提升经济效率：服务分工、产业协同和数实孪生［J］.管理世界，2022（12）.

［124］陈曦.推动数字经济与实体经济深度融合：理论探析与实践创新［J］.人民论坛·学术前沿，2022（24）：64-76.

［125］蔡继明，刘媛，高宏，等.数据要素参与价值创造的途径——基于广义价值论的一般均衡分析［J］.管理世界，2022（7）.

［126］韩文龙，晏宇翔，张瑞生.推动数字经济与实体经济融合发展研究［J］.政治经济学评论，2023，14（3）：67-88.

［127］杨俊，李小明，黄守军.大数据、技术进步与经济增长——大数据作为生产要素的一个内生增长理论［J］.经济研究，2022（4）.

［128］陈德球，胡晴.数字经济时代下的公司治理研究：范式创新与实践前沿［J］.管理世界，2022（6）.

［129］黄未，陈加友.数字政府建设的内在机理、现实困境与推进策略［J］.改革，2022（11）.

［130］王晨.基于公共价值的城市数字治理：理论阐释与实践路径［J］.理论学刊，2022（4）.

［131］丁波.数字治理：数字乡村下村庄治理新模式［J］.西北农

林科技大学学报，2022（2）.

［132］李晓华. 制造业的数实融合：表现、机制与对策 [J]. 改革与战略，2022（5）：42－54.

［133］周济. 走向新一代智能制造 [J]. 中国科技产业，2018（6）：20－23.

［134］Wang E T G, Wei H L. Interorganizational Governance Value Creation: Coordinating for Information Visibility and Flexibility in Supply Chains [J]. Decision Sciences, 2007（4）：647－674.

［135］徐翔，赵墨非. 数据资本与经济增长路径 [J]. 经济研究，2020，55（10）：38－54.

［136］Charoen D. The development of digital computer [J]. IJABER, 2015（13）6：4495－4510.

［137］肖土盛，孙瑞琦，袁淳，等. 企业数字化转型、人力资本结构调整与劳动收入份额 [J]. 管理世界，2022（12）：220－237.

［138］赵宸宇，王文春，李雪松. 数字化转型如何影响企业全要素生产率 [J]. 财贸经济，2021（7）：114－129.

［139］肖旭，戚聿东. 产业数字化转型的价值维度与理论逻辑 [J]. 改革，2019（8）：61－70.

［140］杜庆昊. 数字产业化和产业数字化的生成逻辑及主要路径 [J]. 经济体制改革，2021（5）：85－91.

［141］欧阳日辉，龚伟. 促进数字经济和实体经济深度融合：机理与路径 [J]. 北京工商大学学报，2023（7）：10－22.

［142］刘涛雄，戎珂，张亚迪. 数据资本估算及对中国经济增长的贡献——基于数据价值链的视角 [J]. 中国社会科学，2023（10）：44－64，205.

［143］任保平，苗新宇. 数字经济与实体经济深度融合的微观内涵、发展机理和政策取向 [J]. 中南大学学报，2024，30（3）：88－98.

［144］蒋仁爱，贾维晗. 信息通信技术对中国工业行业的技术外溢效应研究 [J]. 财贸研究，2019，30（2）：1－16.

[145] 谢莉娟，陈锦然，王诗桷. ICT 投资、互联网普及和全要素生产率 [J]. 统计研究，2020，37（9）：56 - 67.

[146] Acemoglu, D. , Restrepo P. Robots and Jobs：Evidence from US Labor Market [R]. NBER Working Paper, 2017, No. 23285.

[147] 蔡跃洲，陈楠. 新技术革命下人工智能与高质量增长、高质量就业 [J]. 数量经济技术经济研究，2019（5）：3 - 22.

[148] 姜奇平. 数字经济学的基本问题与定性、定量两种分析框架 [J] 财经问题研究，2020（11）：13 - 21.

[149] 郭晗，全勤慧. 数字经济与实体经济融合发展：测度评价与实现路径 [J]. 经济纵横，2022（11）：72 - 82.

[150] 王玉珍，宋国靖，窦晓艺. 数字经济与实体经济融合水平测度及障碍因素分析 [J]. 调研世界，2024（7）：40 - 52.

[151] 高培培. 数字经济与实体经济融合协调发展水平统计测度 [J]. 统计与决策，2024（5）：28 - 32.

[152] 张帅，吴珍玮，陆朝阳，等. 中国省域数字经济与实体经济融合的演变特征及驱动因素 [J]. 经济地理，2022，42，7：23 - 32.

[153] 秦铸清，朱玉琴，王德平. 数字经济与制造业高质量发展的耦合协调分析——基于成都与北京的比较 [J]. 西部经济管理论坛，2021，32（2）：31 - 43.

[154] 侯建明，朱可菲. 中国数字经济和实体经济融合发展对居民幸福感的影响 [J]. 西北人口，2024，45（4）：14 - 27.

[155] 武晓婷，张恪渝. 数字经济产业与制造业融合测度——基于投入产出视角 [J]. 中国流通经济，2021，35（11）：89 - 98.

[156] 吕延方，赵琳慧，王冬. 数字经济与实体经济融合是否提升了企业创新能力——基于正反向融合度的非线性检验 [J]. 厦门大学学报（哲学社会科学版），2024，74（2）：107 - 120.

[157] 王梓琪，周国富，徐莹莹. 数字经济产业融合程度、路径和模式的统计测度研究 [J]. 统计与信息论坛，2025，40（1）：21 - 35.

[158] 黄先海，高亚兴. 数实产业技术融合与企业全要素生产

率——基于中国企业专利信息的研究 [J]. 中国工业经济, 2023 (11): 118 - 136.

[159] 巫景飞, 汪晓月. 基于最新统计分类标准的数字经济发展水平测度 [J]. 统计与决策, 2022 (3): 16 - 21.

[160] 李英杰, 韩平. 中国数字经济发展综合评级与预测 [J]. 统计与决策, 2022 (2): 90 - 94.

[161] 赵涛, 张智, 梁上坤. 数字经济、创业活跃度与高质量发展——来自中国城市的经验证据 [J]. 管理世界, 2020 (10): 65 - 75.

[162] 汪伟, 姜振茂. 人口老龄化对技术创新的影响机制分析——基于DFA方法的创新评价和动态面板模型 [J], 上海财经大学学报, 2012, 19 (6): 4 - 17.

[163] 张林, 温涛. 中国实体经济增长的时空特征与动态演进 [J]. 数量经济技术经济研究, 2020 (3): 47 - 66.

[164] 向威霖, 苏培, 王在全. 货币循环与实体经济增长 [J]. 上海经济研究, 2022 (6): 105 - 118.

[165] 张同功, 刘江薇. 新时期中国金融支持实体经济发展的区域差异 [J]. 区域经济评论, 2018 (3): 84 - 95.

[166] 李飚, 孟大虎. 如何实现实体经济与虚拟经济之间的就业平衡 [J]. 中国社会科学, 2019 (2): 59 - 67, 158.

[167] 罗茜, 王军, 朱杰. 数字经济发展对实体经济的影响研究 [J]. 当代经济管理, 2022, 44 (7): 72 - 80.

[168] 李林汉, 袁野, 田卫民. 中国省域数字经济与实体经济耦合测度——基于灰色关联、耦合协调与空间关联网络的角度 [J]. 工业技术经济, 2022 (8): 27 - 35.

[169] 付思瑶. 我国数字经济和实体经济融合测度及提升策略研究 [D]. 杭州: 浙江工商大学, 2022.

[170] 郭峰, 王靖一, 王芳, 等. 测度中国数字普惠金融发展: 指数编制与空间特征 [J]. 经济学季刊, 2020, 19 (4): 1401 - 1418.

[171] 徐清源, 单志广, 马潮江. 国内外数字经济测度指标体系研究综述 [J]. 调研世界, 2018 (11): 52 - 58.

［172］李春娥，吴黎军，韩岳峰．中国省域数字经济发展水平综合测度与分析［J］．统计与决策，2023（14）：17－21．

［173］汤渌洋，鲁邦克，邢茂源，等．中国数字经济发展水平测度及动态演变分析［J］．数理统计与管理，2023，42（5）：869－882．

［174］许宪春，张美慧．中国数字经济规模测算研究——基于国际比较的视角［J］．中国工业经济，2020（5）：23－41．

［175］杨仲山，张美慧．数字经济卫星账户：国际经验及中国编制方案的设计［J］．统计研究，2019（5）：16－30．

［176］陈梦根，张鑫．中国数字经济规模测度与生产率分析［J］．数量经济技术经济研究，2022（1）：3－27．

［177］杨立勋，王涵，张志强．中国工业数字经济规模测度及提升路径研究［J］．上海经济研究，2022（10）：68－81．

［178］李勇，蒋蕊，张敏，等．中国数字经济高质量发展水平测度及时空演化分析［J］．统计与决策，2023（4）：90－94．

［179］郭东，李琳，庞国光．中国城市数实融合时空演化及影响因素研究［J］．科研管理．https：//link．cnki．net/urlid/11．1567．G3．20241206．1621．007．

［180］周曙东，董倩．区域数字经济发展指数测度方法及应用研究［J］．调研世界，2022（12）：68－78．

［181］付岩岩．数字经济与实体经济融合协调发展水平统计测度［J］．现代管理科学，2024（2）：190－198．

［182］王瑞良．政府补贴对数字产业化的影响——基于企业层面数据的中介效应检验［J］．工业技术经济，2025，44（2）：44－55．

［183］邹玉友，袁欢，孔蓝蓝，等．数字经济赋能林业高质量发展的多元组态路径研究［J］．农林经济管理学院，2024．12，https：//link．cnki．net/urlid/36．1328．F．20241210．1359．002，（网络首发）．

［184］马费成，王淳洋．数字产业化的理论逻辑与实践路径［J］．信息资源管理学报，2024，14（6）：4－16．

［185］闵冬梅，汪发元，汪桥．数字产业化、财政投入对实体经济发展的影响——基于安徽省的实证［J］．统计与决策，2024，40（18）：

161 - 165.

[186] 张兆鹏. 我国数字产业化发展水平的统计测算及时空演变特征 [J]. 中国流通经济, 2024, 38 (8): 43 - 55.

[187] 张超, 毛艳华. 数字产业化能否增强城市产业链韧性? [J]. 现代经济探讨, 2024 (6): 105 - 112.

[188] 唐要家, 唐春晖. 数字产业化的理论逻辑、国际经验与中国政策 [J]. 经济学家, 2023 (10): 88 - 97.

[189] 毛丰付, 邵芳琴, 邵慰. 数字产业化对绿色全要素生产率的影响研究 [J]. 工业技术经济, 2023, 42 (6): 19 - 25.

[190] 艾阳, 宋培, 李琳. 数字产业化的结构转型效应研究——理论模型与实证检验 [J]. 经济与管理研究, 2023, 44 (12): 3 - 23.

[191] 宋旭光, 何佳佳, 左马华青. 数字产业化赋能实体经济发展: 机制与路径 [J]. 改革, 2022 (6): 76 - 90.

[192] 冯素玲, 许德慧. 数字产业化对产业结构升级德影响机制分析——基于 2010 - 2019 年中国省级面板数据的实证分析 [J]. 东岳论丛, 2022, 43 (1): 136 - 149, 192.

[193] 覃洁贞, 吴金艳, 庞嘉宜, 等. 数字产业化高质量发展的路径研究——以广西南宁市为例 [J]. 改革与战略, 2020, 36 (7): 66 - 72.

[194] 杨大鹏. 数字产业化的模式与路径研究: 以浙江为例 [J]. 中共杭州市委党校学报, 2019 (5): 76 - 82.

[195] Lewis W A. Economic development with unlimited supplies of labor [J]. The Manchester School, 1954, 22 (2): 139 - 191.

[196] Kuznets S S. Modern economic growth: rate, structure, and spread [J]. Journal of Political Economy, 1966, 37 (145): 475 - 476.

[197] Gereffi G. International trade and industrial upgrading in the apparel commodity chain [J]. Journal of International Economational Economics, 1999, 48 (1): 37 - 70.

[198] Poon S C. Inter-firm networks and industrial development in the global manufacturing system: lessons from Taiwan [J]. Economic and Labor

Relations Review, 1998, 9 (2): 262 - 284.

[199] Cheong T S, Y Wu. The impacts of structural transformation and industrial upgrading on regional inequality in China [J]. China Economic Review, 2014 (31): 339 - 350.

[200] 姜泽华, 白艳. 产业结构升级的内涵与影响因素分析 [J]. 当代经济研究, 2006 (10): 3 - 56.

[201] 李小卷. 我国产业结构变动对经济波动的影响——基于空间计量模型的研究 [J]. 技术经济与管理研究, 2017 (3): 105 - 109.

[202] 王儒奇, 陶士贵. 中国实体经济韧性的测度及影响因素分析 [J]. 江苏大学学报 (社会科学版), 2025, 27 (1): 43 - 60.

[203] 郭克莎, 杨倜龙. 促进实体经济和数字经济深度融合的机制与路径 [J]. 广东社会科学, 2025 (1): 42 - 53, 285.

[204] 王锋正, 刘曦萌. 产业数字化、虚拟集聚与新质生产力发展——基于中国内地30省份的空间溢出效应 [J]. 科技进步与对策, 2025.1, https://link.cnki.net/urlid/42.1224.G3.20250106.1316.002 (网络首发)

[205] 郭进, 徐盈之, 白俊红. 产业数字化与大城市工资增长溢价: 数字要素规模弹性视角 [J]. 中国工业经济, 2024 (11): 118 - 136.

[206] 黄和平, 周桂明. 产业数字化对绿色全要素生产率的影响机制研究——兼议环境规制的门槛效应 [J]. 中国环境科学, 2025, 45 (3): 1713 - 1730.

[207] 付雅梅, 任保平. 中国产业数字化的理论逻辑、特征事实及突破路径 [J]. 经济体制改革, 2024 (6): 5 - 13.

[208] 马述忠, 陈逸凡, 张洪胜. 产业数字化与生产全球化——基于附加值地理分布的视角 [J]. 管理世界, 2024, 40 (11): 1 - 23.

[209] 马晓君, 宋嫣琦, 于渊博, 等. 产业数字化如何走 "实" 向 "深"? ——数字要素全产业链溢出的内在逻辑与测算实践 [J]. 统计探究, 2024, 41 (7): 29 - 47.

[210] 田晖, 程新如, 秦佳奇. 产业数字化对碳生产力的影响研究

[J]. 工业技术经济，2024，43（7）：42 - 50.

[211] 杨扬，邓飞. 产业数字化赋能国内国际双循环：理论分析与实证检验 [J]. 技术经济与管理研究，2024（5）：129 - 134.

[212] 张洪胜，杜雨彤，张小龙. 产业数字化与国内大循环 [J]. 经济研究，2024，59（5）：97 - 115.

[213] 赵雨涵，杨飞洋，宋旭光，等. 中国产业数字化规模测算与路径分析 [J]. 宏观经济研究，2024（5）：74 - 88.

[214] 陈闻君，陆烨. 产业数字化对中国制造业韧性影响的研究 [J]. 西部经济管理论坛，2024，35（3）：31 - 41.

[215] 王娟娟. 产业数字化的区域锁定与区域分化 [J]. 甘肃社会科学，2024（2）：172 - 183.

[216] 柳江，丁薇峰. 产业数字化对国内国际双循环的影响研究 [J]. 现代管理科学，2024（2）：43 - 51.

[217] 徐学柳，张勤勤，王倩. 产业数字化与中国制造业就业——破局之策还是雪上加霜 [J]. 大连理工大学学报（社会科学版），2024，45（3）：28 - 38.

[218] 郑江淮，杨洁茹. 产业数字化发展路径：互补性、动态性与战略性 [J]. 产业经济评论，2024（2）：60 - 71.

[219] 汪彬，阳镇. 数字经济结构对区域经济韧性的影响研究 [J]. 甘肃社会科学，2024（1）：203 - 216.

[220] Tortorella G, Miorando R, Vergara M C, et al. The Moderating effect of Industry 4.0 on the relationship between lean supply chain management and performance improvement [J]. Supply Chain Management, 2019, 24（2）：301 - 314.

[221] 数据价值化与数据要素市场发展报告. 中国信息通信研究院，2021.

[222] 尹西明，林镇阳，陈劲，等. 数据要素价值化动态过程机制研究 [J]. 科学学研究，2022，40（2）：220 - 229.

[223] 王笑笑，郝红军，张树臣，等. 基于模糊神经网络的大数据价值评估研究 [J]. 科技与管理，2019，21（2）：1 - 9.

［224］李永红，张淑雯. 数据资产价值评估模型构建 ［J］. 财会月刊，2018，9（5）：30 - 35.

［225］高昂，彭云峰，王思睿. 数据资产价值评价标准化研究 ［J］. 中国标准化，2020，5：90 - 93.

［226］黄如花，何乃东，李白扬. 我国开放政府数据的价值体系构建 ［J］. 图书情报工作，2017，61（20）：6 - 11.

［227］易明，冯翠翠，莫富传，等. 政府数据资产的价值发现：概念模型和实施路径 ［J］. 电子政务，2022，1：27 - 39.

［228］吴江，马小宁，邹丹，等. 基于 AHP - FCE 的铁路数据资产价值评估方法 ［J］. 铁道运输与经济，2022，43（12）：80 - 86.

［229］胥婷，吴丹麦，魏明月，等. 开放数据视角下健康医疗数据价值评估指标体系研究 ［J］. 医学信息杂志，2022，43（1）：16 - 22.

［230］柴国荣，王佳颖. "健康中国" 战略下医疗健康大数据的价值挖掘与实现 ［J］. 电子政务，2022（1）：135 - 146.

［231］王静，王娟. 互联网金融企业数据资产价值评估——基于 B - S 理论模型的研究 ［J］. 技术经济与管理研究，2019，7：73 - 78.

［232］宋杰鲲，张业蒙，赵志浩. 企业数据资产价值评估研究 ［J］. 管理会计，2021，13：22 - 27.

［233］戴双兴. 数据要素：主要特征，推动效应及发展路径 ［J］. 马克思主义与现实，2020，6（7）：171 - 177.

［234］刘朝阳. 大数据定价问题分析 ［J］. 图书情报知识，2016，1：57 - 64.

［235］刘洪玉，张晓玉，侯锡林. 基于讨价还价模型的大数据交易价格研究 ［J］. 中国冶金教育，2015，6：86 - 91.

［236］Fang Y J. The real option approach for assessment of big data asset based on Prospect Theory ［C］. Proceedings of the 2018 International Conference on E - Business. Information Management and Computer Science（EBIMCS' 2018），ACM，2018，40 - 45.

［237］倪渊，李子峰，张健. 基于 AGA - BP 神经网络的网络平台

交易环境下数据资源价值评估研究 [J]. 情报理论与实践, 2020, 43 (1): 135 - 142.

[238] 李建立. 基于数据挖掘的电网科技成果价值评估研究 [J]. 新型工业化, 2021, 11 (3): 175 - 177.

[239] 张驰. 数据资产价值分析模型与交易体系研究 [D]. 北京: 北京交通大学, 2018.

[240] 郭凯明. 人工智能发展、产业结构转型升级与劳动收入份额变动 [J]. 管理世界, 2019 (7): 60 - 77.

[241] 巴曙松, 白海峰, 胡文韬. 金融科技创新、企业全要素生产率与经济增长——基于新结构经济学视角 [J]. 财经问题研究, 2020 (1): 46 - 53.

[242] 梁正, 李瑞. 数字时代的技术——经济新范式及全球竞争新格局 [J]. 科技导报, 2020, 38 (14): 142 - 147.

[243] 陆岷峰. 金融数智化赋能实体经济: 个性特征、运行机理与应对策略 [J]. 兰州学刊, 2023 (12): 35 - 47.

[244] 杨庐峰, 张会平. 数字经济与实体经济深度融合发展的着力向度与治理创新——以贵州省的融合发展实践为例 [J]. 理论与改革, 2021 (6): 140 - 150.

[245] 何欣如, 刘鹏. 迈向智慧应急: 概念嬗变、研究视角与发展图景 [J]. 电子政务, 57 - 73.

[246] 张波, 王媛祺, 吴班, 等. 数字生态文明的内涵、总体框架和推进路径 [J]. 环境保护, 2023, 51 (21): 34 - 38.

[247] 李佳轩, 常帅峰, 袁勤俭. 中外生成式人工智能监管政策比较研究 [J]. 情报理论与实践, 1 - 14.

[248] 杜鹏, 周语嫣. 区块链技术应用下电商平台销售模式选择研究 [J]. 商业经济研究, 2025 (3): 136 - 139.

[249] 林书兵, 张学波, 崔裕静, 等. 理解教师与教师理解: 教师数据使用的现实困境和微观审视 [J]. 中国电化教育, 2024 (4): 7 - 15.

[250] 王树斌, 侯博文, 李彦昭. 新质生产力要素机制、创新逻辑与路径突破——基于系统论视角 [J]. 当代经济科学, 1 - 14.

[251] 陈春花，朱丽，刘超，等．协同共生论：数字时代的新管理范式 [J]．外国经济与管理，2022，44（1）：68 - 83.

[252] 胡铭．基层社会网格治理数字化及其规制 [J]．社会科学辑刊，2023（4）：48 - 59.

[253] 程聪，严璐璐，曹烈冰．大数据决策中数据结构转变：基于杭州城市大脑"交通治堵"应用场景的案例分析 [J]．管理世界，2023，39（12）：165 - 185.

[254] 葛文峰，徐阳，冉启英．金融科技对地区新质生产力的影响研究 [J]．技术经济，1 - 16.

[255] 梁兴辉，宋哈尔·海拉提．平战结合的应急物资产能保障信息服务平台研究——基于"大智链云"的支持 [J]．科技管理研究，2020，40（21）：185 - 190.

[256] 吕希琛，田银凤，田世海，等．MRV 机制下碳数据质量监管多主体行为决策研究——基于区块链技术赋能视角 [J]．中国管理科学，1 - 14.

[257] 李卫东．万物互联网中个人数据云传播的隐私安全 [J]．人民论坛·学术前沿，2022（14）：78 - 89.

[258] 陆岷峰．新质生产力与金融强国：新时代金融业发展战略重构 [J]．西安财经大学学报，1 - 10.

[259] 王磊，徐骏．数字政府赋能产业结构升级——基于电子政务综合试点的拟自然实验 [J]．财经论丛，2024（5）：28 - 38.

[260] 杜扬，钟美瑞，徐骏．开放式创新视角下首席信息官的数字创新激励效应分析 [J]．科研管理，1 - 18.

[261] 周宇，谭知止，段尧清．政府投入对数字政府服务能力影响的实证 [J]．统计与决策，2024，40（8）：74 - 78.

[262] 李月，王海燕，习怡衡．重大科技任务攻关的协同机制——基于中国科学院空天院和理化所的案例对比分析 [J]．科技管理研究，2024，44（8）：118 - 126.

[263] 于跃．数字政府的研究维度和实践向度 [J]．行政论坛，2024，31（6）：145 - 156.

[264] 刘银喜，吴京阳. 生成式人工智能嵌入政府治理的应用前景、潜在风险和防范机制 [J]. 北京航空航天大学学报（社会科学版），2025，38（1）：103-112.

[265] 刘航，徐翔，孙宝文. 数字经济驱动新质生产力发展的理论逻辑与机制路径——基于"技术-经济"分析框架的视角 [J]. 中央财经大学学报，2025（1）：5-15.

[266] 陈荣卓，万新波. 数字技术赋能基层治理的运行机理及改革进路 [J]. 改革，2024（12）：138-148.

[267] 张媛，孙新波，钱雨. 传统制造企业数字化转型中的价值创造与演化——资源编排视角的纵向单案例研究 [J]. 经济管理，2022，44（4）：116-133.

[268] 孔文豪，陈玲. 重新理解跨境数据流动治理模式的驱动因素——基于跨国比较的组态分析 [J]. 电子政务，1-13.

[269] 罗光强，宋新宇. 数字生态赋能农业新质生产力培育的制度组态——基于必要条件分析法与动态定性比较分析法 [J]. 中国流通经济，2025，39（1）：115-126.

[270] 张成虎，李鹏旭，邵会凯. 网络金融犯罪预警系统结构及优化研究——基于信息生态视角 [J]. 情报杂志，2024，43（2）：95-102+191.

[271] 陈洁，张士海. 中华优秀传统文化数字化的伦理危机及其防范化解 [J]. 新疆社会科学，2024（6）：127-137.

[272] 周荣超. 城市治理数字化转型的上海实践与启示 [J]. 领导科学，2023（1）：114-117.

[273] 罗均梅，徐翠丰，王水莲. 数字孪生如何影响企业创新生态系统价值共创？——基于可供性视角的案例研究 [J]. 研究与发展管理，1-15.

[274] 林艳，周洁. 数字化赋能视角下制造企业创新生态系统演化研究 [J]. 科技进步与对策，2023，40（19）：86-95.

[275] 李余辉，徐炳姝，张发明，等. 具有企业社会责任偏好的绿色供应链激励研究 [J]. 软科学，2024，38（4）：111-117.

[276] 张继德，张家轩，刘洁，等. 企业数字化转型的现实困境、成因和应对研究 [J]. 会计研究，2024（7）：13-25.

[277] 何大安，吴振宇. 生成式 AI 前景与企业选择行为 [J]. 社会科学战线，2024（9）：95-105.

[278] 李明，王卫. 场景驱动、商业模式与创新生态系统演进——基于特斯拉企业价值的逻辑起点 [J]. 科技进步与对策，2023，40（17）：45-55.

[279] 产健，张丽，李世龙. 智能化竞争下半场中国汽车产业的风险挑战与应对之策 [J]. 当代经济管理，1-12.

[280] 许英博，李景涛，高飞翔，等. 智能电动浪潮下的汽车产业格局重塑 [J]. 汽车安全与节能学报，2023，14（6）：651-663.

[281] 姚清仿，王明益. 数字化转型、内外部协同与创新绩效 [J]. 商业研究，2024（6）：131-141.

[282] 方莹莹，阳镇，曹若楠. 开放式创新提升企业创新绩效的路径再探：基于质量管理与二元学习视角 [J]. 技术经济，1-13.

[283] 赵康杰，付昕昱. 数字基础设施建设影响了城乡收入不平等吗？——基于"宽带中国"战略的准自然实验 [J]. 郑州大学学报（哲学社会科学版），1-8.

[284] 赵精武. 论人工智能训练数据高质量供给的制度建构 [J]. 中国法律评论，1-13.

[285] 张瑜，田开兰，高翔，等. 投入产出框架下数字经济核心产业赋能我国经济和就业增长的测算研究 [J]. 统计研究，1-16.

[286] 王慧. 数字经济背景下高校图书馆数字素养教育：现实困境、破解逻辑与解困机制 [J]. 图书馆工作与研究，2024（12）：73-80.

[287] 吴群，陈倩，李梦晓. 平台型智造企业协同制造生态构建研究——基于捷配科技的探索性案例分析 [J]. 南开管理评论，1-18.

[288] 温双阁，赵爽. 平台企业数据共享社会责任构造 [J]. 西安交通大学学报（社会科学版），1-16.

[289] 李勇坚. 数字平台生态系统赋能新质生产力形成：价值逻

辑、作用路径与政策进路 [J]. 学术论坛, 1 - 12.

[290] 刘艳红, 姜文智. 个人法益视角下数据共享与跨境流通的法律保护体系构建 [J]. 浙江工商大学学报, 2025 (1): 65 - 79.

[291] 彭俞超, 王南萱, 梁钰筒. 数字化转型、劳动收入份额与技术溢价——来自供应链视角的证据 [J]. 中国人民大学学报, 2025, 39 (1): 85 - 97.

[292] 李齐, 王安琪, 邱茜. 基层治理中数字技术与组织互动的过程问题与政策启示——基于 B 街道智慧社区建设的案例分析 [J]. 西北大学学报 (哲学社会科学版), 1 - 15.

[293] 韩先锋, 勾亚楠, 董明放. 数智政策协同对城市数字技术创新的影响研究 [J]. 科研管理, 1 - 14.

[294] 王昕天, 荆林波, 冯章伟. 产业链视角下电商驱动农业数字化转型的理论解构与案例分析——兼论农业 "产业大脑" 的经验启示 [J]. 中国农村观察, 2025 (1): 43 - 62.

[295] 陈瑞华, 余婧. 中国式现代化视阈下企业发展新质生产力探析 [J]. 湖南大学学报 (社会科学版), 2025, 39 (1): 1 - 9.

[296] 王寅, 杨宛谕, 蔡双立. 绿色数字经济与新质生产力协同发展的理论机制与实践路径——基于 "技术 - 要素 - 产业" 理论框架的组态分析 [J]. 南开经济研究, 2024 (12): 85 - 103.

[297] 王定祥, 邓琳钰, 杜雨潼. 数字经济发展的区域协同治理模式与机制研究 [J]. 电子政务, 1 - 11.

[298] 陈云. 建设人与自然和谐共生现代化的模式探索——基于学术史的考察 [J]. 南京师大学报 (社会科学版), 2024 (1): 91 - 101.

[299] 黄小勇, 刘倪. 数字行政负担的生成机理及消减策略——基于 "组织 - 技术 - 用户" 的分析框架 [J]. 电子政务, 1 - 11.

[300] 吴志强, 严娟, 徐浩文, 等. 城乡规划学科发展年度十大关键议题 (2024 - 2025) [J]. 城市规划学刊, 1 - 4.